百年变局下的国际关系研究系列丛书

2020年
国际形势报告

International Situation Report 2020

主　编·徐光辉
副主编·胡　伟／刘青梅

时事出版社
北京

图书在版编目（CIP）数据

2020年国际形势报告／徐光辉主编．—北京：时事出版社，2022.8
ISBN 978-7-5195-0446-5

Ⅰ．①2… Ⅱ．①徐… Ⅲ．①国际形势—研究报告—2020 Ⅳ．①D5

中国版本图书馆CIP数据核字（2022）第104576号

出版发行：时事出版社
地　　　址：北京市海淀区彰化路138号西荣阁B座G2层
邮　　　编：100097
发行热线：（010）88869831　88869832
传　　　真：（010）88869875
电子邮箱：shishichubanshe@sina.com
网　　　址：www.shishishe.com
印　　　刷：北京良义印刷科技有限公司

开本：787×1092　1/16　印张：17.5　字数：220千字
2022年8月第1版　2022年8月第1次印刷
定价：95.00元
（如有印装质量问题，请与本社发行部联系调换）

目 录

上编 新冠肺炎疫情下的大国政策选择

第一章 2020年美国外交回顾 …………………………… (3)
  一、2020年美国外交重大事件回顾 ………………………… (3)
  二、2020年特朗普政府外交政策取向 ……………………… (14)
  三、拜登政府对外政策走势展望 …………………………… (23)

第二章 俄罗斯新版核威慑政策的特点和发展趋势析论 …… (27)
  一、《核威慑政策基础》出台的背景 ………………………… (27)
  二、《核威慑政策基础》的主要内容 ………………………… (30)
  三、《核威慑政策基础》的主要特点 ………………………… (33)
  四、俄罗斯核威慑政策的走向 ……………………………… (37)
  五、结语 ……………………………………………………… (39)

第三章 当代俄罗斯北极战略的演进与现状 ……………… (40)
  一、当代俄罗斯北极战略的内涵 …………………………… (41)
  二、当代俄罗斯北极战略的实施 …………………………… (44)
  三、当代俄罗斯北极战略评析 ……………………………… (55)
  四、当代俄罗斯北极战略的影响 …………………………… (58)

第四章　新冠肺炎疫情下的日本外交 ………………………… (64)
　　一、对华外交：稳中有变 …………………………………… (64)
　　二、对美外交：扎实推进 …………………………………… (72)
　　三、与其他国家的外交：因不同需求形成的态度各异 …… (76)
　　四、新冠肺炎疫情下日本外交的特点及影响 ……………… (90)
　　五、结语 ……………………………………………………… (94)

第五章　新冠肺炎疫情下的日本政治与经济 ………………… (95)
　　一、新冠肺炎疫情下的日本政治变动 ……………………… (95)
　　二、新冠肺炎疫情时期与"后疫情时代"的日本
　　　　经济 ……………………………………………………… (101)

第六章　新冠肺炎疫情下的印度国内外形势 ………………… (113)
　　一、印度国内形势 …………………………………………… (113)
　　二、印度外交形势 …………………………………………… (122)
　　三、前景展望 ………………………………………………… (131)

第七章　英国"脱欧"与"差异性去一体化" ……………… (133)
　　一、英国的"例外主义欧洲观" …………………………… (134)
　　二、欧盟的"差异性一体化" ……………………………… (138)
　　三、英国脱欧的影响 ………………………………………… (142)

第八章　新冠肺炎疫情下的美国社会运动
　　——基于"弗洛伊德之死案"和"冲击国会山事件"的比较 … (147)
　　一、问题的提出 ……………………………………………… (147)
　　二、两个事件发展机制上的相同之处 ……………………… (150)

三、两个事件发生机制上的不同之处 ……………………（153）

下编　新冠肺炎疫情下的国际关系与地区局势

第九章　美欧关系还能重回过去吗? ………………………（159）
　　一、历史上的美欧关系:从二战后到冷战结束后
　　　　初期 ……………………………………………………（160）
　　二、特朗普任内的"冲击波" ……………………………（163）
　　三、影响美欧关系的主要因素 …………………………（166）
　　四、美欧关系的未来 ……………………………………（170）

第十章　2020年美伊关系与波斯湾安全局势 ……………（174）
　　一、2020年美伊关系基本态势 …………………………（174）
　　二、2020年美伊关系基本特点 …………………………（177）
　　三、美伊关系主导下的波斯湾地区安全局势 …………（180）
　　四、美伊关系与波斯湾安全局势未来走向 ……………（182）

第十一章　2020年韩美关系回顾与展望 …………………（187）
　　一、特朗普政府的韩美关系回顾 ………………………（187）
　　二、拜登政府的韩美关系展望 …………………………（194）
　　三、结语 …………………………………………………（201）

第十二章　2020年纳卡冲突与高加索地区局势 …………（204）
　　一、纳卡问题的产生和演变 ……………………………（204）
　　二、"纳卡"冲突的爆发与升级 …………………………（210）
　　三、"纳卡"冲突评析 ……………………………………（216）

四、冲突对高加索地区局势的影响 ……………………（223）
　　五、结语 …………………………………………………（229）

第十三章　2020年印巴关系的发展及前景 ……………………（231）
　　一、印巴关系的发展趋向 ………………………………（231）
　　二、当前印巴关系的本质特征 …………………………（236）
　　三、印巴关系的深层原因 ………………………………（240）
　　四、印巴关系的前景展望 ………………………………（247）

第十四章　2020年泰国反政府示威探析 ………………………（249）
　　一、示威运动概况 ………………………………………（249）
　　二、示威运动的深层次动因 ……………………………（252）
　　三、结语 …………………………………………………（257）

第十五章　后疫情时期全球经济形势及关键问题 ……………（259）
　　一、2020年世界经济表现及其特征 ……………………（259）
　　二、2021年世界经济发展面临的主要风险 ……………（266）
　　三、2021年世界经济发展的有利因素 …………………（269）
　　四、结语 …………………………………………………（272）

后　记 ……………………………………………………………（274）

上编

新冠肺炎疫情下的大国政策选择

第一章 2020年美国外交回顾

龚大明

2020年是美国大选年，特朗普政府希望在外交领域取得成果，增加竞选筹码。2020年年初，新冠肺炎疫情突如其来，在一定程度上削弱了美国的软硬实力，冲击了美国在全球治理体系中的领导地位，一定程度上增加了美国的霸权焦虑，使其在对外政策中更增添了几分竞争思维。此外，疫情期间，特朗普政府应对不力，疫情在美国迅速蔓延，对美国经济社会造成了重大消极影响。为抵消疫情应对不力带来的政策失分，特朗普政府一方面开展"甩锅"外交，另一方面，希望强化对外博弈，转移国内注意力，并希望以外交成果来助力选情。

一、2020年美国外交重大事件回顾

本年度，特朗普政府在"美国优先"的外交思维指导下持续开展与中俄等大国的战略博弈，强化了对伊朗的施压，但效果并不理想。大西洋伙伴关系也因为美国的单边主义行径有所松动，但在印太地区，美国主导的美、日、印、澳四边合作机制的建设取得了一定的成果。

(一) 强化对华竞争,鼓吹对华脱钩

特朗普政府上台以来,公开将中国称为"修正主义国家",甚至将中国视为美国头号战略竞争对手,在贸易、中国台湾、中国香港、中国南海等问题上频频向中国发难,其对华政策体现出鲜明的大国竞争思维。2020年1月15日,中美签署了第一阶段贸易协定,两国关系一度出现良性互动的契机。然而,2020年年初新冠肺炎疫情在全球蔓延,特别是由于美国国内抗疫不力,特朗普政府饱受批评,连任压力巨大。面对政治极化及其背后的深层问题,特朗普政府为转移危机,将对华强硬作为优先事项。特朗普政府在涉及中国主权、安全和发展利益的问题上采取了一系列错误举措,中美关系出现建交以来最困难的局面。

第一,疫情责任"甩锅"中国。新冠肺炎疫情暴发以来,特朗普政府应对不力,到2020年4月初确诊人数就突破30万。为掩盖抗疫不力,争取竞选连任,特朗普采取"甩锅"的策略。3月16日,特朗普在推特上将新冠病毒称为"中国病毒"。6月,特朗普再次妄称"中国可能出于经济动机让新冠病毒传播到境外,以动摇与之竞争的经济体。"至于这种指控的证据,特朗普竟表示没有获得任何情报,只是出于个人的"感觉"。[①] 部分美国政客也不时抛出"中国病毒"和"武汉病毒"等污名化的称呼,还妄称中国隐瞒疫情,要求派员到中国调查,还散布病毒出自武汉病毒研究所的谣言,甚至叫嚣要向中国追责索赔。

第二,科技经济领域相继推动对华"脱钩"。在科技领域,特朗

[①] 《特朗普宣称中国出于经济动机将新冠病毒散播到境外》,环球网,2020年6月19日,https://world.huanqiu.com/article/3yiO8FjynGK。(上网时间:2021年2月12日)

普政府对于维持自身技术优势极为敏感,特别是对人工智能、量子计算、5G/芯片等领域的技术严格管控,多次发布"实体清单",强化对华出口管制。5月23日,美国将哈尔滨工业大学等33个中国实体列入"实体清单",12月18日,美国再将59个中国实体列入"实体清单"。此外,特朗普政府积极推动"敏感技术多边行动",企图对中国进行技术封堵,推动《瓦森纳协定》体系的升级,用所谓"清洁网络"计划实施对华"数字脱钩",目前有50多个国家、170多家企业加入。在经济领域,特朗普政府2020年多次鼓吹对华脱钩。8月,特朗普再次表示,对中美经济"完全脱钩"持开放态度,"没有哪个国家比中国骗我们更狠"。疫情期间,特朗普政府设立250亿美元的"回流基金",促使医药、通信等领域供应链从中国回迁美国。[①]

第三,在安全与地缘政治方面,美国加强了与中国对抗的姿态。6月底,美国国务卿蓬佩奥宣布,美国将调整军力部署,从欧洲与中东地区抽调兵力,强化印太司令部的军事力量,集中兵力对付中国。7月初,中国宣布在南海进行正常的军事训练后,特朗普政府立刻指责中国的军演威胁了本地区的稳定,并宣布美国也将在南海举行双航母演习,以维持所谓自由开放的印太。[②] 2020年,美国军机多次对中国进行抵近侦察,其中9月26日美国海军派出包括EP-3E及P-8A侦察机到南海上空侦察,其最近距离中国广东沿海仅有47.81海里,刷新美国军机对中国抵近侦察距离最近的记录。美国不只是在南海显示存在感,2020年美国军舰13次通过台湾海峡,次数创14年之最,向台湾民进党当局释放错误信号。[③] 同时,美国还在

[①] 赵明昊:《美国对华政策和中美关系:战略竞争驱动矛盾激化》,《世界知识》,2020年第24期,第27—28页。
[②] 陈晖:《特朗普政府对华政策与中美关系》,《唯实》,2020年第12期,第92页。
[③] 《2020年美国军舰13次通过台湾海峡》,凤凰网,2020年12月31日,https://news.ifeng.com/c/82e0Vk47sFG。(上网时间:2021年2月15日)

印太地区积极推动美、日、印、澳四边安全合作，其中主要的防范对象就是中国。

第四，意识形态领域，美国政客肆意对中国共产党和中国政治体制进行攻击。特朗普政府高官多次攻击中国"威胁民主制度"，在新疆、西藏等涉华主权问题上多次抹黑中国，指责中国破坏当地文化，压制宗教自由，甚至妄称中国在新疆建立"集中营"，对维吾尔族同胞实施"种族灭绝"。美国国会也出现新一轮"反华"浪潮，卢比奥、斯科特等反华急先锋公开叫嚣"共产党中国"已成为美国"敌人"、中国对美构成"关乎生存的威胁"、美中之间的"新冷战"已爆发等。美国国务卿蓬佩奥则多次肆意攻击中国共产党，挑拨中国共产党与中国人民的关系，妄称"中国共产党存在严重信誉问题"，"美国做好带头对抗中共准备"。此外，美国国会还积极推动遏华、制华措施立法，众议院"中国工作组"10月发布报告，提出400多项遏华、制华措施。第116届国会提出360多个涉华法案，其中12个已经成法。[①]

（二）美俄博弈持续，双边分歧难以弥合

特朗普政府上台以来，尽管特朗普本人多次释放对俄友好信号，但在美国维护"一超"地位，挤压俄罗斯战略空间等传统政策的影响下，特朗普政府最终将俄罗斯定位为美国的战略竞争对手、"修正主义国家"、是对美国及其盟友的安全威胁和意识形态对手，美俄关系长期处于低位运行状态。2019年年底，俄外长拉夫罗夫在谈及

[①] 参见赵明昊：《美国对华政策和中美关系：战略竞争驱动矛盾激化》，《世界知识》，2020年第24期，第28页；《2020年7月31日外交部发言人汪文斌主持例行记者会》，外交部官网，2020年7月31日，https://www.fmprc.gov.cn/web/fyrbt_673021/jzhsl_673025/t1803035.shtml。（上网时间：2021年2月15日）

2020年俄美关系前景时表示，俄方对此采取务实立场，对两国关系不抱过高期待。进入2020年，美俄博弈未见缓和迹象，双边分歧依旧难以弥合。

第一，美国对俄新增多项制裁。此前，特朗普政府先后对俄罗斯发起过多轮经济制裁，主要针对俄罗斯的国防部门、情报部门、能源企业以及与其相关的一些实体和个人。2020年，特朗普政府继续对俄罗斯实施了多项制裁。8月26日，美国商务部将5家俄罗斯的科学研究机构列入了制裁名单，怀疑其从事化学和生物武器研究。12月21日，美国商务部又将45家与军方有合作的俄罗斯企业列入制裁名单，其中包括国防产品出口公司、俄科技集团、米格飞机制造公司、苏霍伊民用飞机公司，图波列夫公司和联合航空制造集团等俄罗斯企业。根据制裁法令，这些俄罗斯公司将无法从美国相关企业获得产品或者技术出口。临近年底，美国又宣称将会计划很快对"北溪—2号"项目采取新的一揽子制裁措施。俄罗斯总统新闻秘书佩斯科夫日前谴责美国对"北溪—2"项目的制裁是赤裸裸的掠夺，是要把俄罗斯天然气工业股份公司洗劫一空。[1]

第二，美俄军控谈判出现倒退，美国退出《开放天空条约》。军控条约一直是美俄关系中的焦点问题之一，签订并执行军控条约是美俄维持脆弱军事互信的重要手段。特朗普政府上台前，美俄之间主要有《中导条约》《开放天空条约》以及《新削减战略武器条约》三大军控协议。2019年8月2日，美国以所谓"俄罗斯长期违反《中导条约》规定"为由，单方面退出《中导条约》。2020年5月

---

[1] 参见《美国制裁5家俄科研机构》，每日经济新闻，2020年8月27日，https://baijiahao.baidu.com/s?id=1676150601774605638&wfr=spider&for=pc；《美国商务部将45家俄罗斯企业列入制裁名单》，央视新闻网，2020年12月22日，https://baijiahao.baidu.com/s?id=1686742015563964179&wfr=spider&for=pc，《"北溪-2"项目即将复工 美国拟加大制裁力度》，腾讯网，2020年12月24日，https://new.qq.com/omn/20201224/20201224A038DR00.html。（上网时间：2021年2月16日）

21日，美国国务卿蓬佩奥指责俄罗斯违反《开放天空条约》，称美方将向所有签约国递交退约决定通知，并在6个月后正式退出，除非俄方能重新履行这一条约。俄方回应称，美方的指责没有根据，美方就继续履行《开放天空条约》提出的条件"绝对不可接受"。①几个月来，俄方多次呼吁就《开放天空条约》举行平等对话，但美方始终没有予以积极回应。11月，美国政府宣布正式退出《开放天空条约》，这是特朗普上台以来，继伊核协议和《中导条约》之后又一次退出国际安全条约。《开放天空条约》规定，缔约国可对其他缔约国的全部领土进行空中非武装侦察，以核查对方执行国际军控条约的情况，飞机可装备照相设备、雷达等，但不得携带武器。美国退出条约不利于双方军事互信的建立，加剧了北约和俄罗斯之间的对抗。

第三，美俄地缘博弈与军事对抗依旧激烈。2020年，美军舰机多次对俄抵近侦察，在俄罗斯家门口进行武力示威，如8月31日，6架B-52战机飞抵俄家门口，俄核潜艇也罕见亮相美国近海。11月，美国海军驱逐舰越过俄领海线入侵彼得大帝湾，俄罗斯军舰迅速出动将其驱离。军事摩擦折射出美俄两国地缘博弈加剧的趋势，也反映出两国关系的紧张走向。在东欧，美俄的地缘对抗也十分激烈。8月，美国开始向波兰增兵，俄大规模军演强势反击，北约"捍卫者—2020"军演继续在俄周边展开，9月俄罗斯也开展大规模的"高加索—2020"战略演习。在其他地区局势方面美俄也常常针锋相对。叙利亚局势相当复杂，美俄博弈依旧激烈。2020年年初，土耳其和叙利亚在伊德利卜爆发激烈冲突，美俄强势介入该地区局势。美国和以色列5月开始了对叙利亚东北大规模的轰炸，并开始

---

① 石平：《对军控体系又一击——美国退出开放天空条约》，《兵器知识》2020年第8期，第40-43页。

越过之前两国的实际控制边境向俄罗斯和巴沙尔政府控制区前进。在北极,美俄都极力强化在该区域的军事存在。北极地区自然资源丰富,在北极航道、能源和矿产资源开发等方面的价值日益凸显,同时也是美对俄发动空天攻击的最短路线,具有极高的战略价值。9月,美五代机部署北极,全空域抵近,向俄施压。10月,普京批准了《2035年前俄罗斯联邦北极地区发展和国家安全保障战略》,提出有必要在北极地区保持良好的战备状态,驻扎在北极地区的武装力量必须配备现代化武器。

(三)"美国优先"与美欧跨大西洋伙伴关系的低落

特朗普执政以来,其单边主义行事风格使美欧关系在一定程度上有所疏远。特朗普政府将美国提供给欧洲盟友的安全保护视为一种商品,需要盟国支付相应的费用,对盟国的包容度、支持度都有所下降。在对外政策方面,特朗普政府希望欧洲能够有效配合美国,希望盟国能够承担更多责任,增加国防开支,并给予美国更多经济优惠。在气候变化、伊朗核问题等方面,美欧之间的分歧也长期存在。进入2020年,特朗普政府继续推行"美国优先"的单边主义,跨大西洋伙伴关系遭受冲击。

首先,"北溪—2"天然气管道项目继续成为双方争论的焦点问题之一。"北溪—2"项目旨在铺设一条由俄罗斯经波罗的海海底到德国的天然气管道。通过这条管道,俄罗斯可经过乌克兰将俄天然气输送至德国与其他欧洲国家,预计每年将会向欧盟国家提供550亿立方米的天然气。"北溪—2"管道建成并顺利供气后,欧洲和俄罗斯将成为德国最主要的能源供应商,其他欧洲国家对俄罗斯的能源进口也有望进一步加大。特朗普政府认为"北溪—2"项目将使欧洲各国加深对俄罗斯能源的依赖,减少对美国的能源进口,同时会损害乌克兰的经济和战略安全，对该项目一直持反对态度，2019年就已经开始威胁制裁所有参与该项目的公司。2020年2月15日，美国国务卿蓬佩奥在慕尼黑安全会议上宣布，美国决定向欧盟的能源项目提供10亿美元资金，以减少对俄罗斯能源的依赖。临近年底，美国又宣称将会很快对"北溪—2号"项目采取新的一揽子制裁措施。[①]

此外，安全领域，特朗普以削减驻德美军要挟德国在防卫费等领域的让步。特朗普上台后，将美国在他国的驻军视为美国提供的一种安全商品，进而要求所在国承担更多的防卫成本。德国是美国在欧洲最重要的盟友之一，也是驻欧美军的大本营，到2020年年初驻德美军约有3.5万人。特朗普政府长期指责欧洲国家的军费没有达到占国内生产总值2%的水平。2019年德国的军费占GDP的比例为1.39%，2020年提升为1.42%，但距离美国的要求仍然较远，德总理默克尔承认，根据对现实情况评估，德国的国防预算要到2031年才能达标。对此，特朗普政府直接以撤军对德国施压。6月15日，特朗普称将把驻德美军人数减至2.5万人，并表示在柏林付清其"拖欠的"北约账单之前，不会让美军重返德国。[②] 6月27日，德国总理默克尔在就美国计划缩减驻德美军一事接受采访时表示，美国如果不愿意承担全球性大国责任，德国将从根本上思考与美国的关系。默克尔在采访中表示，虽然有"重要的理由"继续维护跨大西洋国防联盟，但如果美国自愿放弃其作为世界大国的角色，那么德

[①]《俄谴责美制裁"北溪－2"佩斯科夫：制裁是赤裸裸的掠夺》，搜狐网，2020年12月29日，https://www.sohu.com/a/441106171_162758。（上网时间：2021年2月16日）

[②]《分歧愈加明显，俄媒援引德国外长：即使没有特朗普，美德关系也不会重修旧好》，环球网，2020年6月29日，https://world.huanqiu.com/article/3yqZbSZCXY4。（上网时间：2021年2月17日）

国就必须"从根本上好好考虑未来的跨大西洋关系"。① 同时，默克尔也表示德国认识到进一步增加国防预算的价值，并呼吁欧洲发挥出比冷战时期更强大的作用，表明德国有意在防卫费问题上向美国的要求靠拢，但也希望欧洲能保持自身的战略自主性。

（四）美、日、印、澳四边机制渐趋成形

美国一直希望在亚太地区建立一个强大的地区性军事组织，按照美国意志遏制大国竞争对手并维持美国霸权。2017年，特朗普政府提出所谓"印太战略"后，建立以"美日印澳"四国合作机制为基础的新"亚洲版北约"成为其"印太战略"的重要抓手。在美国的推动下，美、日、印、澳四边机制取得了多项进展。

首先，美国对于四边机制建设的政策更趋明确。特朗普政府一向淡化四边机制的排外性和针对性，但近期的相关表态表明，对于四边机制的建设态度更加明确，并日益体现出同盟色彩。8月，美国副国务卿比根表示，印太地区缺乏类似于欧美或北约那样有效的多边合作机制，以后可能需要将美日印澳四边机制进一步正式化。②

其次，对话机制化建设取得进展，四国决定将"外长会"机制化。2019年，美日印澳四国成功举办了局级"高官会"，并第一次举办了四国外长会议。2020年10月，四国在日本东京召开了第二次外长会议，主要讨论了包括东海、南海等问题在内的地区局势，强调与更多国家推进"自由与开放的印太"，并决定将"外长会"机制

---

① 《默克尔：德国或将必须"从根本上考虑"与美国的关系》，凤凰网，2020年6月27日，https：//ishare.ifeng.com/c/s/7xdoEccoVrl。（上网时间：2021年2月17日）
② Robert Delaney, "U. S. Seeks Formal Alliance Similar to NATO with India, Japan and Australia, State Department Official Says," Sep 1st, 2020, https：//www.scmp.com/news/china/article/3099642/us－seeks－formal－alliance－similar－nato－india－japan－andaustralia－state. （上网时间：2021年2月17日）

化，以后每年举办一次。①

最后，四国安全合作呈现强化态势，"马拉巴尔"军演成为四国安全合作的重要抓手。"马拉巴尔"军演最初是美印之间的双边操练，从2015年开始，日本也成为演习永久成员之一，"马拉巴尔"演习从双边演变为三边联合军演，演习地点则在印度洋和西太平洋海域交替。2020年，澳大利亚时隔13年再次被邀请参演，"马拉巴尔"军演演变为四边军演。11月3日，四国军舰在孟加拉湾正式启动"马拉巴尔2020"海上演习，标志着四国海军合作进入新阶段。此外，美印日澳四国还有多项双边或三边的安全合作达成，进一步丰富了四国的安全合作。2020年6月，日本修法允许与澳印分享情报，在情报共享上迈出重要一步。2020年6月，印澳签署《相互后勤支持协议》和《科技执行协议》，允许双方进入对方军事基地，提升两国军事兼容性。②

（五）美强化对伊施压，美伊对抗升级

特朗普上台以来，逐步改变了奥巴马时期的对伊政策，依靠军事硬实力、超级遏制政策对伊朗频繁施压，甚至扬言让伊朗"一滴油也卖不出去"，美伊两国长期处于对峙状态。2020年年初，特朗普政府直接暗杀伊朗苏莱曼尼少将，美伊对峙急剧升级，此后美国持续展开针对伊朗的多项制裁，并频繁对伊朗进行军事威胁。双边

---

① 《驻日本使馆发言人就美日印澳四国外长会及美国国务卿接受日媒采访答记者问》，中华人民共和国驻日本国大使馆官网，2020年10月7日，http://www.china-embassy.or.jp/chn/sgxxs/t1822215.htm.（上网时间：2021年2月17日）。韦宗友：《美日印澳四国合作机制新动向及其影响》，《当代世界》2020年第12期，第48页。

② Australian Department of Defense, "Australia and India Sign Defense Arrangement," https://www.minister.defence.gov.au/minister/lreynolds/media-releases/australia-and-india-sign-defencearrangement.（上网时间：2021年2月19日）

对抗升级，但尚未到临战状态。

2020年1月3日，美国使用一架MQ-9收割者无人机，在伊拉克首都巴格达国际机场，定点击杀了伊朗精锐部队"圣城旅"最高指挥官苏莱曼尼少将。苏莱曼尼少将在伊朗国内是事实上的三号人物，其政治影响力仅次于最高领袖哈梅内伊和总统鲁哈尼，同时他还是下一届总统的热门人选。他领导的伊朗伊斯兰革命卫队的精锐分支，专门负责海外作战与情报工作，并亲自组建了革命卫队"圣城旅"。在对外政策中，苏莱曼尼一直主张对西方实行进攻性外交政策，常常被视为反美斗士。对于刺杀事件，特朗普表示，"我们采取了果断行动，以制止一名残酷的恐怖分子威胁美国人的生命。在我的指挥下，美国军队消灭了世界头号恐怖分子卡塞姆·苏莱曼尼。作为'圣城旅'的负责人，苏莱曼尼本人要为一些最恶劣的暴行承担责任。""苏莱曼尼的手上染满了美国人和伊朗人的鲜血。他早就应该被消灭"。[1] 伊朗国内则爆发了声势浩大的反美游行，扬言要对美国进行报复的声音更是不绝于耳，伊朗伊斯兰革命卫队的老将军们则直截了当地说要为自己的战友"复仇"，"圣城旅"新任指挥官伊斯梅尔·卡尼则放出狠话，"美国人的尸体将遍布整个中东。"[2] 1月8日，作为回应，伊朗对美国在伊拉克的军事基地发动了袭击。

这一突发事件无疑使美伊双方的对峙急剧升级，也使中东局势趋于复杂，美国针对伊朗的制裁与军事威胁也更加激烈。截至2020年12月10日，特朗普任内已对其他国家实施了3900余次制裁，伊朗是被制裁最多的国家。自2020年年初以来，为迫使伊朗回到谈判桌，签订美国版的《伊核协议》，特朗普政府针对伊朗抛出多项新的

---

[1] "UN Chief Encouraged by Trump's Statement on Iran,"新华网，2020年1月9日，http://www.xinhuanet.com/english/2020-01/09/c_138688952.htm。（上网时间：2021年2月19日）

[2] 张亮、谢瑞鹏、冷沙:《大战在即亦或擦枪走火——美伊对峙走向何方》,《军事文摘》2020年第4期，第34页。

制裁决定。对于制裁伊朗的效果，美国财政部长姆努钦表示，本届政府在应对伊朗问题上"非常有效"，并声称如果美国不对伊朗进行制裁，伊朗将会用数百亿美元来支持恐怖主义活动、进一步发展导弹以及在该地区的其他不良活动。[1]军事威胁一向是特朗普政府常用的手段。自2020年年初，美伊关系紧张对峙以来，美伊双方军事对峙日益频繁。9月19日，美国以美国驻伊拉克大使馆遭到袭击为由，派出"尼米兹"号航母进入波斯湾对伊朗进行威慑。伊朗方面则表示，如果美国干扰伊朗往返波斯湾的船只，伊朗将会对美国发起战争维护本国权益。10月，伊朗首次试射了自主研制的导弹防御系统，使用"巴瓦尔—373"导弹防御系统拦截了一个远距离目标，表明了伊朗的防御能力。临近年底，美国媒体爆出消息称，特朗普已经给其高级顾问开了绿灯，让他们打压伊朗政权——只要不是在美国当选总统拜登宣誓就职前冒险发动一场全面战争就行。[2]

二、2020年特朗普政府外交政策取向

回顾分析2020年特朗普政府外交政策，其政策动向主要包括以下五个方面。

---

[1] 《特朗普任内已实施3900次制裁 伊朗是被制裁最多的国家》，环球网官方百家号，2020年12月11日，https://baijiahao.baidu.com/s?id=1685719299059286701&wfr=spider&for=pc。（上网时间：2021年2月19日）

[2] 《美媒：特朗普对幕僚说可任意打压伊朗，只要别引发世界大战》，《环球日报》官方百家号，2020年12月2日，https://baijiahao.baidu.com/s?id=1684952713937854479&wfr=spider&for=pc。（上网时间：2021年2月19日）

（一）聚焦应对中俄，强化大国竞争

自特朗普政府上台以来，美国对国家安全威胁的判断已经发生明显变化，2017年年底至2018年年初，特朗普政府相继发布《国家安全战略报告》《国防战略报告》《核态势评估报告》等三份重要战略文件，大国竞争成为美国国家安全的首要关注点，中国与俄罗斯被视为美国主要的竞争对手。《国家安全战略报告》将中国和俄罗斯定位为军事、经济、国际影响力等方面的地缘战略"主要竞争对手"。[①] 而《国防战略报告》更是明确提出"国家间竞争而非恐怖主义是当前美国国家安全的首要关注点"、"应对与中国和俄罗斯之间的长期竞争是国防部的首要任务"。[②] 这一系列战略文件表述的变化标志着美国在威胁判断上已经回归到冷战期间的传统轨道上，赢得大国竞争是美国当前的主要使命。

在中国与俄罗斯的战略选择中，中国是美国新国家安全战略的首要关注对象。2015年，奥巴马政府发布的《国家安全战略报告》中，中国共计被提及12次，而俄罗斯则被提及15次；但在特朗普政府发布的《国家安全战略报告》中，中国与俄罗斯被提及的次数以及篇幅都大幅增加，反映出本届美国政府对大国竞争的高度重视。从具体的提及次数看，俄罗斯是25次，而中国则高达32次，中国无疑成为特朗普政府的首要竞争对手。此外，特朗普政府还在2017年逐步开始公开推销"印太"概念，积极在印太地区组建应对中国的美日印澳四边机制。2020年7月20日，美国国防部长埃斯珀在其

[①] The White House, "National Security Strategy of the United States of America," Nov. 18th, 2017, pp. 2-3, https://www.whitehouse.gov/wp-content/uploads/2017/12/NSS-Final-12-18-2017-0905.pdf.（上网时间：2021年11月17日）

[②] 吴敏文：《美国国防战略由反恐重回"大国竞争"》，《中国青年报》，2018年1月25日第012版。

国防部网站发文,渲染"中国威胁论",声称"美正处于大国竞争时代,这意味着美首要战略竞争者是中国,然后是俄罗斯,但中国的麻烦更大","中国的人口和经济都足以取代美国","我和任何了解中国的人都很清楚,中国有雄心在地区甚至在全球取代美国。"[1] 同时,考虑到 2020 年是美国大选之年,"中国议题"再次成为美国政客的政治提款机,在美国大选中占据重要地位,对华强硬目前已基本成为美国国内政界的共识,对华发动"新冷战"的声音也并不少见。

特朗普政府对俄罗斯的政策表现出矛盾性。从特朗普的主观意愿看,特朗普本人多次对普京及俄罗斯释放善意,甚至一度传出有联俄制华的战略考虑,另一方面又在经济、安全与地缘政治领域对俄罗斯持续打压。特朗普政府逐步明确中国作为美国的首要竞争对手,适度缓和美俄关系无疑是有助于集中力量与中国进行战略博弈。同时,随着美国对俄罗斯政策的缓和,也有望一定程度上减缓中俄进一步靠拢。然而,美俄关系积怨已久,两国之间存在着一系列结构性矛盾,推动着美俄关系走向对抗。从总体格局看,中国与俄罗斯都追求世界多极化,特朗普力推"美国优先",以维持并扩大美国在世界的霸权地位为主要任务。基于 21 世纪以来的世界政治权力变动,美国逐渐形成了"中国、俄罗斯等大国对美国所主导的世界秩序乃至美国自身发展模式构成了颠覆性挑战"的战略认知。加之美俄之间在北约东扩,挤压俄罗斯战略空间等问题上的根本分歧,以及乌克兰、叙利亚、军控等各个领域根深蒂固的矛盾,美俄关系短期难以有较大提升,俄罗斯将是美国长期需要应对的重大问题。此外,美国国内由于长期与苏联/俄罗斯的对立,积累了巨大的反俄力

---

[1] 《2020 年 7 月 20 日外交部发言人汪文斌主持例行记者会》,中国外交部官网,2020 年 7 月 20 日,https://www.fmprc.gov.cn/web/wjdt_674879/fyrbt_674889/t1799070.shtml。(上网时间:2021 年 2 月 20 日)

量，加之特朗普本人正饱受"通俄门"的困扰，这些都极大地阻碍着美俄关系的改善。① 对于俄罗斯，2020 年 7 月 20 日，美国国防部长埃斯珀在美国国防部网站发文时表示，"俄罗斯带来的挑战比中国小一些"，但依然是"世界上的麻烦制造者"。②

2020 年 5 月，美国国际战略研究中心（CSIS）发布《美国与中俄竞争：危机驱动使美国改变国家战略》报告，评估了美国当前与中俄的战略竞争情况。报告指出，特朗普政府"重回大国竞争"以来，在与中俄的博弈中过于侧重军事手段，忽略了中俄已找到灰色区域竞争和混合行动的方法，依靠非军事的政治与经济竞争持续受益的情况。以后，美国应该调整重点，加强与中俄在灰色区域的竞争，同时注意寻求通过战略伙伴和盟国遏制和阻止中俄的世界性扩张等。③

（二）强化对盟友的影响，让盟友承担更多责任，并争取其支持美国的政策

同盟体系是美国推行对外政策，维持全球领导地位的重要依托。特朗普政府上台以来对盟友体现出明显的双面性。一方面，特朗普政府在"美国优先"的观念下，大搞单边主义，在经贸领域常常对盟友实行"无差别"攻击，并希望盟友在防务等领域承担更多的责任与义务，减轻美国的负担；另一方面，又要求盟友配合自己的对

---

① 中国社会科学院美国研究所，中华美国学会，吴白乙、倪峰主编：《美国研究报告（2019）——"美国优先"及其内外影响》，社会科学文献出版社 2019 年版，第 196－213 页。
② 《美防长：中国是首要战略竞争对手 然后是俄罗斯》，新浪网，2020 年 7 月 20 日，https：//news.sina.com.cn/c/2020－07－20/doc－iivhuipn4019365.shtml。（上网时间：2021 年 2 月 21 日）
③ Center for Strategic and International Studies（CSIS），"US. competition with China and Russia: the crisis driven need to change," Jun. 15th, 2020, pp. 77－88, https：//www.jstor.org/stable/resrep24832. （上网时间：2021 年 2 月 21 日）

外政策，在重大国际问题上与美国保持一致。

大西洋伙伴关系是美国最重要的盟友关系之一，2020年特朗普政府在"美国优先"的观念下继续对大西洋盟友施加影响，但在应对中国与俄罗斯等问题上又希望欧洲盟友能够与自己"并肩作战"，最终并未取得预期效果。2020年，美欧在贸易，美国在德国驻军以及"北溪—2号"等问题上的纷争依旧持续，展现了其单边主义的外交倾向。特朗普在处理美欧关系时，将美国自身利益放在首位，反对欧洲盟友"搭便车"的行为，对欧洲盟友发动关税制裁，并利用德国等国在安全领域对自己的依赖，希望借助削减驻军等手段迫使欧洲国家在"北溪—2号"项目上对美国让步，进而维护美国的经济利益。此外，在如何应对中国、俄罗斯以及伊朗等国家时，美国则希望欧洲盟友能够跟随自己的步伐，但双方的步调并不一致。以2020年2月的慕尼黑安全会议上美欧的分歧为例，以美国国务卿蓬佩奥为代表的美国政要反复提及来自中国、俄罗斯等大国的竞争性挑战。欧洲国家对中国等新兴力量融入西方主导的世界体系进而不断壮大感到不适，但在中国问题上仍然保留了一定的战略自主性，他们对与中国的经济合作持开放态度。欧洲没有完全跟随美国，在会场上对中国进行围攻，而是希望从战略、价值观和务实层面进行再构建，对世界是否会陷入美国与中俄等大国的激烈博弈保持继续观察的态度，并不急于站队。这在相当程度上反映了美欧之间在价值观以及维护西方主导地位方面依旧有坚实的战略共识，但欧洲并不会选择完全依赖美国，他们希望发展更为多元、平衡和务实的全球战略。[①]

[①] 《傅莹谈对2020年慕尼黑安全会议的印象》，中国南海研究院，2020年2月22日，http：//www.nanhai.org.cn/info-detail/26/9031.html。（上网时间：2021年2月20日）

(三) 推进"印太战略",重塑印太秩序

2017年11月,特朗普在访问亚洲期间频繁提到构建一个"自由、开放的印太"。2019年6月,美国防部发布了《美国印太战略报告》,特朗普时期美国的印太战略进一步成型。2021年1月,美国政府进一步解密了《美国印太战略框架》,分析了美国在印太地区的战略利益,详细介绍了美国对印太地区形势的认知想定以及美国期望在印太地区达到的战备目标,反映该战略在美国外交中确实占有一席之地。

"印太战略"是特朗普政府基于国内外变化的新形势提出的地区战略。特朗普以"让美国再次伟大"为竞选口号成功上台,他面临着复杂多变的新形势。在国际层面,世界多极化趋势日益加强,新兴大国的快速崛起与美国发展速度的相对下降,客观上冲击了美国对国际事务的主导地位。在地区层面,印度洋和太平洋地区在世界政治经济版图中的地位快速提升,对世界的经济贡献不断增强,美国的安全与繁荣依赖于自由和开放地进入印太地区,这个地区将是美国在地区和全球经济增长的引擎。然而,在美国看来,"中国的经济、外交和军事影响将在短期内继续增强,挑战美国在印太地区实现国家利益的能力"。[①] 日本和印度等域内国家希望在区域内发挥更大的作用,对于中国的快速发展也多有疑虑。同时,美国国内政治生态也发生深刻变化,特朗普上台以来,力推"美国优先",偏重国内事务,明确追求美国利益,特别是经济利益。对于外交影响力,特朗普政府也十分重视,但希望盟友能够分担更多责任,这与印日

[①] Federation of American Scientists, "U. S. Strategic Framework for the Indo – Pacific," Jan. 12th, 2021, pp. 1 – 10. https://fas.org/sgp/news/2021/01/indopac – framework.pdf. (上网时间:2021年2月21日)

等国分享地区领导权的意图不谋而合。

概括来看,"印太战略"以美国为主导,以中国、俄罗斯、朝鲜、各类"跨国威胁"为防范对象,其中中国是"修正主义大国",被视为美国在印太地区面临的头号威胁。此外,该战略还要求以印度为重点,以日澳为支点,以联盟与伙伴关系、经济合作和前沿军事存在为支柱,构建范围更大的地缘战略,最终塑造美国主导,印日澳等美国的盟国或伙伴分享领导权的地区秩序。为达到这一战略目的,首先,特朗普政府不断强调"战备性",不断强化前沿军事存在,实施战略威慑;其次,贸易战、科技战、舆论战、打"台湾牌"等措施多管齐下,意图制约中国经济发展;最后,巩固与日澳等传统盟友的关系,极力拉拢印度,并积极诱使盟国和伙伴国加入一体化安全网络,企图推动构建"亚洲版北约"。[1]

(四)运用极限施压,谋求重点突破

特朗普上台以来,在对外政策中体现出鲜明的个人特色,极限施压是其对外博弈中常用的博弈策略。所谓极限施压政策,一般是指美国借助自己的国力优势,对博弈对象国实施最大限度的外交孤立、经济制裁和军事威慑等多种方式迫使其投降。特朗普上台以来,在对华贸易摩擦、伊朗问题、朝核问题、委内瑞拉等问题上都频繁使用这一政策。但从最近一系列国际事务的处理情况看,谈判效果并不理想。特朗普曾夸下海口,"一滴石油都不准运出伊朗",但伊朗原油出口虽然受到较大冲击,仍依旧继续。持续三年的中美贸易摩擦,边打边谈,也完全没有达到特朗普预期的成果。朝鲜、委内

---

[1] Department of Defense, "Indo‑Pacific Straneg," Jul. 1st, 2019, pp. 7 – 44, https: // media. defense. gov/2019/Jul/01/2002152311/ – 1/ – 1/1/DEPARTMENT – OF – DEFENSE – INDO – PACIFIC – STRATEGY – REPORT – 2019. PDF. (上网时间:2021 年 2 月 21 日)

瑞拉以及"北溪—2号"项目等诸多国际议题中，特朗普频繁施压，极限施压的大棒频频挥舞，但捞到的好处却十分有限。而且无论对手还是盟友，都越来越不买账。

2020年，特朗普政府将伊朗作为重点突破方向，伊朗成为特朗普政府对外制裁最多的国家。特朗普上台后，美国对伊朗的打压逐步升级，涵盖外交、能源、金融和军事等诸多领域，伊朗承受了远超奥巴马执政时期的外部压力。特朗普政府对伊朗的持续极限施压，是美伊两国历史积怨、历史惯性运行的结果，同时也是特朗普维持一超地位，确保美国在中东的战略利益，希望达成"世纪协议"的重要抓手。[1] 当总统大选临近时，在外部制造一些冲突来提升自己的支持率是选举政治下惯常的操作手法。2020年是美国的大选年，特朗普内政方面较为拿得出手的政绩主要是美国经济状况较好，但由于新冠肺炎疫情的冲击，美国经济深陷泥淖，失业率居高不下，民众不满情绪升高。而在外交领域，特朗普政府的外交成果相对较为匮乏，持续对伊朗施压，如果能成功逼迫伊朗让步，乃至投降，无疑可以给特朗普政府和美国带来现实的政治和经济收益。此外，特朗普政府对伊朗进行极限施压，还可以巩固美国与以色列和沙特等中东地区盟友的关系。2020年8月，特朗普在一次竞选集会上宣称，如果他再次当选，伊朗很快就会向美国投降，最快一周内就能解决伊朗问题。特朗普还表示，如果自己成功连任，伊朗将失去继续抵抗的勇气，最终"他们会达成协议"；如果拜登当选，伊朗人"将获得有史以来最好的交易"，因为拜登承诺胜选后会重返"伊核协议"。[2]

---

[1] The White house, "President Trump Announces Iran Strategy," May. 29. 2019, https://www.whitehouse.gov/articles/president-trump-announces-Iran-strategy. （上网时间：2021年2月22日）

[2]《特朗普：让我连任总统，一周之内解决伊朗问题!》，腾讯网，2020年8月22日，https://new.qq.com/omn/20200822/20200822A02P8B00.html. （上网时间：2021年2月23日）

（五）疫情责任对外"甩锅"，期望危机转移

2020 年，新冠肺炎疫情持续冲击美国，美国经济受到巨大冲击，失业率达到战后的最高纪录。长期存在的种族歧视和贫富不均等问题也随之显现出来，并引发了严重的社会危机。为了推卸抗击疫情责任，争取连任，特朗普政府将矛头对准中国与世卫组织等多个目标，期望实现危机转移。

中国是特朗普政府"甩锅"的首要对象。疫情暴发之初，美国并未受到波及，加之当时中美在贸易问题上达成阶段性协议，中美关系曾出现一丝积极信号。2020 年 2 月 10 日，特朗普接受福克斯商业频道采访时还曾表示，中国在控制疫情方面非常专业，相信中国很快就会控制住局面。[①] 但到后期，随着疫情逐步波及美国，特别是由于中美两国在应对疫情方面表现出的巨大差距，特朗普政府出现明显的心理失衡。中美两国抗疫成效的比较，使美国的"霸权恐慌"达到了顶点。疫情发生前，经济状况良好，美国股市再创新高，特朗普的支持率相较于拜登也有一定优势。突如其来的疫情以及疫情中特朗普政府抗疫不力，则让他前功尽弃。美国国内反华情绪在近年大幅上升，对华强硬成为某种"政治正确"。为掩盖抗疫不力，争取竞选连任，特朗普采取"甩锅"的策略，将中国视作其政治提款机。在竞选中，特朗普不断攻击拜登对中国软弱，并宣称"谁要阻止北京，就要阻止拜登"。2020 年 7 月发布的一项调查表明，在美国政府和媒体的洗脑下，美国的反华情绪高涨，美国对中国持负面观点的人高达 73%，比 2018 年同期增加了 26%。仅 22% 的受访者

---

① 《特朗普：中国非常专业，他们很快就会控制住疫情》，观察者网，2020 年 2 月 11 日，https://www.guancha.cn/internation/2020_02_11_535651.shtml。（上网时间：2021 年 2 月 24 日）

对中国持正面看法。

此外，世界卫生组织也是特朗普政府"甩锅"的重要对象。面对美国糟糕的疫情表现，以及国内巨大的压力，特朗普政府多次指责世卫组织"未能及时反应""被中国控制"等。特朗普4月7日在社交网严厉批评世界卫生组织，指它"太过以中国为中心"，而且在新冠肺炎疫情期间做出拙劣的建议。特朗普同日稍后在抗疫记者会中宣称，世卫组织在疫情期间做错了很多事，并威胁暂停向世卫组织提供资金。5月18日，特朗普政府威胁世卫组织30天内如果不做出"实质性改进"，美方将终止向其缴纳会费，并重新考虑是否留在世卫组织内。7月6日，美国宣布将于2021年6月正式退出世卫组织，理由是世卫组织未能完成美国要求的改革。《纽约时报》评论说，特朗普的这一声明是他将新冠肺炎病毒传播归咎于中国和世卫组织做法的一个重大升级，以转移人们对其应对危机不力、导致美国超过10万人死亡的指责。①

三、拜登政府对外政策走势展望

2021年1月20日，民主党人拜登在华盛顿国会山举行的就职典礼上宣誓就任美国第46任总统。拜登上台后，普遍认为其对外政策总体上较之特朗普更有可能"按套路出牌"。

第一，调整"美国优先"政策，修复与盟友的关系。特朗普时期力推"美国优先"，大搞单边主义，极大损害了美国与其盟友的互信，拜登上台后将会着力调整"美国优先"政策，与盟友在美国主

---

① 参见《美国"甩锅"论调招致国际舆论批评》，《网络传播》2020年第5期，第70－72页；刘国柱：《美国缘何盯上世界卫生组织》，《世界知识》2020年第11期，第52－53页。

导与盟友支持之中寻求平衡。拜登上台之初，多次表示对盟友关系的重视，美国诸多智库学者也呼吁拜登政府应该充分利用盟友体系这一重要战略资产，与盟友一道来重塑全球秩序。2021年2月4日，拜登在美国国务院发表题为《关于美国在世界上的地位的讲话》的演讲中宣称，"美国的联盟是我们最大的财富"，"我们将修复盟友关系，再次与世界接触，不是为了应对昨天的挑战，而是为了应对今天和明天的挑战……美国的同盟关系是我们最宝贵的财富，通过外交发挥领导作用，意味着我们将再次与盟友和主要伙伴并肩站在一起。"① 接下来美欧关系以及美日印澳四边合作机制都将成为拜登政府重点加强的盟友关系。

第二，大国竞争底色难变，中俄仍是应对重点。当前，美国政界已普遍将中国视为美国主要的战略竞争对手，这是一个坚定的跨党派议题，共和党人和民主党人罕见地统一，拜登上台后也继承了这一战略共识。在2月4日的演讲中，拜登将中国称为"我们最严重的竞争对手"，并表示将会直接面对中国带来的繁荣、安全和民主价值观的挑战，"我们将面对中国的经济虐待；反对其咄咄逼人的胁迫行动；反击中国对人权、知识产权和全球治理的攻击。"② 可见，拜登的上台并没有改变特朗普政府对华整体认知，也不太可能放松在经济、科技与安全领域与中国的战略竞争，更有可能是对具体竞争方式的调整。对于俄罗斯，拜登上台后的美俄关系依旧不容乐观。拜登在上台之前就多次指责特朗普对俄罗斯不够强硬，在2月4日的讲话中，拜登宣称他将采取"与我的前任截然不同的方式"，拜登表示，面对"俄罗斯的侵略行动"，包括干扰美国大选、网络攻击、

---

① The White House, "Remarks by President Biden on America's Place in the World," Feb. 4th, 2021, https://www.whitehouse.gov/briefing-room/speeches-remarks/2021/02/04/remarks-by-president-biden-on-americas-place-in-the-world/.（上网时间：2021年2月24日）

② Ibid.

毒害其公民等，将毫不犹豫地提高对抗俄罗斯的成本，与其他志同道合的伙伴合作，更加有效地与俄罗斯打交道。① 在军控领域，拜登政府在1月21日已经与俄罗斯达成协议，将《新削减战略武器条约》再延长五年。此后，拜登政府可能会选择在直接的军事对峙与威慑方面降低与俄罗斯的对峙力度，而更多依靠强化北约组织，持续缓慢挤压俄罗斯战略空间，支持俄罗斯国内反对派等方式与俄罗斯进行战略竞争。

第三，重回多边主义，重回国际组织，修复美国领导力。在与盟友的互动中，拜登政府致力于调整特朗普时期的"美国优先"，回归多边主义，更加注重对盟友给予必要的尊重。在国际组织与其他多边合作方面，拜登政府同样持较为积极的态度。2021年1月21日，拜登刚一上台，旋即签署行政命令，宣布将会重返巴黎气候协定以及世卫组织。拜登认为美国仍是"自由世界"的领导者，"退群"行为不但拱手将美国的领导地位让与他人，而且非常不利于美国在面对来自"中国的威胁"时，能够以统一的言行来应对。②

第四，重视意识形态，输出美国价值观，强化软实力运用。民主党在2020年8月发布的党纲中重申民主价值观在美国对外政策中的重要作用，称要将"保护和促进美国安全、繁荣和价值观"作为外交政策的最终衡量标准和目标。拜登上台后表示，特朗普时期"我们的信誉和道德权威已经丧失了很多"，政府的主要职责之一就是要恢复我们的信誉和道义权威，从而在一个强大的地位上竞争。③

---

① The White House, "Remarks by President Biden on America's Place in the World", Feb. 4th, 2021, https：//www.whitehouse.gov/briefing-room/speeches-remarks/2021/02/04/remarks-by-president-biden-on-americas-place-in-the-world/.（上网时间：2021年2月24日）
② 谢茜、夏立平：《拜登当选后的美国政策走向》，《世界知识》2020年第23期，第33页。
③ The White House, "Remarks by President Biden on America's Place in the World", Feb. 4th, 2021, https：//www.whitehouse.gov/briefing-room/speeches-remarks/2021/02/04/remarks-by-president-biden-on-americas-place-in-the-world/.

后期，拜登政府将会加强谋划和部署，统筹协调政府各部门和非政府组织，从政治、经济、军事、外交、文化等各个领域发起全方位的价值观攻势。民主价值观、人权外交等将继续成为美国本届政府的关键词。[①]

[①] 周力：《拜登政府对外政策初印象》，智库中国，2021年2月5日，http：//www.china.com.cn/opinion/think/2021–02/05/content_77191762.htm。（上网时间：2021年2月25日）

第二章 俄罗斯新版核威慑政策的特点和发展趋势析论

胡 伟

2020年6月2日,俄罗斯总统普京签署命令,批准了《俄罗斯核威慑领域的国家政策基础》(下文简称《核威慑政策基础》),对俄罗斯核威慑政策做出了重大调整。由于国际安全环境和周边态势不断恶化,俄罗斯被迫调整核威慑政策,向世界告知其使用核武器的条件和原则,主动对潜在敌人施压,避免与对手发生大规模冲突,维护国家安全。

一、《核威慑政策基础》出台的背景

在新冠肺炎疫情肆虐世界的危急时刻,俄罗斯突然推出新版核威慑政策更多是出于无奈,国际安全环境的不断恶化使得俄罗斯对国家核威慑战略进行了调整。随着美国等西方国家不断挤压俄罗斯的战略空间,连续撕毁重要的军控条约,并企图把战略核武器架到俄罗斯家门口,俄罗斯的安全底线不断被挑战,俄罗斯被迫亮出了核威慑的撒手锏。

（一）美国为首的西方国家与俄罗斯不断交恶

冷战结束后，美国对于急于加入西方国际体系的俄罗斯并不友好，不断推动北约东扩，挤压俄罗斯的战略空间，避免俄罗斯东山再起。20多年来，西方势力不但把俄罗斯的传统势力范围东欧各国逐个纳入北约阵营，而且把目光投向了苏联的加盟共和国。通过多年来的"颜色革命"，美国等西方国家已经在乌克兰、格鲁吉亚、吉尔吉斯斯坦等国建立了亲西方政权，俄罗斯在独联体的地缘政治影响力不断退缩。

特朗普上台伊始，为了洗刷"通俄门"的嫌疑，就在首份《国家安全战略报告》中把俄罗斯称为美国的竞争对手，并在2020年美国国防部发布的《核威慑报告》中，继续将俄罗斯作为其在核战略领域的首要威胁，并提出"俄罗斯通过不断实现核力量的现代化，对美国持续施加核威胁"。[①]特朗普执政期间，加大了打压、制裁俄罗斯的力度，双方在各个领域进行激烈争夺。在地缘政治上，美俄在东欧、中东等战略枢纽进行激烈争夺，两国在乌克兰、叙利亚等地处于武装冲突状态；在外交上，2017年美国驱逐了35名俄罗斯外交官，并对3处俄驻美外交机构进行检查，2018年再次驱逐48名俄驻美外交官，而俄罗斯也驱逐了60名美国外交官作为报复；在经济上，美国拉拢欧洲盟友对俄罗斯实施制裁，还在"北溪—2号"天然气管道建设项目上制裁俄罗斯相关个人和企业，给俄罗斯和欧洲国家能源合作设置障碍；在军事上，北约在黑海、东欧、波罗的海等

---

① US Department of Defense. Nuclear Deterrence: America's Foundation and Backstop for National Defense [R/OL]. (2020-04-07). https://media.defense.gov/2020/Apr/07/2002276858/-1/-1/1/NUCLEAR-DETERRENCE-AMERICAS-FOUNDATION-AND-BACKSTOP-FOR-NATIONAL-DEFENSE.PDF. （上网时间：2020年6月4日）

俄罗斯传统势力范围多次进行军演，双方战机多次空中对峙，导致美俄两国关系不断恶化。

（二）美国不断退出军控条约

冷战后，为了追求绝对的国家安全，美国不断退出与俄罗斯的军控条约，企图打破与俄罗斯之间的战略平衡。2001年12月13日，时任美国总统小布什宣布美国正式退出《反导条约》，之后不断加强对国家导弹防御体系的建设，使得美俄之间的战略稳定基石被严重削弱。

特朗普就任后，先后退出《中导条约》《开放天空条约》等军控条约，并拒绝就《新削减战略武器条约》延期问题与俄罗斯开展谈判，破坏了美俄核军控结构的关键支柱。与此同时，特朗普政府还积极推行战略核武器现代化，开发低当量核武器，大力加强导弹防御系统，并考虑是否重启核试验。特朗普政府的上述做法，破坏了美俄之间的战略稳定，加大了俄罗斯对美国战略意图的怀疑，这也迫使俄罗斯采取一系列应对性措施。[①] 随着一系列核军控条约的失效，美俄之间的战略互信被彻底破坏，美俄之间即将重新开启军备竞赛，严重危害了俄罗斯的国家安全。

（三）核武器不断迫近俄罗斯边境

为了进一步扩大对俄罗斯的战略优势，美国企图调整在欧洲的军事部署，将进攻性武器部署到俄罗斯边境。特朗普上任后，由于美国和德国关系的不断恶化，美国扬言撤出驻德美军和核武器，将

---

① 张业亮：《俄罗斯为何重申核威慑政策》，《世界知识》2020年第16期，第46页。

其转移到东欧盟国。2020年5月15日，美国驻波兰大使莫斯巴赫公开声明，如果德国主张削减美国驻德军力，美国可以向波兰提议将核武器部署在波兰，这将使俄罗斯更加脆弱。对于美国将核武器部署在自己的邻国波兰，俄罗斯绝不接受，第一副外长季托夫表示，俄方将采取一切措施回应任何威胁性举动。① 正是美国的不断战略挤压，俄罗斯才不得已出台了新版核威慑政策。

在国际安全环境不断恶化的背景下，俄罗斯有必要通过重申核威慑政策来警告美国等敌对国家，避免敌人威胁自己的国家安全。"这是俄向美国及西方国家发出的一贯明确信号，是给美国划出的红线，也能让北约国家领导人发热的头脑冷静下来"。② 这也是对北约实施多年的"核武共享"的现实回应，更是对美国在欧洲大陆部署核力量"剑指俄罗斯"的政策性回击。③ 况且，旧版核威慑政策是在10年前制定的，俄罗斯根据国际形势变化及时更新也非常必要。

二、《核威慑政策基础》的主要内容

在新版的核威慑政策中，俄罗斯阐明了对核威慑本质的官方认识，指出了核威慑针对的军事威胁，规范了核武器的使用条件，明确了核威慑能力建设和运用的原则。较以往神秘的国家核战略相比，俄罗斯新版核威慑政策既具有公开透明的特点，又带有鲜明的指向

---

① 《俄外交部谈美国在波兰部署核武器：俄方将采取一切措施回应任何威胁性举动》，中国日报网官方微博，2020年6月11日，https://weibo.com/2127460165/J69CAiYDP。（上网时间：2020年8月5日）。
② 殷新宇、柳玉鹏：《俄新版核威慑政策列明四种使用条件，专家分析给美国划出红线》，《环球时报》，2020年6月4日。
③ 张健：《俄罗斯更新核威慑政策 回应北约"核武共享"》，《中国青年报》，2020年6月4日第3版。

性,其目的是通过强大而又明确的核威慑,威吓美国等潜在敌对国家,确保俄罗斯国家安全。

(一)核威慑领域国家政策的概念和性质

在《核威慑政策基础》中,俄罗斯首先对"核威慑国家政策"做出了界定,即"以核威慑力量和手段为支撑,在共同思想的协调整合下,旨在防止对俄罗斯及其盟国侵略的一系列政治、军事、技术、外交、经济、信息及其他措施的集合"。这表明,俄罗斯的核威慑战略不仅仅局限于军事领域,而是强调多领域相协调,以保证"核威慑国家政策"的顺利实施。文件还强调俄罗斯仅将核武器视为威慑手段,只在迫不得已的情况下使用,并将做出一切必要的努力减小核威胁并防止国际关系紧张加剧引起包括核冲突在内的军事冲突。①

(二)核威慑目的及面临的军事危险

在《核威慑政策基础》中,俄罗斯指出,核威慑的目的是令潜在对手意识到,侵略俄罗斯联邦及其盟国必将遭致报复。俄罗斯对将其视为潜在对手并且拥有核武器的国家和联盟实施核威慑。

俄罗斯认为,根据军事政治和战略形势的变化,以下六种军事威胁可能削弱俄罗斯的核威慑能力:第一,潜在对手在俄罗斯联邦国境及其盟国国土附近以及在附近海域集结配备有核武器运载工具的常规部队;第二,将俄罗斯视为潜在对手的国家部署反导防御系统和武器、巡航导弹和中短程弹道导弹、常规高精度武器和高超声

---

① 《俄总统普京批准核威慑国家基本政策》,《国外核新闻》2020年第6期,第8页。

速武器、无人攻击机、定向能武器；第三，在太空建立和部署反导武器和打击系统；第四，他国拥有核武器或其他大规模杀伤性武器并且可能会对俄罗斯或其盟国使用该武器，上述武器运载工具也包括在内；第五，核武器及其运载工具、制造技术和设备的不受控制的扩散；第六，在无核国家境内部署核武器及其运载工具。①

（三）核威慑实施原则

在《核威慑政策基础》中，俄罗斯明确了核威慑奉行的七条原则：第一，遵守国际军备控制义务；第二，核威慑力量和手段的结构和组成具有合理性，维持在完成既定任务所需的最低水平；第三，核威慑对军事威胁具有可应对性；第四，核威慑力量和手段可能的运用规模、时间和地点对潜在对手具有不确定性；第五，对参与核威慑的联邦权力执行机构和组织的活动实施国家集中管理；第六，确保核威慑措施的连续性；第七，保持有部分核威慑力量和手段时刻准备好作战使用。这七条原则中的前两条，旨在明确俄罗斯发展核武器将遵循国际条约规定，同时也将满足实现核威慑所需的最低限度。后五条原则是对俄罗斯核威慑政策所提出的具体要求，包括在核威慑决策和实施过程中要求集中性，在针对潜在对手时要求确保核威慑实施的重要原则。②

（四）实施核打击的四种具体情况

为了有效威慑敌人，在《核威慑政策基础》中，俄罗斯具体指

---

① http://publication.pravo.gov.ru/Document/View/0001202006020040。
② 《俄总统普京批准核威慑国家基本政策》，《国外核新闻》2020年第6期，第9页。

出在下述四种情况下可能使用核武器：第一，受到旨在攻击俄罗斯联邦或其盟国领土的弹道导弹发射的可靠消息时；第二，对手在俄罗斯联邦或其盟国领土使用核武器或其他大规模杀伤性武器时；第三，对手对俄罗斯重要国家或军事设施的打击将导致核反击能力丧失时；第四，使用常规武器入侵俄罗斯联邦危及国家存亡时。①

此外，《核威慑政策基础》还明确了总统、政府、联邦安全委员会和国防部的职责划分，确立了总统负责核威慑领域国家政策的总体领导，负责做出核力量使用决定。

核威慑政策是俄罗斯重要的国家战略，以往只在军事学说、国家安全战略构想等重要军事文件中体现，且高度保密，讳莫如深。但这次俄罗斯政府全文公布，中国社科院俄罗斯东欧中亚所研究员姜毅表示："这次把核政策'单独拎出来'发表，与目前国际军控体系受到严重冲击，尤其美国退出《中导条约》等密切相关。俄罗斯想通过专门文件强化自身利用核武器捍卫安全利益的立场。"②

三、《核威慑政策基础》的主要特点

与以往的核威慑政策相比，俄罗斯此次公布的《核威慑政策基础》具有明显不同的特点。这些特点既带有俄罗斯民族传统的军事战略思维的烙印，更是和现实中不断恶化的国际安全环境息息相关。

---

① 张业亮：《俄罗斯为何重申核威慑政策》，《世界知识》2020 年第 16 期，第 45 页。
② 张全：《俄出台核威慑新政，提防美国"玩阴招"》，《解放日报》2020 年 6 月 4 日第 8 版。

（一）核威慑的透明度不断增加

事实上，由于北约不断逼近俄罗斯的边境，十年来俄罗斯一直在不断扩大核威慑的透明度，以此警告潜在敌对国家。为了使威慑更为有效，俄罗斯改变了过去对核力量建设和使用高度保密的做法，加大了宣传的透明度，有选择地披露核武器的有关情况。如"白杨－M"导弹，由于它能轻易突破美国的导弹拦截系统，俄罗斯对其研发、实验、列装、参加战斗值班等阶段性成果都进行了广泛的披露，通过媒体的大肆渲染达到了震慑欧美的心理预期。[1]

俄罗斯上次的核威慑政策属于2010年版军事学说中的保密部分，但此次核威慑政策却全文公开，就是为了增加核威慑的可信度。有效的核威慑需要具备三个基本要素：威慑力量、使用力量的决心和畅通的信息传递。在新版核威慑政策中，俄罗斯列举了它面临的六种主要军事威胁，提出了实施核威慑的七项原则，明确了可以使用核武器的四种情况，清楚地向世界宣告了本国的军事底线。

（二）使用核武器的门槛大幅降低

在《核威慑政策基础》中，俄罗斯明确了可以使用核武器的四种情况，其中后两种情势的表述在此前制定的军事准则或战略概念中从没有出现过。因此，与俄罗斯前几次的军事准则相比，此次颁布的核威慑政策扩大了核武器使用的范围。[2]

《核威慑政策基础》放宽了在实战中俄罗斯使用核武器的条件，

---

[1] 胡伟：《俄罗斯也玩核透明》，《环球军事》2010年7月版，第1页。
[2] 张业亮：《俄罗斯为何重申核威慑政策》，《世界知识》2020年第16期，第45页。

实际上相当于降低了核武器的使用门槛。实战中，俄罗斯会在两种情况下使用核武器：一是对俄及其盟友使用核武器和其他大规模杀伤性武器；二是对俄使用常规武器实施侵略并威胁到俄国家生存。这表明，即使敌方发动常规战争，俄也可使用核武器进行应对，即"以核御常"。实际上，俄罗斯军事学说并不严格区分常规战争与核战争，核武器只不过是一种特殊的武器而已。此外，模糊核战争与常规战争的界限，客观上也有放大核威慑的效果。[①]

在《核威慑政策基础》中，俄罗斯还表明，除了实施核反击，它还将使用核武器应对敌方的生物、化学等武器攻击，并视任何直接或间接危及自身核能力的常规攻击等同于核攻击。只要敌方常规打击威胁到俄国家生存，俄就可使用核武器。《核威慑政策基础》拓展了核武器的运用场景，在俄及其盟友国境附近的陆上和海上部署、集结核武器，被视为对俄实施核打击的先兆，对此，俄将实施先发制人的核打击以消除威胁；俄罗斯对美国的太空武器化趋势保持高度警惕，将核威慑视为应对太空威慑的有效手段；非国家性质主体，比如"三股势力"，也可能成为核打击对象。

在新核威慑政策中，俄罗斯放宽了实战使用核武器的条件。这种表态不仅充分显示了俄罗斯用核武器维护国家安全的决心，也迫使潜在敌人重新估算攻击俄罗斯所要承受的损失，从而放弃对俄罗斯发动进攻的企图。

（三）核威慑的指向性强

《核威慑政策基础》指出，俄罗斯将运用包括核武器在内的所有手段遏制潜在对手的侵略，"潜在对手"主要指的是美国和北约。随

[①] 李大鹏：《俄罗斯核威慑政策变了吗？》，《中国青年报》2020年6月11日第7版。

着北约东扩不断蚕食俄罗斯的势力范围，多年来俄罗斯一直把西方边界作为威胁国家安全的首要方向，确定了美国等西方国家是俄罗斯的主要敌人。在2014年版军事学说中，俄罗斯就曾明确指出美国和北约是俄罗斯面临的主要外部威胁。随着乌克兰危机爆发后美俄关系的不断恶化，俄罗斯被迫将美国和北约作为主要敌人来进行军事准备。此次《核威慑政策基础》的出台，俄罗斯科学院世界经济与国际关系研究所军控问题专家斯特凡诺维奇表示，尽管遭遇美国、北约近30年的战略挤压，俄却从未公布过如此详尽的文件，"现今公布核威慑政策表明，随着《新削减战略武器条约》即将到期且续约可能性渺茫，俄罗斯正为与美国为首的西方国家直接军事摊牌做准备"[①]。

在《核威慑政策基础》中，从对威胁的判断上可看出，俄罗斯核威慑政策具有明显针对美国的色彩。在常规武器领域，该文件将潜在对手对高精度无核武器、高超声速武器、打击型无人机及定向能武器等新式武器的研发视为威胁，而这些正是当前美国武器研发的重点。在核武器领域，该文件特别提及核武器及其运载工具在无核国家的部署对俄罗斯所构成的威胁，明显是针对美国欲向波兰部署核武器的意图。

《核威慑政策基础》阐释的核打击原则既带有俄罗斯传统军事思想的烙印，也体现了冷战后在国力大幅下降后俄罗斯被迫采取的新做法。在文件中，俄罗斯强调要先发制人的思想就是自苏沃洛夫以来俄罗斯历代军事统帅所推崇的进攻性军事思想的体现；而核打击透明度不断扩大、核打击门槛不断降低的特点也体现了俄罗斯的国家安全越来越倚重于核武器的现实困境。

---

① 韩显阳：《俄罗斯以核威慑回击美国战略挤压》，《光明日报》2020年6月8日第16版。

四、俄罗斯核威慑政策的走向

2020 年《核威慑政策基础》的出台，标志着俄罗斯在核威慑领域做出了重大调整，这无疑将对美国等西方国家起到不小的震慑作用。展望未来，俄罗斯的核威慑政策将呈现以下三个发展趋势。

（一）核威慑的基调仍是防御性的

苏联解体后，俄罗斯虽然继承了苏联的政治遗产，但它的实力已经大大下降，远不是过去的超级大国。随着北约东扩的不断打压，俄罗斯丢失了几百年来在西部边境大部分的扩张成果，在乌克兰和北约形成了对峙。在与北约之间持续、高强度军事对抗的背景下，俄罗斯实施核威慑的主要目的是战略防御，这种基调也与 2015 年版《国家安全战略》和 2014 年版《军事学说》等文件保持一致。《核威慑政策基础》指出，俄罗斯核力量将维持在确保国家领土完整，防止潜在对手侵略的水平，在发生军事冲突的情况下，能够阻止敌对行动升级并在俄罗斯及其盟友可接受的条件下停止敌对行动。[①]

尽管俄罗斯在新的核威慑政策中降低了核门槛，并不意味着它在和美国的斗争中恢复了战略主动。相反，这正说明俄罗斯依旧处于困境之中，除了核武器外，缺乏其他手段来确保国家安全。由于在未来很长一段时间内，俄罗斯的国力都将远远落后于以美国为首的北约，俄罗斯势必处于战略守势，核威慑政策也呈防御态势，其目标主要是吓阻敌对国家的进攻。

---

① 李大鹏：《俄罗斯核威慑政策变了吗？》，《中国青年报》2020 年 6 月 11 日第 7 版。

（二）核威慑将成为俄罗斯对抗西方、维护国家安全的主要手段

面对美国的层层打压，俄罗斯推出新版核威慑政策，既是警告对手不要轻举妄动，也是手中王牌有限，只有核武器才能支撑大国形象，近年来俄罗斯保证国家的安全需求。由于长期经济低迷，国防预算一再缩减，2019年的军费投入只有430亿美元，仅为美国的1/15，甚至低于印度和日本。而且，俄罗斯有限军费的大部分都用在了维持战略核威慑能力上，包括继续建造"北风之神"级战略核潜艇，组装新型"图-160M"战略轰炸机和采购"萨尔马特"洲际弹道导弹。维持强大的核武库短缺保证了俄罗斯的国家安全，但也进一步减缓了俄罗斯常规军事武器装备的研发，如"T-14"主战坦克、"苏-57"隐形战机和领袖级导弹巡洋舰的研制和装备工作都暂时被搁置。随着常规兵器被美国甩在了身后，核威慑成为俄罗斯手中不多的、可以和西方讨价还价的筹码。

（三）核威慑将在更多领域发挥维护国家安全的作用

在《核威慑政策基础》中，俄罗斯已经明确表示将使用核武器应对敌方的生物、化学等武器攻击，这标志着核威慑政策在非核领域逐渐发挥维护国家安全的作用。可以预见的是，随着人工智能、机器人、高超音速和网络空间技术为代表的新技术不断发展，在越来越多的领域将涌现出新挑战和新危险。对于经济长期低迷、常规武器更新换代速度较慢的俄罗斯而言，核威慑是投入最少，见效最快的解决办法。

随着国家安全利益不断地外溢，俄罗斯在网络、金融、生物、太空等领域面临的危险将越来越多。尤其是在网络空间领域，互联

网的易受攻击性使其正在成为大国博弈的新战场。近年来，美国网络空间司令部正在加紧开发各种进攻性的和报复性的网络空间武器，用于打击自己的战略竞争对手。而俄罗斯也在2014年军事准则中把网络空间武器化和电子战作为其国家安全面临的主要威胁之一。因此，俄罗斯的《核威慑政策基础》把"攻击俄联邦关键政府机构或军事场所、削弱俄罗斯核力量的响应行动"列入使用核武器的条件，也是为了适应新的军事斗争形势的需要。①

五、结语

随着美国不断退出现有军控体系，并不断加大对俄罗斯的打压力度，俄罗斯的安全环境日渐恶化，国家安全正经受着严重威胁。困境中的俄罗斯手中资源有限，只能将核威慑视为国家安全战略基石。为了确保核威慑的有效性，近年来俄罗斯不断加强战略核力量建设，稳步推进核装备现代化改造，"2019年，俄"三位一体"核力量的现代化装备占比达82%，战略火箭兵中现代化装备占比超过76%"。② 但不断加大核力量建设势必会减缓俄军常规武器的更新换代，使得俄军在面临中小规模军事冲突时手段有限。在国防投入有限的情况下，如何确保核力量能够和美军保持战略平衡，又不至于在常规武器现代化上被西方发达国家落下太远，这将是俄罗斯领导人长期面临的大难题。

---

① 张业亮：《俄罗斯为何重申核威慑政策》，《世界知识》2020年第16期，第47页。
② 李大鹏：《俄罗斯核威慑政策变了吗？》，《中国青年报》2020年6月11日第7版。

第三章 当代俄罗斯北极战略的演进与现状

徐光辉

俄罗斯是北极地区海岸线最长的国家，在北极地区拥有大量的潜在利益，北极地区是俄罗斯的核心战略区域之一。普京曾直言"北方海上航线对于俄罗斯，甚至比苏伊士运河更重要"[①]。俄罗斯北极地区包括摩尔曼斯克州、涅涅茨自治区、楚科奇自治区、亚马尔—涅涅茨自治区、卡累利阿共和国、萨哈共和国（雅库特）、克拉斯诺亚尔斯克边疆区、阿尔汉格尔斯克州以及科米共和国的部分地区。2020年5月21日，据全俄人口普查媒体办公室统计，俄罗斯北极地区的居民数量为240万人，他们创造的国内生产总值（GDP）几乎占到整个俄罗斯的1/10。

当前，北极地区已进入一个以管辖权冲突为特征、以自然资源开采为核心、以全球性大国为主角的"大竞争"时代。[②] 从战略角度看，世界主要大国或军事强国之间通过北极圈有着最短的距离，对于战略威慑武器的运用有着重要意义。特别是北方航线，该航线是俄罗斯连接欧洲和远东地区距离最短的航线，是北方舰队与太平洋舰队自由进出大西洋和太平洋的重要通道，也是战时相互支援的

[①] 李大鹏：《俄罗斯加强在北极的军事斗争准备》，《中国青年报》2014年3月21日第10版。

[②] 陆俊元：《北极地缘政治竞争的新特点》，《现代国际关系》2010年第2期，第27页。

捷径。北极是俄罗斯国家发展和未来保持大国地位的战略储备。从经济利益角度看，北极蕴含丰富的油气、矿产、渔业等资源，被称为"地球最后的宝库"。

自 2001 年以来，俄罗斯制定了一系列有关北极问题的相关政策文件，构筑了北极战略的总体框架，规定了俄罗斯在北极的主要利益、任务以及战略重点。2020 年 3 月 5 日，普京批准了《2035 年前国家北极基本政策》，明确俄罗斯在北极地区的国家利益、面临的主要威胁与重点任务，为未来 15 年俄罗斯在北极地区的行动提供战略指导。

在这些文件的指导下，俄罗斯在北极地区进行了一系列科考活动以证明俄属北极的主权归属，并在能源开采、航道建设以及军事部署等领域采取了大量的措施。俄罗斯的北极战略具有极强的大国战略色彩；它高调地宣示俄属北极的主权归属，并且高度重视在北极地区的国家间合作。俄罗斯在其北极战略指导下进行的一系列开发活动，加剧了北极国家的主权争端，客观上推动了北极地区的军事化，造成局势紧张；对于我国而言，为我国与俄罗斯开展北极合作提供了契机。对于 21 世纪以来俄罗斯的北极战略进行研究，对于研究当前北极形势具有重要意义，对于制定我国自身的北极战略也具有重要的参考价值。

一、当代俄罗斯北极战略的内涵

北极地区对于俄罗斯而言具有重要的地缘战略价值，从苏联时期开始的历届政府都对北极地区给予高度重视，尤其在进入 21 世纪后，以梅普为代表的俄罗斯政府进一步加快了北极战略的制定进程，制定了一系列阐释北极战略的文件。

2000—2001年，俄罗斯政府分别出台了两部海洋战略的文件，分别为《2010年前俄联邦海上军事活动的政策原则》及《俄罗斯联邦2020年前海洋学说》，这两份文件主要明确了21世纪俄罗斯的海洋利益、海上威胁、海洋政策主要方向以及海军建设等方面的内容。虽然两份文件并非专门的北极政策文件，但在其中将北极地区的海域作为俄罗斯领海的一个重要组成部分，对于北方海域在俄罗斯整体海洋安全和利益中的重要意义进行了阐述。文件指出，海洋政策在北极方向上的利益基础是为俄罗斯船队在北部海上航线的活动创造条件。这两个文件为俄罗斯随后争夺北极主权的行为奠定了政策基础，文件出台后不久，俄罗斯就借机向联合国提出了对北极的主权要求，并进行了一系列的北极科考活动。此后，虽然俄罗斯并未制定明确的北极战略文件，但对北极地区的科考和开发活动长期持续下来。

2008年9月18日，俄罗斯通过了《2020年前俄罗斯联邦北极地区国家政策原则及远景规划》（以下简称《远景规划》）。该文件是21世纪俄罗斯第一份全面系统的北极战略报告，是近百年来首部关于开发俄属北极地区的纲领性文件。报告共六章，规定了俄罗斯北极战略的主要利益要求、基本任务、执行机制以及执行方式等方面的内容。文件为2008年之后俄罗斯在北极地区的开发和科考活动制定了一个总的纲领，对于俄罗斯争夺北极主权和维护北极地区利益的活动具有重要的指导意义，2008年后，俄罗斯在文件的指导下在能源、航道、科考等方面均采取了一系列有效的措施，对于北极地区的开发利用进入到一个加速发展的新时期。

2009年5月12日，时任俄罗斯总统梅德韦杰夫发布总统令，通过了一份新的北极战略文件——《2020年前俄罗斯联邦国家安全战略》，该文件是俄罗斯对旧的国家安全战略的更新和扩展，文件对于俄罗斯未来的国家安全战略中心进行了阐释，并提出了维护国家安全的措施手段。文件将捍卫俄罗斯在北极地区的主权及能源安全作为国家安全战略的重点之一，并表明俄罗斯将尽一切努力保障能源安全。文件指出对于北极地区的能源资源问题不排除军事手段解决的可能性。这显示出俄罗斯对包括北极在内的能源开发地以及北极归属问题上的强硬立场和坚定决心。

2013年2月20日，俄罗斯又通过了《2020年前俄罗斯联邦北极地区发展和国家安全保障战略》，文件的根本目的在于保障2008年《远景规划》的执行，这个新的北极战略文件强调俄罗斯要实现在北极地区的主权及国家利益，并推动完成2008年《远景规划》所规定的主要任务。文件是对2008年《远景规划》的重要补充和扩展，对于俄罗斯在北极地区的活动具有实践的指导意义。

2014年12月25日，俄罗斯总统普京批准了新版的《俄罗斯联邦军事学说》，这是俄罗斯立国以来的第四份军事学说，对俄罗斯面临的新的军事威胁和新形势下遏制和防止军事冲突的基本任务进行了分析和总结。新的"军事学说"仍将美国和北约作为主要威胁，但与过去相比又有了一些新的变化。新版《军事学说》强调了捍卫北极地区安全与利益在俄罗斯国防领域的重要地位，文件数次提到"北极"一词，而且2013年批准的《2020年前俄罗斯联邦北极区域发展和国家安全保障战略》也成为依据文件之一。新的"军事学说"中关于北极地区的内容显示出俄罗斯进一步强化军事手段捍卫北极安全与利益的立场和决心，同时也显示出俄罗斯未来军事的一个重点发展方向将是北极地区。

2019年12月，俄罗斯公布了《2035年前北方海航道基础设施发展规划》。根据规划，俄罗斯制定了有北极航道建设的11个重点发展方向和 84 项具体措施，力图为进一步深化北极开发奠定交通基础。① 2020 年 3 月，普京正式签署命令，公布《2035 年前俄罗斯联邦北极国家基本政策》，对俄罗斯在北极地区的安全与发展利益进行再界定，标志着俄罗斯北极战略的再调整。在美俄关系进入"长期对峙化"和西方集体制裁的大背景下，俄罗斯北极战略从"资源开发型"转入"安全发展型"。俄罗斯新的"北极 2035"战略以加强内部利益协调、谋求国际合作主导权和开发的"本地效应"为主轴，强调综合安全观及维护北极超级大国地位，重视战略体系化和执行力。

进入 21 世纪后，俄罗斯制定的一系列战略文件，从法律层面对俄罗斯北极战略的目标、任务、机制、措施等内容进行了明确和细化，对于俄罗斯进入 21 世纪后的北极开发活动奠定了坚实的法理基础。

二、当代俄罗斯北极战略的实施

通过制定一系列北极战略文件，俄罗斯逐渐明确了在北极地区的战略目标和主要任务，在这些文件的指导下，俄罗斯在主权争夺、航道开发、军事存在以及能源开采等方面制定了针对性的方针政策，并进行了一系列的开发活动。俄罗斯在开发过程中充分利用了自身大陆架面积广阔的优势，与其他北极国家之间既进行争夺也开展合作，取得了不错的进展。

---

① План развития инфраструктуры Северного морского пути до 2035 года, Распоряжение от 21 декабря 2019, No 3120 - p, http://government.ru/docs/38714/。（上网时间：2020 年 11 月 20 日）

（一）通过开发"北方海航道"拓展北极地区国际航运

北极地区由于常年冰川，因而只能在夏季季节性通航。目前，俄罗斯在北方海域只有一条主要航线——"东北航道"，也被称为"北方海航道"。这是当前连接俄罗斯欧洲部分和远东地区的三条主要运输走廊之一。因而，俄罗斯政府在进入 21 世纪后对这条航线的建设给予了极高的重视，为此成立了专门的联邦政府管理部门——北极航道办公室（Администрация Северногоморского пути）。[①]

但是由于北极地区恶劣的通航环境，对于俄罗斯来说，保障"北方海航道"的正常通行是一个巨大的挑战，不仅需要先进的破冰船来保障航路的畅通，同时，还要建造适宜极地航行的船只，并在常年冻土的大陆北部沿岸建设港口等相关的基础设施，这无疑是一个庞大的工程。

1. 加快破冰船和专业船舶的建设

北极航道的商用价值潜力也不容低估。根据最乐观预测，2020—2030 年，北极航道每年的货物运输量将达到 800—2000 万吨。目前，发放的北极航道船只通航许可年均超过 600 项。[②]

为了更好地确保"北方海航道"的顺利通行，保障俄罗斯在北冰洋的国际航行活动，俄罗斯在新的北极战略出台后，加快了对破冰船和适用于极地航行船舶的建设。一方面，俄罗斯自身加大了科研投入，加强破冰船建设。2009 年 4 月，俄罗斯政府投资了 5700 万

[①] 左凤荣、刘建：《俄罗斯海洋战略的新变化》，《当代世界与社会主义》2017 年第 1 期，第 134 页。

[②] Половинкин В. Н. Проблемы развития Арктической транспортной системы РФ в XXI веке，http：//www.unionexpert.ru/index.php/news/item/204-itog5let。（上网时间：2020 年 11 月 20 日）

美元用于建造新的核动力破冰船；并于同年7月建成了"圣彼得堡"号破冰船。2010-2011年，俄罗斯为建造破冰船提供了1.5亿的预算。在之后的2—3年里，俄罗斯进一步加大了对破冰船的建设力度，截至2013年，俄罗斯共拥有破冰船18艘，其中核动力破冰船5艘，这极大地提升了俄罗斯北极航线的畅通性；另一方面，俄罗斯还加强了与芬兰等北欧国家的合作，建造适用于极地航行的专门性船舶。2007年，与俄罗斯进行紧密合作的芬兰阿克尔北极技术公司为俄罗斯矿产公司"诺瑞尔斯克镍公司"建造了一条750单位标准的货箱船，这是世界上首条可不依赖破冰船而自由穿行北极航线的货箱船。这些举措使俄罗斯拥有了在北极地区通行的硬件设施，进而使北极航线的畅通性得到大大加强。

2. 加强北冰洋沿岸港口建设

港口是远洋航行的重要依托，对于俄罗斯"北方海航线"而言，俄罗斯在北冰洋和远东地区的港口就是航线能够顺利运转的重要保证，因而，加强航线沿线港口建设也是俄罗斯保证北极通航的一大重要举措。

当前俄罗斯正在大力加快北冰洋沿岸的港口建设。俄罗斯目前在北冰洋沿岸拥有众多的港口，而且发展潜力巨大，其中主要港口包括迪克森、季克西、杜金卡等，但这些港口由于年久失修，使用价值并不高。因而，俄罗斯正在不断改进这些基础设施落后、设备老化的旧港口，对这些港口的基础设施进行整修；同时还在北极地区积极开发新的港口。2012年7月，俄罗斯在北冰洋沿岸的亚马尔市开工修建新的港口，这标志着俄罗斯北冰洋新海港建设工程的正式启动。① 近年来,俄罗斯在港口建设上的投入已经初见成效,当前俄罗斯北部港口的保障能力得到了极大的提升。

(二) 通过科考活动强化主权归属

主权问题一直都是俄罗斯在北极地区争夺的一个战略重点,俄罗斯在苏联时期就十分重视对俄属北极地区主权的争取。早在1926年,苏联主席团就通过了一项划定俄属北极范围的决议,其划定的俄属北极范围为从东经32°到西经168°,从北冰洋一直延伸到北极点的所有范围内目前已开发或将来要开发的岛屿和陆地,这些都属于俄罗斯的领土。自此之后,苏联又进行了一系列的科考活动对俄属北极的合法性进行论证。但到1991年苏联解体之后俄罗斯在北极的科考活动陷入停滞,直到21世纪俄罗斯才重新开始进行科考活动。

进入21世纪后,俄罗斯恢复了对北极地区主权的重视程度和争夺力度,进行了大量的科考活动,并在北极地区建立了一系列的科考站,用以对北极地区进行地质勘探,以便搜集证实俄属北极边界所需的证据。

1. 开展科考活动

2001年,俄罗斯向联合国大陆架界限委员会提交了关于俄属北极北部界线的划界案,然而2002年,联合国以"证据不足"为由否决了这一议案,要求俄罗斯补充证据。自此,为了搜集相关证据,俄罗斯在北极地区进一步加大了科考的力度。

---

① 韦进深、舒景林:《北方航道与俄罗斯的北极发展战略评析》,《东北亚学刊》2013年第11期,第56页。

2003年4月26日,俄罗斯在"北极—32"科考站上升起俄罗斯国旗,标志着俄罗斯恢复了停止12年的北极科考活动。2007年8月2日,俄罗斯派出一支由国家杜马主席阿图尔·奇林加罗夫率领的科考队,科考队在北极点附近4260米深的北冰洋洋底插上了一面可保存100年之久的钛合金国旗,这就是著名的"插旗事件"。

2010年,俄罗斯"北极—38"科考站的成员乘坐"俄罗斯号"核动力破冰船又一次前往北极地区进行考察,此次考察的目的在于确定俄罗斯在极地大陆架的边界线。2011年,俄罗斯再次派出科考队前往罗蒙诺索夫海岭海底进行考察,并在此次考察后绘制了北极地区的海底地图,为俄罗斯证明其北极领土主权提供了有力的证据。

此外,为了强化可靠能力,俄罗斯专门建设大型极地科考船。2020年12月18日,俄罗斯新型北极科考船"北极"号,在圣彼得堡成功下水。"北极"号由俄罗斯水文气象局和环境监测局耗时两年建造,全长83.1米,宽22.5米,排水量约为1万吨,拥有4200千瓦功率的发动机,最高航速为10节,物资储备供应足以维持两年的海上科考活动需求,包括船员14人,科学人员34人,使用寿命为25年。"北极"号是世界上第一艘北极全季抗冰自航科考平台,相当于一座浮动极地科考站。它具有超强抗冰能力、远航自持力和良好的居住环境,还配备了完善的科研设施,直升机、快艇、雪地车一应俱全,可以在北极区域进行全年科考,对北极地质、声纳、海洋进行详细调查。

2. 建设科考站

为了方便科考人员在北极的考察活动,俄罗斯在北极地区建设了大量的科考站。2004年,俄罗斯政府拨款7200万卢布,建造了

"北极—33"浮冰漂流站;2007年6月,建立了"冰上基地"临时漂流站,对于夏季北极水域的中心区进行水文气象监测;2008年,俄罗斯"北极—2008"科考团登上弗兰格尔岛进行科学考察,并在浮冰上建立了"北极—36"极地科考站;2011年5月,俄罗斯地质勘探人员正式启动了北极科学旅游冰上基地——"婆罗洲基地"。

这些基地的建设和以之为依托所进行的科考活动,均为俄罗斯证明其在北极地区的领土主权提供了数据资料。俄罗斯所进行的科考活动得到了俄罗斯政府的大力支持,2010年9月23日,时任俄罗斯总理普京在莫斯科召开的北极国际会议上发言指出:"俄罗斯计划恢复并扩大在北极的科研活动,支持对北极的基础研究,包括支持在北极进行科研的科学家和专家国际团队。"[1] 同时,俄罗斯科考活动还得到了地方高校科研机构的支持和保障。在2010年的北极国际会议上,俄罗斯指出将利用地方高校的资源进行北极科学研究;之后,俄罗斯在阿尔汉格尔斯克北方国立大学建立了研究北极的科研中心,对北极区域进行全方位研究。

(三)通过北极军事建设提升地区控制力

对于俄罗斯而言,北极地区有着重要的军事战略价值。一方面,从战略层次上讲,北极地区能够缓解北约东扩对俄罗斯战略空间的压缩,为俄罗斯创造新的战略纵深;另一方面,从现实意义上讲,在北极地区扩大军事部署能够使得俄罗斯增强对其他北极国家的威慑,维护在北极地区的既得利益。因而,进入21世纪后,俄罗斯积极组建北极部队,扩大北极地区海军的实力,并频繁在北极地区进行军事演习,致力于维持和推动在北极地区的军事存在。

---

[1] 陆俊元:《北极地缘政治与中国应对》,时事出版社2010年版,第271页。

1. 大力推进组建北极部队的进程

为了更好地维护北极利益，俄罗斯计划在北极地区组建一支北极部队。早在2013年普京就命令国防部在2014年内组建完成北极部队。2014年10月，俄国防部长绍伊古在发言时明确指出，将于2014年内在北极部署一支综合性作战力量。他还进一步透露，俄罗斯正在北极沿海地带建设机场、港口、公路、发电站等基础设施。[①]2014年年底，俄罗斯组建完成北方舰队联合战略司令部，负责北极地区的防务与安全。2017年5月9日，俄罗斯在红场举行胜利日大阅兵，在此次阅兵中，俄罗斯的北极作战部队以及北极武器装备首次亮相。据俄罗斯国防部表示，此次俄罗斯北方舰队下辖的第61独立海军陆战队首次参加了红场阅兵，参加阅兵的北极作战武器包括"铠甲"和"道尔SA"两种近程防空导弹系统，它们被安装在"勇士"型的履带牵引车上，能够在极地冰雪地区灵活行动，有效地在北极地区遂行任务。2020年7月，俄罗斯第80摩步旅正式组建完成。这是俄罗斯第一支专业化北极作战部队，装备了包括T-80BVM坦克在内的专用装备，主要遂行北极地区严酷条件下的作战行动。为加强俄在北极地区的军事存在，2018年俄在北方舰队防空力量的基础上组建了北极地区第一个防空师。2020年2月28日，绍伊古在俄国防部部务会上表示，俄已在北极地区部署了第二个防空师，并计划到2021年前，俄北方舰队将增加4艘新型舰艇入役，还将接收180多件能够适应北极严酷作战环境的新型武器装备。

可以看出，到目前为止，俄罗斯在北极地区的军事力量建设已经取得了极大进展，部队规模和武器装备水平都有巨大提升，已经

---

① 《俄罗斯谋建"北极部队"意欲何为》，三亿文库，http://3y.uu456.com/bp_6lkhw5clzh2wkqr4m2iw_1.html.（上网时间：2017年4月23日）。

初步建成一支具备作战能力的战斗部队。

2. 频繁进行军事演习

为了提高军队在北极地区的协同作战能力，进入 21 世纪后俄罗斯在北极地区进行了多次演习，尤其是近年来，俄罗斯更加频繁地在北极地区组织军事演习，演习规模和级别明显提升，且越来越偏向诸兵种联合作战。[①] 2006 年一年，俄罗斯在北极地区进行的军事演习就多达 20 次；2008 年，俄罗斯的战略航空兵进行了一次大规模的军事演习，演习地跨北冰洋、大西洋、太平洋和黑海、里海，宣示了俄罗斯强大的核打击力量；2014 年 4 月，俄空降部队士兵首次靠近北极的"婆罗洲站"，并登上浮冰；2015 年，俄罗斯又在北极地区进行了一次演习，锻炼部队的救援能力。自 2018 年起，俄罗斯空天军图—160 战略轰炸机和图 95MS 战略轰炸机先后在北极地区实施巡逻飞行，北方舰队在北极地区进行"棱堡"岸基反舰导弹系统演练，进一步凸显军事力量，对潜在对手实行战略威慑。

3. 增强北极海军实力

俄罗斯在北极地区最主要的作战力量是北方舰队，为了提升北方舰队应对地区潜在威胁的能力，俄罗斯大力提升其北方舰队现役舰艇的作战能力。2010 年，北极部队正式装备了经过改造的"德尔塔—IV"核潜艇，这款名为 K-18"卡雷利亚"号的潜艇的作战性能得到了极大提升。同时，俄罗斯还在加紧研制新型破冰船，提升破冰船的工作效率。2019 年 10 月 25 日，俄罗斯首艘"23550"型破冰巡逻舰在圣彼得堡海军造船厂下水。这艘舰以苏联著名北极科考

---

① 刘财君、张有源：《俄罗斯加强北极军力的战略背景及影响》，《国际资料信息》2012 年第 3 期，第 22 页。

专家伊万·德米特里耶维奇·帕帕宁（Иван Дмитриевич Папанин）命名，是俄罗斯历史上首艘破冰船级别的战斗舰艇。"伊万·帕帕宁"号破冰巡逻舰长约110米，排水量为8500吨，最大航程为6000英里，能够破开2米以内的冰层，可在北极地区自主航行60天。与一般的破冰船和科考船不同，除了破冰设备和科考设备外，该舰装备有"口径"巡航导弹、直升机起降平台、便携式防空导弹系统和电子战系统，战斗力远远超过一般武装破冰船上的鱼雷和舰炮。因此，"伊万·帕帕宁"号破冰巡逻舰既可以在北极地区承担科考任务，又可以承担救援任务，在必要时也可以遂行战斗任务。

进入21世纪后，俄罗斯进一步提升了对北极地区长期以来的重视程度，出台了一系列北极战略文件，逐渐形成了比较完整的北极战略。"伊万·帕帕宁"号破冰巡逻舰正式下水，标志着俄罗斯在北极地区又多了一件王牌武器，是落实其北极战略的重要一步，对于扩大俄罗斯在北极问题上的影响力有着重要意义。

（四）通过开发北极油气资源获取现实利益

北极地区蕴含有丰富的资源，目前，已探明的原油储量为2150亿桶，累计开采843亿桶，年产量占世界总量的1/10；天然气55.6亿m³，年产量占世界总产量的1/4。[①] 在俄罗斯北部海域的分布情况上，西伯利亚盆地是世界上最大的石油盆地，预计石油总蕴藏量高达3600亿桶，其中北极圈内的部分预计将有80亿桶未发现的石油和19万m³天然气，而在靠近俄罗斯的巴伦支海海域，预计有石油6290亿桶。这些丰富的油气资源是俄罗斯社会经济发展的重要保障。

---

① 张侠、屠景芳：《北冰洋油气资源潜力的全球战略意义》，《中国海洋大学学报》2010年第5期，第8页。

俄罗斯深刻认识到北极地区丰富的资源对自身社会经济发展的重要意义，力图将北极打造为其在北方重要的战略资源基地。为了充分开发利用北极地区的油气资源，俄罗斯在进入21世纪后采取了多种途径加快对北极资源的开发进程。

1. 制度领域内加快制定相关文件

为了充分开发利用北极地区的油气资源，俄罗斯在进入21世纪后制定了一系列有关能源资源的文件，这些文件为俄罗斯在北极的开发活动提供了重要的指导。

早在2003年公布的《2020年前俄罗斯能源战略》中，俄罗斯就已经将北极地区的能源资源作为开发的一个重点，对于北极能源的勘探开发给予了高度重视。

2008年俄罗斯出台《2020年前俄罗斯联邦北极地区国家政策原则及远景规划》，文件中提到了将北极建设成俄罗斯北方能源基地的内容。从文件中可以看出俄罗斯将北极地区打造成能源基地的战略目标，这是俄罗斯最重要的地区利益之一。

2009年，俄罗斯联邦政府又公布了《2030年前俄罗斯能源战略》，这个新文件是对上一战略文件的补充和发展，进一步明确了开发北极能源的相关事宜；为了配合新文件的落实，俄罗斯联邦在2010年还通过了《俄罗斯2030年前天然气行业发展总体纲要》以及《俄罗斯2020年前石油行业发展总体纲要》这两个专项发展纲要，进一步加快了对北极能源的开发进程。

2013年4月初，俄罗斯政府主席团审议通过了《2030年前大陆架石油和天然气开发计划》。该文件中包括了对北极地区油气资源勘探开发的相关内容，其出台标志着俄罗斯对北极能源的开发进入加速发展的新时期。

2. 提升在北极地区的能源开采能力

进入21世纪以来，尤其是2008年之后，俄罗斯的北极能源开发进入飞速发展的阶段。俄罗斯国家石油公司建立了北极大陆架开采科研项目中心，用以研究在极地恶劣地理条件下对大陆架油气资源的开发技术；俄罗斯在摩尔曼斯克附近的北极地区建立了第一座石油加工厂，方便俄罗斯在北极地区的能源开采活动。2012年，俄罗斯进行了首次商业化海上石油钻取，所用平台Prirazlomnaya是当时世界上首个北极抗冰钻井平台。俄罗斯在北极地区进行了一系列钻井平台和油气加工厂的建设，这使得俄罗斯真正有效地对北极地区蕴藏的油气资源进行开采和加工使用，提高了油气资源的利用效率。

3. 出台有利于北极能源开发的政策措施

为了鼓励对北极地区油气资源的勘探开发，俄罗斯政府出台了一系列优惠政策。例如取消出口税、降低开采税以及免除增值税等；同时，俄罗斯还大力支持在北极地区的开采项目，在俄罗斯的北极开采项目中，最大的项目是在巴伦支海大陆架的什托克曼冷凝气产地进行开发。俄罗斯这些支持北极能源开发的政策体现了俄罗斯政府对于北极能源开发的重视，这些政策也使得俄罗斯北极能源的开发进入更加快速发展的阶段。

2020年11月25日，俄罗斯国家石油公司宣布位于北极地区的沃斯托克石油项目开始实施。俄罗斯国家石油公司首席执行官伊戈尔·谢钦当天告诉总统弗拉基米尔·普京，沃斯托克项目"开始实际执行"，"勘探工作正在进行，进度符合计划"，一条长770千米的输油管线和一座港口的设计已经完成。沃斯托克项目包括建设两座机场和15个工业城镇，可开采的石油储量约50亿吨。项目预期将创造 13 万个工作岗位，建设阶段需要 40 万名工人。谢钦此前表示，项目如同在西伯利亚地区的泰梅尔半岛创建"一个新的油气大省"。

俄罗斯这一系列加快能源开发的举措使得俄属北极地区的能源开发进入全面推进的阶段，俄罗斯对北极能源资源的开发效率显著提升，北极地区正逐渐成为俄罗斯的能源基地和油气资源出口的主要来源。

三、当代俄罗斯北极战略评析

（一）当代俄罗斯北极战略的特点

21 世纪以来，俄罗斯将其北极战略置于国家战略的层面，给予了北极战略极高的重视，力图将北极建设为未来的重要能源基地。为了获取俄属北极地区的主权，俄罗斯在其北极战略中高调宣誓对北极的主权，不但将对北极的主权要求写入一系列北极战略文件中，而且在实践中也在北极地区积极开展科考活动，大力搜集证明俄属北极主权归属的证据；同时，俄罗斯还高度重视在北极地区的国际合作，除了在地区内积极参与相关国际组织并与北极国家展开合作，而且在区域外还逐渐放宽对域外大国参与北极事务的反对力度。

1. 战略规划层次高

当前，随着北极地区在周边国家总体国家利益中的地位大幅提升，俄罗斯等北极各国均制定了各自的北极战略，这些战略都是这些国家总体战略的一个重要组成部分，具有显著的大国战略特征。

俄罗斯的北极战略赋予北极地区在俄罗斯国家整体战略中的崇高地位，认为它是未来的能源战略基地，对俄罗斯的发展与壮大具有重要意义，俄罗斯要利用北极地区重振雄风、恢复大国地位。① 为了更好地制定北极战略和进行北极开发，俄罗斯由中央政府从国家层面制定北极国家政策，并且成立了专门的机构用于处理和协调北极相关事务。一方面，俄罗斯政府不断制定和完善国家政策文件来处理北极问题。上文中提到，21世纪初以来，俄罗斯相继制定了一系列涉及北极问题的国家政策文件，这些文件成为俄罗斯北极开发的重要指导；另一方面，俄罗斯成立专门机构管理北极事务。2004年，出于更好开发北极地区的战略考量，俄罗斯由尼古拉·帕特鲁舍夫负责组建了北极特别委员会，专门负责协调俄罗斯联邦各部门处理北极事务。

无论是方针政策的制定还是专门机构的设立都是俄罗斯对北极战略重视程度的重要体现，从俄罗斯的这些举措中可以清晰看出俄罗斯将其北极战略置于国家战略的层次，将北极地区作为其整个国家战略体系中不可或缺的部分。

2. 高调宣示主权

长期以来，俄罗斯都将界定北部大陆架界限并证明其主权作为北极战略首要政策目标，同时俄罗斯也是全球所有国家中首个正式对北冰洋海域提出主张的国家。

在谋求北极地区主权的过程中，俄罗斯在战略层面和实践操作上都进行了不断的努力。

战略层面上，俄罗斯将对北极的主权要求写入其北极战略文件中，将谋求俄属北极的主权归属作为其北极战略的重心和关键。在2008年的《2020年前俄罗斯联邦北极地区国家政策原则及远景规划》文件中，俄罗斯提出了开发北极的三个阶段，并明确俄罗斯应

---

① 陆俊元著：《北极地缘政治与中国应对》，时事出版社2010年版，第142页。

搜集证据并证明俄属北极的北部边界；在之后的一系列文件中，谋求俄属北极的主权也都是其中不可或缺的部分。

实践层面上，为了证实北极地区的主权归属，俄罗斯采取了包括科考在内的一系列手段收集相关证据。从 2001 年起，俄罗斯进行了持续的科学考察活动，并在北极地区建设了大量的科考站，并以这些科考站为依托进行了长期而频繁的科考活动，对俄属北极地区的海底地形地貌及土壤成分进行研究，以证明北冰洋大陆架是俄罗斯的领土。为保障科考活动顺利开展，俄罗斯还在国家科学院下设立了北极研究中心，专门负责对北极的科学考察。

俄罗斯采取的这一系列措施证明了它对北极地区主权归属问题的高度重视和争取俄属北极地区主权的决心。

3. 重视国际合作

当前北极地区形势日益复杂，俄罗斯认识到仅凭自身力量难以独占北极，因而开始逐渐改变自身的政策，逐渐开始走上合作开发北极的道路。俄罗斯在北极地区的合作集中体现在域外大国、国际组织以及北极国家三个层面。俄罗斯逐渐开始同意域外大国参与北极事务；重视北极地区相关国家组织的作用，积极参与这些国际组织的活动；同时还与北极国家开展合作，对北极进行共同开发。

首先，在域外大国的问题上，俄罗斯最终同意了中、日、韩、印等国家成为北极理事会的正式观察员国。2013 年 5 月，中国、日本、印度、韩国、意大利以及新加坡成为理事会的正式观察员国。正式观察员国虽然没有表决权，但自动享有理事会的其他权利，这意味着俄罗斯逐渐接受了域外大国在北极问题中的地位和作用；其次，俄罗斯积极参与北极地区的相关国际组织，借助北极理事会和国际北极科学委员会等相关组织开展协商活动；最后，俄罗斯还不断加强与北极八国之间的双边合作和多边合作，不但积极从北欧三国和美国引进先进的技术，加快破冰船和极地航运船舶建设，还与北极国家合作共同开发北极能源资源。

俄罗斯在北极地区开展的合作对于俄罗斯和相关国家而言形成了一种双赢的局面，不仅为俄罗斯的北极开发活动提供了更加充足的资金和先进的技术，减缓了俄罗斯北极开发活动的阻力；同时，还缓解了地区竞争的紧张态势，对于整体的北极开发和环境治理也具有积极的意义。

四、当代俄罗斯北极战略的影响

近年来，北极地区越来越成为周边各国乃至域外大国争夺的重心。作为北极地区领海面积最大的国家，俄罗斯的北极战略及其在北极地区的开发活动对于北极地区的形势产生了重要的影响，对于与俄罗斯关系密切的我国也产生了重要的影响。对于北极地区而言，俄罗斯对北极主权的争夺刺激了其他北极国家对主权的争夺，恶化了地区国家关系，而且俄罗斯在北极地区的军事存在客观上加快了北极的军事化，增加了地区的安全隐患。对于我国而言，一方面，俄罗斯战略的实施恶化了地区安全形势，对于我国参与北极事务构成了障碍；另一方面，俄罗斯在北极的开发对于中俄在北极地区开展合作也是一次重要的契机。

（一）地区影响

1. 刺激北极国家争夺领土主权，引发领土争端

争夺北极大陆架的主权归属是俄罗斯北极战略最为主要的内容，

也是俄罗斯长期以来坚持的一项北极政策。为了获取证据来划定俄属北极大陆架的边界，俄罗斯在北极地区进行了大量的科考活动及其他相关活动，这些活动刺激了北极地区其他国家对北极地区主权的争夺。

根据1982年的《联合国海洋法公约》，北冰洋领海的大陆架外部界限划界问题，需要由沿岸国家把关于海底的资料提交给联合国大陆架界限委员会进行审议，在委员会提出建议后，才能确定。[①] 根据《联合国海洋法公约》的这一规定，北极各国为了争夺大陆架外部边界，纷纷加快了对北极海域的争夺。

2001年俄罗斯向联合国提出了对北极的主权要求，两年后，丹麦就将国旗插上了北冰洋上的汉斯岛，使得丹麦与加拿大之间关系恶化，两国关于汉斯岛的争夺在此前已经持续了多年，此次丹麦的插旗事件使得两国争夺更加激烈，并且有进一步扩大的趋势。为了应对丹麦日渐频繁的科考活动，2009年8月，加拿大成立北极经济发展署，并在之后多次派遣科考队到北极地区进行考察；美国更是从未放松对这一地区的控制，进入21世纪后，美国也加大了在北极地区的科考力度，多次派出科考团前往北极地区进行科考活动。

在2019年北极理事会部长级会议上，美国国务卿蓬佩奥公开宣称，"莫斯科非法要求他国提交北方海航道航行申请，强迫外国船舶使用俄籍领航员的行为，属于俄北极侵略性模式的一部分"。同年，美国防部和海岸警卫队分别发布《北极战略报告》与《北极战略展望》，将中俄定位为美国北极安全的长期威胁，是北极秩序的挑战者和破坏者。

随着《2035年前俄罗斯联邦北极国家基本政策》的出台，标志

---

① 余鑫：《俄罗斯的北极战略及其影响分析》，《俄罗斯中亚东欧市场》2010年第7期，第17页。

着俄罗斯北极战略的安全化。从长远来看，新一轮的主权争夺将使北极国家间的关系出现恶化的趋势，近年来有所缓和的地区局势又开始趋于紧张，各国之间的领土争端恶化为武装冲突的可能性在加大。

2. 客观上加快了北极军事化，加剧了地区紧张局势

虽然俄政府表态称俄罗斯的北极战略无意使北极军事化，但俄罗斯在北极地区的军事行动不可避免地加快了北极军事化的步伐。俄罗斯在北极地区进行的军事行动使其他北极国家感到威胁和不安全感，这就使得其他北极国家也纷纷加强在北极地区的军事存在，客观上造成了北极地区的军事化事实。

针对俄罗斯建立北极部队的计划，加拿大也不甘示弱，宣布准备成立北极部队，并称该部队每年将参与四次极地演习，同时，加拿大还斥资70亿美元用于建造8艘巡逻舰，并计划在北极地区建设一个军事训练中心；丹麦、挪威等北欧国家也加快在北极地区的军事基地建设，并提升了演习的频率；而该区域最大的国家——美国，更是抓住这个有利的形势，积极将其军事力量向该地区扩张，为了应对各国尤其是俄罗斯在该地区的科考活动，美国向北极地区派遣了潜艇在北冰洋洋底活动，收集情报；2009年，美海军两艘核潜艇在北极参加了"冰训—2009"军事演习；同时美国还计划专门设立一个北极司令部以应对俄罗斯日益活跃的军事行动，保护美国在该地区的利益。

俄罗斯在北极地区的军事行动刺激了其他环北极国家，它们也都扩大了在北极地区的军事存在。这实质上推动了整个北极地区的军事化进程，进而造成了北极国家之间的安全困境。更严重的是，目前北极各国都不肯妥协，坚决用部署军事力量来维护自身在北极地区的利益，这就使得北极地区的协商机制的作用大大削弱，甚至使得北极地区存在出现新的"冷战"甚至是热战的风险。

(二) 对我国的影响

尽管我国在北极地区没有领土和领海需求，但是北极问题作为国际问题，与世界各国乃至全人类的利益都息息相关，我国作为世界上最大的发展中国家，有权利也有义务参与北极事务。当前以俄罗斯为首的北极各国都在致力于争夺北冰洋大陆架，北极国家对大陆架的争夺将会使得北极地区的公海区域面积减少，这将影响到包括中国在内的世界其他国家的利益。但同时，不可否认的是，俄罗斯在北极的开发为两国在北极地区展开合作提供了良好的契机。

1. 产生危及我国北极利益的风险

对于非北极国家的中国而言，在北极地区并无主权要求，北极地区对我国的主要意义在于航运价值和能源资源上：一方面，北极航道的开通对于我国拓展国际航线，应对传统航线中出现的海盗猖獗，通航能力饱和等困难具有积极的意义，而且北极航线的开通对于我国北方老工业基地的发展可以起到良好的带动作用，降低北方经济发展的成本；另一方面，北极地区拥有丰富的能源资源，已经成为我国能源进口主要来源地之一。俄罗斯、加拿大、美国和丹麦等八个环北极圈国家与中国进出口贸易总额的排名大都在各国的前五位。[1]

然而俄罗斯的北极战略客观上刺激了其他环北极国家对北极地区展开新一轮争夺，这轮新的争夺使得北极地区形势更加紧张复杂，

---

[1] 余鑫：《俄罗斯的北极战略及其影响分析》，《俄罗斯中亚东欧市场》2010年第7期，第18页。

使北极国家之间的关系进一步恶化，对于域外国家参与北极事务产生了极大的阻碍。对于我国而言，北极地区形势的紧张将会增大我国船舶在北极地区航行的风险；而各国对北极资源的争夺可能造成油气资源出口价格的上涨，增加我国从环北极国家进口能源的成本。这些对于我国在北极地区的利益都将产生巨大的冲击。

2. 为中俄北极合作提供契机

俄罗斯在近年来认识到域外大国在北极事务中的重要作用，调整了其保守的北极战略，放弃反对域外大国参与北极事务的政策，逐渐开始接受域外大国在北极事务中发挥越来越大的作用，这种调整为中俄两国在北极展开合作提供了良好的政策环境和契机。

俄罗斯是我国的重要邻国，并且目前与我国的双边关系处在一个良好发展的时期，在这样的大环境下，两国在北极地区的合作有着扎实的基础，在能源开发、航道建设、科研活动、渔业等各个方面在北极均开展了合作。

在能源上，俄罗斯为应对西方国家的制裁，积极谋求与我国合作开发北极能源资源，俄罗斯石油公司已经与我国签署了一份25年的石油合同，并就北极的合作达成了协议；在航道建设上，我国为提升通向欧洲的航运效率，与俄罗斯在北极航道问题上展开大力合作。2014年5月，中俄两国发表了关于全面战略伙伴关系的联合声明，其中提到要改善中国货船在"北方海航道"的通航条件。为此，中俄在开发北方航线的基础设施建设方面加强了合作，例如港口、救援中心、船坞等。[①] 在渔业上，中俄在渔业开采上各有优势，中国拥有建设大型捕鱼装备和基础设施的能力，俄罗斯的基础设施更加

---

① 易鑫磊：《俄罗斯北极战略及中俄北极合作》，《西伯利亚研究》2015年第5期，第43页。

成体系，中俄之间在捕鱼业上优势互补，可以提升对北极渔业资源的开发效率。在科学研究上，中俄两国在北极地区国际组织的框架下对于气候、冰川变化等热点问题进行合作研究，俄罗斯学者在谈到与中国的科研合作时指出："中国是我们的科研伙伴。"俄罗斯当前处于大力开发北极的新时期，我国应抓住这个有利契机，积极开展与俄罗斯在北极地区的各项合作，努力使我国的北极利益最大化。

当前，俄罗斯的北极开发活动在北极战略的指导下顺利开展，可以预见，北极地区在未来俄罗斯的国家利益中仍将占据重要地位。俄罗斯在未来还将进一步完善其北极战略，形成更加完备的战略体系，充分利用自身在北极地区的地缘政治优势，继续维护自身北极地区利益的实现，进一步加快在北极地区的能源开发、航道建设以及军事部署等活动，加快推进对北极地区的开发利用，为国内政治经济发展提供更有力的保障。

俄罗斯的北极战略和北极开发活动对于我国参与北极事务也有一定的参考价值和借鉴意义，虽然我国并非环北极国家，但北极地区丰富的能源资源和航运价值对于我国也十分重要，我国在未来参与北极开发的过程中，需要制定明确的北极战略并设置专门机构保障战略实施，同时还要充分利用目前与俄罗斯的友好关系，加强与俄罗斯在北极地区的合作，积极参与北极地区的国际组织，主动在北极事务中有所作为，降低参与北极事务的阻力，保障我国在北极地区的利益不受侵犯。

第四章　新冠肺炎疫情下的日本外交

刘青梅

新冠肺炎疫情危机是2020年全世界遭遇的最大一场"黑天鹅"事件，日本也概莫能外。2020年1月28日，第一例新冠肺炎疫情患者在日本出现；2月，"钻石公主号"中急剧增加的感染者引起日本国内广泛讨论；3月，日本疫情逐步扩散，截至2020年12月21日，日本新冠肺炎疫情患者共计230304人，死亡3414人。①

在新冠肺炎疫情全面冲击日本社会的大背景下，安倍内阁以及2020年9月上任的菅义伟内阁，一方面展开各种措施积极抗疫；另一方面实施了丰富的外交活动。2020年，日本政府在开展外交活动的过程中，大幅增加了与各国互动共抗疫情的内容，同时按照安倍时代以来的传统外交路线陆续推行符合日本本国利益的外交政策。

一、对华外交：稳中有变

2017年以来，在中日双方的共同努力下，两国关系明显回温，2017年10月，安倍访华并宣布两国"从竞争进入协调"的阶段，

---

① 「新型コロナウイルス感染症の現在の状況と厚生労働省の対応について」，2020年12月3日，https：//www.mhlw.go.jp/stf/newpage_15828.html。（上网时间：2021年1月9日）

2019年被定为"中日青少年友好交流年",两国在第三方市场合作以及海空紧急联络机制方面向着实质化的方向发展。2020年新冠肺炎疫情危机为处于正向发展的中日关系增添了考验与变数。在全球形势受到新冠肺炎疫情危机的前提下,2020年中日关系在抗疫中有亮眼的互动,出于中日友好的考量,日方在涉及中国的一些关键性问题上亦保持了一定的克制与谨慎,但同时,由于价值观取向和立场与中方存在明显的差异,日本政府对华态度也出现了一定程度的摇摆。

(一) 疫情下的日本对华援助

作为"一衣带水"的邻国,日本在中国暴发新冠肺炎疫情初期,就释放出了较大的善意与支持。2020年1月28日,日本国驻华大使馆发布消息称,日本为了防止疫情扩大,愿向中方全力提供支持与帮助。[①] 1月29日,日本驻华使馆宣布,日本政府向中国提供约1.5万个口罩,5万副手套,8000副护目镜和医疗手套。[②] 1月31日,日本驻华使馆宣布,日本政府通过包机将支援物资送达武汉。其中,除政府的紧急援助物资之外,还有东京都、与武汉市结成友好城市的大分市等地方自治体、以及日本民间企业所提供的支援物资。1月31日20点52分,日本国驻华大使馆发布消息称,截至1月31日,日本已送达武汉市的支援物资包括口罩约13万只、防护服约2.3万件、护目镜约3.3万副、手套约5万副、除菌相关用品约3000

[①] 日本国驻华大使馆官方微博,2020年1月28日,https://weibo.com/japanembassy?is_all=1&stat_date=202001#feedtop。(上网时间:2021年1月15日)

[②] 日本国驻华大使馆官方微博,2020年1月19日,https://weibo.com/japanembassy?is_all=1&stat_date=202001#feedtop。(上网时间:2021年1月15日)

件等。① 日本国驻华大使馆发布消息称，2月17日凌晨，日本政府的第五趟包机再次为抗击新冠肺炎的武汉市民运来了日本各界捐赠的一批支援物资。其中，日本政府提供了在亚欧会议（ASEM）的框架下所存的第二批物资，有5220副护目镜和5000件防护服。除此之外，东京都和作为武汉市友好城市的大分市，以及前田建设、爱沃特（AIR WATER）、无印良品等三家日本企业也分别提供了防护服和手套等支援物资。②

在支援中国抗击新冠肺炎疫情的过程中，日本民间和官方形成了相互呼应、助力的情况。日本民间力量走在支援的前列，其中涉及日本的企业、机构、文化单位及教育单位等。在中国网络上传为美谈的代表性事件和机构有：日本伊藤洋华堂紧急捐赠500箱共计80万枚口罩，于1月24日、25日分别送达中国成都市双流机场③；2月5日，日本汉语水平考试事务所（HSK）向武汉捐赠2万只口罩和一批红外体温计，物资外包装上写着"山川异域 风月同天"。值得注意的是，日本向中国捐赠抗疫物资主要集中在2020年的第一季度，即中国疫情最严重的阶段。据不完全统计，截至2020年2月7日，日本国内各界累计捐赠防护口罩633.8万余个、手套104.7万余副、防护服及隔离衣17.9万余套、护目镜及镜框7.8万余个、防护帽1000个、鞋套1000个、防护靴30双，大型CT检测设备1台（价值300万元人民币）、体温计1.6万余个，消毒水1.15吨、消毒粉1吨、消毒用品2400余件，累计捐款约合3060.2万人民币。④

---

① 日本国驻华大使馆官方微博，2020年1月31日，https：//weibo.com/japanembassy? is_all=1&stat_date=202001#feedtop。（上网时间：2021年1月15日）
② 日本国驻华大使馆官方微博，2020年2月17日，https：//weibo.com/japanembassy? is_all=1&stat_date=202002#feedtop。（上网时间：2021年1月15日）
③ 「大分市 友好都市の武漢にマスク3万枚を送る」，2020年1月25日，https：//www3.nhk.or.jp/news/html/20200127/k10012261041000.html。（上网时间：2021年1月15日）
④ 《日本各界积极为中国防控新型冠状病毒肺炎疫情捐款捐物》，环球网，2020年2月7日，https：//world.huanqiu.com/article/9CaKrnKpfDK。（上网时间：2021年1月14日）

在日本援助中国抗击新冠肺炎疫情阶段，日本高层的行动也颇为亮眼。2月7日，中国驻日大使孔铉佑会见了日本执政党自民党干事长二阶俊博和公明党干事长齐藤铁夫。两位干事长均表示，日方愿举全国之力与中方共同抗击疫情。其中，二阶俊博被日本媒体称作"过于夸张的亲华派"，① 此次代表日方向中国再次表达善意，实属意料之中。日本前首相、现年96岁高龄的村山富市在家乡大分市录制视频，高举亲笔写下的"武汉加油"四个字的牌子；另一位前首相鸠山由纪夫也写下"山川异域 风月同天"八个字，为中国加油。除了口头上的应援，日本高层对中国的实际行动最引人注目的是提供对华抗疫支援金。2020年2月10日，二阶俊博在自民党党内会议后召开的记者会上表示，经党内一致协商，决定向中国提供专项支援金，这笔款项来自每名自民党国会议员的3月份年度津贴中，为表示诚意，党内决定在发放津贴时，"一律预先扣除每人份额中的5000日元"。对此，二阶干事长给出了充分的理由，即"经常保持友好关系的邻国无论发生了什么事，进行支援是理所应当的事。我们遇到困难的时候，邻国也会帮助我们"。但是，这一举动和言论遭致自民党内保守势力的反对，"维护日本尊严和国家利益会"的负责人、参议院议员青山繁晴于2月14日和二阶干事长进行了商谈，要求将这一强制性行为改为自愿。青山议员的理由也十分充分，他认为"新冠疫情在全世界之所以蔓延，中国负有不可推卸的责任。作为邻国，我们当然应该给予援助，但不能是强制性的。何况，议员们的津贴来自纳税人"。商谈的最终结果，自民党内决定从"一律"变为"自愿"。②

---

① 「謎と言うしかない二階氏の『過剰な親中』の理由」，2020年2月11日，https://jbpress.ismedia.jp/articles/-/61565。（上网时间：2021年2月8日）
② 「自民議員の中国支援金、『一律天引き』から『任意』に」，2020年2月15日，https://www.asahi.com/articles/ASN2G6DP7N2GUTFK00G.html。（上网时间：2021年2月9日）

可以说，在中国暴发疫情的初期，日本能够感同身受，从民间到高层，设法对华进行各种方式的支援。但从上述自民党内高层围绕支援金一事的争论可看出，日本高层对华的态度存在不同的观点。由于保守派的存在，积极谋划的一方会做出一定让步，以便在对华表达善意的同时，也能照顾高层内部一些人士的感受。

（二）日本对华关键问题的中立与克制

美国时间2018年1月30日，特朗普政府发布上任以来的首份国情咨文，第一次使用"rivals"（对手）这个词定义中俄，比之前的"competitors"（竞争者）又往负面推了一个层次。2018年3月，中美贸易战正式拉开帷幕，这一紧张态势延续至2020年年初。2020年新冠肺炎疫情的暴发和扩散，对本身不睦的中美关系无疑是雪上加霜。值得注意的是，美国对华抗疫表现的态度呈现出前后不一的情况。2019年12月，中国政府及时向世界卫生组织通报了不明肺炎的情况；2020年1月24日，特朗普在推特上称赞中国对抗新冠肺炎疫情的工作，还表示中国在疫情上"透明"。① 但随着新冠肺炎疫情在美国扩散，政府抗疫表现不佳，特朗普开始屡次"甩锅"中国，并用种族主义色彩浓厚的"中国病毒"来称呼新冠病毒肺炎。此后，特朗普政府进一步加大了对华施压的力度，在贸易问题、技术竞争问题、因特网安全性能问题、台湾问题、香港问题、西藏问题和新疆问题上对华指手画脚，随意干涉中国内政，呈现出咄咄逼人的态势。随着中美战略竞争加剧、世界经济下行压力增大，日本研判

---

① 《特朗普又甩锅中国 CNN 补刀：特朗普在1月称赞中国抗疫工作》，环京津网，2020年1月25日，https://baijiahao.baidu.com/s?id=1661898056692940087&wfr=spider&for=pc。（上网时间：2021年2月9日）

"美中对立"构成日本对外关系的常态化背景,[①] 尤其是在2020年增加了新冠肺炎疫情这一事件的前提下,日本谨慎地游走于中美之间。

2020年,日本对美保持一定距离,对华中立和克制主要表现为两个方面:一是日本如何抗疫的问题;二是关系到中国主权的敏感问题。在以美国为首的西方社会充斥"中国病毒"和"武汉病毒"之说时,日本表现出与之不同的态度和立场。日本疫情全面暴发始于3月中后段,从3月底起,确诊人数以每3天新增约1000人的速度增长。但安倍内阁起初只是采取近乎掩耳盗铃的方式,"不检测即没有"的态度日渐激起日本国内的不满。2020年4月7日,安倍晋三首相宣布在7个地区实施紧急状态,呼吁民众尽量不要外出。在同日举行的记者会上,安倍首相面对提问,表示"这并非是由我承担责任就行的事情";但在两天后即4月9日,安倍首相通过书面方式回应"政治判断的责任在我自己"。[②] 安倍的这种表态看似前后不一,但值得肯定的是承认疫情逐步在日本扩大是政府责任,并未紧跟盟友美国"甩锅"中国,这体现出安倍政府对华态度的审慎。

2020年5月28日,中国第十三届全国人大三次会议审议通过《全国人民代表大会关于建立健全香港特区行政区维护国家安全的法律制度和执行机制的决定》。美国国务卿蓬佩奥、英国外交大臣拉布、澳大利亚外长佩恩和加拿大外长商鹏飞发表所谓"联合声明",对香港特区维护国家安全立法说三道四,干涉香港事务和中国内政。[③] 据日本共同社报道,在声明出台前,四国曾私下联系过日本,希望日本一并对华进行谴责,但日方为了避免刺激中国,予以拒绝。

[①] 杨伯江:《世界大变局:日本的战略认知与应对路径》,宋志勇主编:《南开日本研究2020》天津人民出版社2020年版,第6页。

[②] 《安倍改口承认应对疫情不力》,环球网,2020年4月9日,https://www.chinanews.com/gj/2020/04-10/9152588.shtml。(上网时间:2021年1月30日)

[③] 《英美澳加四国联合声明,干涉中国内政》,凤凰新闻网,2020年5月29日,https://ishare.ifeng.com/c/s/7wsRhEXi8eP。(上网时间:2021年1月28日)

对此，西方四国深感失望，① 这表明在涉及中国主权的问题上，日本政府有顾忌中方反应的一面。

（三）日本对华政策中的反复与摇摆

日美同盟构成二战后日本外交的基轴，无论是 20 世纪 70 年代日本谋求自主外交，还是安倍二次上台以来试图打造"价值观外交""俯瞰地球仪外交"等战略同盟体系，都没有完全脱离以美国为首的西式外交的框架。因此，在指责和针对中国方面，日本与美国保持了相近的立场和态度。2020 年 5 月 25 日，在记者追问新冠肺炎疫情的起源时，安倍首相回答道："我们认为这的确是从中国蔓延至世界的。"这是安倍政府首次表态新冠肺炎疫情的源头是在中国，同时他希望与唯一的盟国美国合作应对各种国际挑战。在回答过程中，安倍首相提到"威权主义"一词，这不仅反映出日本高层对中国的传统认知，而且与美国的立场保持了高度一致。需要指出的是，安倍此举包含了两种含义：一是不愿与盟友美国的立场相差太远，在特朗普政府多次指出新冠肺炎疫情的源头在中国的时候，安倍政府需要与美国看法相近；二是仅仅对新冠肺炎疫情的源头做出客观性解释。

此外，作为美国在东亚地区最坚实的盟友，日本在开展外交活动时，比较遵循美国为代表的西式外交精神，从维护自由和人权的角度出发，以直接或间接的方式指责中国是常态，这就导致日本政府有时会在涉及中国主权问题上的表态前后不一。如日本虽然婉拒了西方四国联合指责中国香港国安法的建议，但在 2020 年的不同时

---

① 「香港問題の日本対応『欧米は失望も』共同報道」2020 年 5 月 30 日，https://www.j-cast.com/2020/06/08387516.html? p = all。（上网时间：2021 年 1 月 30 日）

机和场合，试图就这一问题表达日本政府的立场。5月28日，香港国安法通过的当天，日本官房长官菅义伟在记者会上表示："该法案是在全世界和香港市民的高度关注中产生的，我们由此对香港今后的局势深感忧虑。"外务事务次官也在28日约见了中国驻日大使孔铉佑，重申日本政府对这一问题的重大关切和忧虑；此后，外务大臣茂木敏在记者招待会上同样表示："香港是日本重要的经济伙伴和人文交流伙伴，在一国两制的框架下，维持自由开放的体制，使香港获得民主和安定的发展十分重要。"① 2020年7月3日，官房长官菅义伟在记者招待会上就这一事件再次表达了"遗憾"的心情。②此外，围绕着中日间达成的习近平主席作为国宾访日一事，日本一直存在保守势力的阻挠。2020年5月29日，由于中国人民代表大会通过香港国安法，以此为借口，日本保守派代表外交部会长中山泰秀和外交调查会会长卫藤征士郎再次向首相官邸提出，取消原定计划。③

在新冠肺炎疫情逐步扩散之时，以共同抗疫为前提，中日"三观"上的分歧暂时搁置，"一衣带水"的情感被激发，人类命运共同体的意识获得了暂时的共鸣与提升，这集中体现在日本自上而下对华援助抗疫物资上。对日本而言，帮助中国尽快摆脱新冠肺炎疫情的困扰，不仅有利于继续强化中日间的经济联系，也有助于日本尽早获得提振经济的外部动力。但同时，日本在涉及中国主权问题上出现了摇摆，这是日本政府对华认知的一以贯之矛盾性的体现。

---

① 「香港の『国家安全法制』日本が中国に『深い憂慮』」，朝日新闻，2020年5月28日，https://www.asahi.com/articles/ASN5X74R6N5XUTFK00C.html。（上网时间：2021年2月1日）
② 「対中制裁に慎重な政府…効果と反作用にらむ　香港国家安全法」，2020年7月3日，https://www.sankeibiz.jp/macro/news/200705/mca2007050832001-n1.htm。（上网时间：2021年2月1日）
③ 「自民部会『習氏国賓の再検討を』政府に要請」，一般社団法人共同通信社，2020年5月30日，https://this.kiji.is/639042446442644577?c=39546741839462401。（上网时间：2021年2月1日）

究其原因，是因为中日间内在结构性矛盾一直存在，日本高层至民间的保守势力不容忽视，以及日美同盟的影响力在日本根深蒂固。除了上述传统性原因，自2020年5月起，日本对华态度出现了不利于两国关系的变动，以发表针对香港国安法的消极性言论和动作为开端，日本国内陆续出现涉台、涉疆、涉藏的出格言行，且在日本国会内部表现尤为明显。部分保守及右翼国会议员批评安倍内阁"惧怕"中国影响力，较之西方国家，反应迟钝，导致日本有可能逐步丧失在亚洲发挥自由、民主领导人的地位。① 这表明安倍乃至9月份上台的菅义伟政府有误判"后疫情"形势的苗头。中美战略性竞争态势会延续较长时间，中美"越顶"外交以及日本被美国"抛弃"的可能性不大；传统安全与海洋争端方面，日本无力单独与中国对抗，需要借助美国这一坚实的军事盟友；选择"合适"的时间和事件，"适时"发声，同西方一道谴责中国，不仅有利于维护日本外交中固有的价值观，而且可以有力地牵制中国，这些可能是日本对华态度反复的现实性原因。

二、对美外交：扎实推进

日美同盟是日本开展外交活动的重要基石，自20世纪70年代开始，日本迈出自主外交的步伐，冷战结束后，日美关系出现了短暂时期的"漂流"，但迄今为止，其外交活动并未明显脱离日美同盟框架。在遭遇新冠肺炎疫情这一"黑天鹅"事件时，日本更是加强了与美国的联动。

---

① 「反『人権弾圧』議連動く 中国配慮 政府に不満」，産経ニュース，2020年5月29日，https://special.sankei.com/a/international/article/20210204/0002.html。（上网时间：2021年2月1日）

（一）两国高层间的频繁互动

2020年，日美政治高层间的互动分为三类：一是首脑间的电话会谈；二是两国外长间的电话会谈；三是1月日本外相访问美国。

首脑间的电话会谈共计四次，安倍内阁三次，9月新上任的菅义伟内阁一次。3月13日上午9点，安倍首相与特朗普总统互通电话，就各自抗疫情况进行了充分的交流，重点就东京奥运会和世界经济形势交换了意见。双方一致同意，会全力以赴保证东京奥运会的如期召开；特朗普总统盛赞日本政府的公开透明以及抗疫上的努力。双方还再次重申了加强日美同盟关系的重要性。[①] 3月25日上午10点，日美两国首脑通话约40分钟，主要内容如下：围绕着东京奥运会的召开，日方向美方通报了与国际奥委会沟通的结果，为日本国民和外国游客的考虑，决定延期1年，美国赞同日方的做法，并再次称赞处理方式得当，通报信息透明；围绕新冠肺炎疫情治疗方式的开发，双方决定协力尽快研发出对症药物及疫苗。[②] 5月8日上午10点，日美两国首脑再次通话约45分钟，就疫苗研发再次交换了意见。[③] 9月20日，新上任的菅义伟首相与特朗普总统通话约25分钟，双方就信息共享下的疫苗研发、包含朝鲜绑架问题的地区热点问题、印太地区安全形势的构建充分进行了交流与沟通。[④] 总的来看，2020年日美首脑由于疫情原因，没有进行实际的会面，但通

[①] 「日米首脳電話会談」，外務省，2020年3月13日，https://www.mofa.go.jp/mofaj/na/na1/us/page3_002830.html。（上网时间：2021年2月3日）

[②] 「日米首脳電話会談」，外務省，2020年3月25日，https://www.mofa.go.jp/mofaj/na/na1/us/page3_002834.html。（上网时间：2021年2月3日）

[③] 「日米首脳電話会談」，外務省，2020年5月8日，https://www.mofa.go.jp/mofaj/na/na1/us/page3_002835.html。（上网时间：2021年1月30日）

[④] 「日米首脳電話会談」，外務省，2020年9月20日，https://www.mofa.go.jp/mofaj/na/na1/us/page6_000432.html。（上网时间：2021年1月30日）

话交流频繁，且交换意见程度逐步加深，主要交流的问题围绕以下四点展开：东京奥运会召开的时间及形式、新冠肺炎疫情的控制方式及疫苗研制进度、朝鲜绑架问题在内的日本外交难题以及印太框架下的日美安全合作。

除日美两国首脑的四次通话，2020年1月13日至16日，日本外务大臣茂木敏充访问了美国旧金山和洛杉矶，分别与美国国务卿蓬佩奥和美国前国务卿舒尔茨进行了会谈，主要围绕包含朝鲜和中东地区等在内的日本外交悬案、在美日本人的待遇问题等充分交流了意见。[①]

归纳起来，2020年9月，日本政坛虽然发生了剧烈变动，安倍首相卸任，菅义伟首相上台，但日本对美立场没有改变，日本高层访问美国、以及日美两国首脑进行通话的主要问题除了传统意义上的日本外交难点问题，也有新问题，如2020年中东局势变动下日本如何应对以及日美如何合作，围绕新冠肺炎疫情的合作和东京奥运会如何召开亦是2020年日本对美外交沟通的重点。

（二）日本取消订购陆基"宙斯盾"系统

2020年，日美关系总体运行良好，最大的变数是日本取消陆基"宙斯盾"系统。2020年6月15日，日本防卫大臣河野太郎召开紧急记者会，宣布日本政府将停止正在推进的陆上部署型导弹拦截系统——陆基"宙斯盾"（Aegis Ashore）部署计划。6月18日，首相安倍晋三在新闻发布会上明确表示政府会停止该项计划，同时会尽快召开国家安全保障会议（NSC），研讨替代方案，调整国家安全保

---

① 「茂木外務大臣の米国訪問」，外務省，2020年1月16日，https：//www.mofa.go.jp/mofaj/press/release/press4_008223.html。（上网时间：2020年12月2日）

障战略，重新修订《防卫计划大纲》。"宙斯盾"作战系统（AEGIS system）全称为"空中预警－地面综合系统"（Airborne Earlywarning Ground Integrated System），英文缩写为 AEGIS，这与希腊神话中宙斯（Zeus）等诸神使用的盔甲、盾牌是同一个单词，因此得名。"宙斯盾"作战系统是美国顶级的防空反导系统，由雷达系统、指控系统、发射系统和拦截导弹系统组成，其中相控阵雷达（Phased Array Radar：PAR）是该系统的探测感知部分，也是系统的核心。

在 2020 年 6 月宣布停止之前，日本引进陆基"宙斯盾"作战系统计划已有遭到搁浅的征兆。2019 年 5 月，防卫省向秋田县和山口县两地公布初步调查结果；6 月，政府发现调查结果中的错误，防卫省随即进行了修正；7 月，日本第 25 届参议院选举如期举行，在秋田县选举区中，反对配置陆基"宙斯盾"作战系统的在野党议员当选；10 月，防卫省再次启动围绕陆基"宙斯盾"作战系统的调查。2020 年 1 月，秋田县知事佐竹敬久和防卫大臣河野太郎会谈，表明秋田县拒绝部署的姿态；4 月，由于新冠肺炎疫情在日本持续扩散，防卫省申请将公布再次调查结果的时间从 4 月末延至 5 月末；5 月，防卫省再次申请延期至 7 月 10 日；6 月 15 日，河野太郎召开紧急记者会，宣布政府停止部署该系统。可以说，日本此番表态，并非空穴来风，也不是突兀之举，而是有着多重考量后综合做出的决定。

地方政府以及当地民众的疑虑是日本政府放弃部署陆基"宙斯盾"作战系统的表层原因，这也是防卫大臣河野太郎公布的理由。位于秋田市新屋的自卫队训练场是日本原定"宙斯盾"系统的安装地点，距离该地点仅 700 米就有中小学校和居民区。经费以及技术的不稳定是日本政府停止部署陆基"宙斯盾"作战系统的重要原因。日本原与美国商妥，一套陆基"宙斯盾"作战系统造价为 800 亿日元，但如果要安装由美国洛克希德·马丁公司生产的最先进固态雷达 LM SSR，则每套要比预算多出 500 亿日元，即一套总价为 1340 亿日元，两套总计 2680 亿日元。防卫省要据此做出新的预算，并提交国会审核。之后由美日正式签订安装合同，所有事宜全部完成预计要花六年的时间。逐步提升的预算以及不确定的安装时间，让日本政府不堪忍受。

值得注意的是，日本的这一举动并未遭致美国的激烈反应，美方闻讯后只是表达了遗憾之意，原因可能包括：日美同盟关系不会因此单一事件受损，继续维持并强化关系是两国目前最现实的选择；日本虽取消了订购该系统，但从 2017 年特朗普上台以来，在购买美国先进武器方面，日本一直体现出极大的配合与诚意，如先后大规模购买了美国 F–35A 与 F–35B 战机、鱼鹰侧倾转翼直升飞机等尖端武器。

总体而言，作为美国亚太地区最坚实的盟友，日本在 2020 年继续保持两国关系的密切互动，虽然出现一定的变数，但并未对日美同盟关系造成明显损害。此外，在应对新发生的新冠肺炎疫情和东京奥运会的召开方面，日本通过多次高层间的对话与交流，充分显示了携手美国战胜困难的决心与诚意。

三、与其他国家的外交：因不同需求形成的态度各异

（一）对韩外交

2018 年秋天以来，日韩关系持续走低，起因是朝鲜半岛劳工问题。2018 年 10 月 30 日、11 月 29 日，韩国最高法院分别判定日本制铁、三菱重工和富山机械三家日本公司支付韩国劳工较大金额赔偿。日本政府以 1965 年两国邦交正常化时缔结的日韩请求权协定为由，

拒绝支付该款项。以此为开端，日韩之间的历史问题以及慰安妇问题重回两国的谈判桌上，且没有丝毫缓和的迹象。2019 年夏，劳工问题引发的一系列问题波及两国间的贸易和安全保障领域。2019 年 7 月，日本宣布禁止对韩出口三类半导体产品，由此激起韩国方面的激烈反应；8 月 22 日，韩国单方面宣布停止《日韩秘密军事情报保护协定（GSOMIA）》，23 日，将这一决定通报给日本。日韩关系全面恶化。进入 2020 年，日韩之间的紧张态势没有得到有效缓解，但为了显示本国外交原则的灵活性，以及参与国际事务的基本立场，双方持续了双边间的会谈，以及参与了一些三边或多边活动。

2020 年日韩间的紧张态势主要集中在三个方面：韩国劳工问题、慰安妇问题和贸易争端问题。关于韩国劳工问题，日韩之间没有丝毫相互退让的迹象，两国外长虽然分别于 2020 年 1 月 14 日和 6 月 3 日进行了两次通话，但依旧停留在彼此阐述自己立场阶段。9 月 24 日，菅义伟首相与文在寅总统举行了首次电话会谈，日方称韩方为"非常重要的邻国"，韩方称日本为"最亲近的朋友"[1]。措辞表面缓和，但更多地是基于美国主导下日韩"准同盟"的关系。美国旧金山时间 1 月 14 日下午 1 点半，日本外务大臣茂木敏充和韩国外交部长康京和举行了时长约为 45 分钟的会谈，这是两国外长的第五次会面，也是 2020 年双方的第一次会谈。两国外长重申双方在韩国劳工问题上的立场，并称不会轻易改变。[2] 两国外长在 2020 年的另一次通话是在 6 月 3 日，立场与此前基本相同。

双方间围绕慰安妇问题的争论在 2020 年没有停止的迹象，4 月 26 日，韩国前慰安妇李容洙老人来到美国白宫前，和众多民间人士

---

[1]「日韓首脳電話会談」，外務省，2020 年 9 月 25 日，https：//www.mofa.go.jp/mofaj/a_o/na/kr/page3_002876.html。（上网时间：2021 年 2 月 4 日）

[2]「日韓外相会談」，外務省，2020 年 1 月 15 日，https：//www.mofa.go.jp/mofaj/a_o/na/kr/page3_003037.html。（上网时间：2021 年 2 月 4 日）

一起抗议日本首相安倍晋三访问美国。[①] 7月28日，据日本共同社报道，一座雕像出现在韩国东北部江原道平昌郡的自生植物园内：一个形似安倍晋三的男性像"五体投地"跪在慰安妇少女像前，题为"永远的赎罪"。[②] 对此，日本朝野反应激烈，但韩方园长解释道这是艺术创作，不要过度联想。时任官房长官的菅义伟发言称，"此种行为不仅违反国际礼仪，而且会对日韩关系造成不可估量的影响"，并要求韩国政府早日撤除铜像，但韩方并未照做。9月底，韩国旅德高丽协议会（Korea Verband）在柏林市中心设立了一座和平少女像，纪念二战期间被日军强征的朝鲜半岛慰安妇。该雕像是德国公共场所设立的第一座少女像，但在设置后，日本方面向德国政府和柏林州政府提出抗议。当地时间11月25日，在德国柏林根达尔门马克特广场，市民们举行守护少女像集会。[③] 面对韩国侨民和日方的压力，当地时间12月1日，柏林市米特区议会议长弗兰克维特曼在全体会议上表示，议会以多数票赞成通过了保留韩国和平少女像的决议，并决定将设置期限延至2021年9月末，日方担心该少女像会在德国长久甚至永久设置下去。

2020年日韩间贸易争端问题主要表现为韩国对日本的反制。继日本宣布对韩进行出口管制后，6月3日，决定重启此前暂停的世界贸易组织（WTO）争端解决程序。韩国产业通商资源部贸易投资室长罗承植在记者会上表示："再次提起诉讼是为了将日本对韩措施的

[①] 《韩裔前慰安妇李容洙在白宫前抗议安倍访美》，搜狐新闻，2020年4月27日，http：//news.sohu.com/20070427/n249730470.shtml。（上网时间：2021年1月15日）

[②] 《韩国民间设置"安倍下跪"铜像，日本朝野一致反对》，观察者网新闻，2020年7月29日，https：//baijiahao.baidu.com/s?id=1673449109076791238&wfr=spider&for=pc。（上网时间：2021年1月15日）

[③] 《韩慰安妇纪念像或将永久落户柏林 日本议员曾称其有损日本尊严》，《人民日报》海外网，2020年11月26日，https：//baijiahao.baidu.com/s?id=1684927884388568399&wfr=spider&for=pc。（上网时间：2021年1月16日）

无理广而告之","韩国方面会例证自身立场的客观性与合法性";①对此,日本政府表达出"极度遗憾"之意。

日本对韩态度延续了自2018年以来的强硬立场,双边关系持续冷却,在僵持的同时,双方并未完全关闭对话的渠道。日韩间在2020年展开的双边互动中,局长协议引人瞩目。这项协议始于2020年2月6日,4月1日正式启动,5月13日日韩双方深入交换了意见。双方的代表分别是日本外务省亚洲大洋洲局长泷崎成树和韩国外交部亚洲太平洋局长金丁汉。沟通的主题围绕双边关系的悬案,如劳工问题、出口管制问题、新冠肺炎疫情和东京奥运会。关于劳工问题和出口管制问题,双方的意见停留在各抒己见阶段;韩国表达了愿意以完整形式支援日本东京奥运会的意向;关于新冠肺炎疫情,双方同意一致合作,尤其是5月两国大使馆协力将在对方国家的国民分别送至世界各地,成为这期间双边关系的最大亮点。

2020年,日韩两国参与的三边外交活动分别置于美日韩和中日韩框架之下。美国主导下的三边会谈分别在1月14日和2月15日进行,主要围绕着应对新冠肺炎疫情、朝鲜半岛局势和中东局势展开。3月17日,作为三国外长视频会议的前奏,三国局长级电视电话会议召开。泷崎成树局长、中国外交部亚洲司司长吴江浩和韩国的金丁汉局长出席了会议。②3月20日,日中韩三国举行了有关新型冠状病毒感染症的日中韩外长视频会议。日本外务大臣茂木敏充、中国国务委员兼外交部长王毅、韩国外交部长康京和出席了会议。在视频会议上,鉴于目前新型冠状病毒感染症不断扩大,三国就各国采取的相关措施以及关心事项交换了意见,并确认将继续开展合作。

---

① 「WTO 提訴『極めて遺憾』」=茂木氏、韓国外相に抗議」,2020年6月4日,https://www.nippon.com/ja/news/yjj2020060300623/。(上网时间:2021年1月16日)
② 「日中韓局長級電話会議の開催」,外務省,2020年3月18日,https://www.mofa.go.jp/mofaj/press/release/press4_008363.html。(上网时间:2021年1月20日)

茂木大臣指出，战胜新冠肺炎疫情是新时期三边合作的重要议题，为此，他提出四点意见：灵活运用现有情报；共享有关药物和疫苗开发的情报；确保医疗物资和药物在三国间的顺利运输；与国际卫生机构进行合作。① 作为人类战胜新型冠状病毒的象征，日本希望以完整的形式举办东京奥运会及残奥会，并得到中韩两国的支持。

（二）对俄罗斯外交

北方四岛问题是横亘在日俄关系中的最大障碍，这也是日俄迄今为止尚未缔结和平条约的重要原因。2019年6月之前，为早日敦促俄罗斯归还北方四岛，日本采取了一切可能采取的手段，包括外交抗议、在岛屿周围的航行以示主权、两院立法、召开北方四岛领土大会等，但均未引起俄罗斯的反应，甚至遭到对方无情拒绝。由于南千岛群岛上居住着约1.7万名俄罗斯人，所以四岛现阶段实际上是由俄罗斯支配。虽然两国于2016年5月举行了首脑会谈，安倍首相提出并制定了详细的八个项目"合作计划"，但俄方的态度并未有实质性改变。2019年1月22日，安倍首相对俄进行了为期两天的访问；6月29日，两国首脑在大阪召开的G20峰会上举行了会谈，均提及北方四岛问题，但俄方的立场并没有明显松动。2020年，日本对俄外交政策保持了2016年以来的务实态度，基本特点可以归纳为高层互动奠定对话基调，多种方式共同推进双方务实合作。

两国高层互动主要体现在三次首脑通话与三次外长会谈，时间跨度为2月15日至10月16日。六次互动讨论的共同议题有三项，即和平条约缔结问题、北方四岛的联合经济开发活动、对前岛民的

---

① 「新型コロナウイルス感染症に関する日中韓外相テレビ会議」，外務省，2020年3月21日，https://www.mofa.go.jp/mofaj/press/release/press4_008376.html。（上网时间：2021年1月20日）

人道主义措施。其中，北方四岛的联合经济开发活动始于2017年9月，通过首脑会谈确定下来，内容包括：共同养殖海产、栽培温室野菜、开发符合岛屿特点的旅游资源、引入风力发电设备和商谈减少岛屿垃圾的对策。① 同年9月23日，两国还实现了初次飞机参拜墓地的活动，目的是为了照顾年长的岛屿原住民，② 2020年延续了这一活动的实施。随着新冠肺炎疫情在世界范围内扩散，如何应对、展开合作成为两国商谈的新议题。5月7日、8月31日和9月29日分别举行的首脑间的通话、以及5月28日和10月16日举行的外长间的通话均涉及这一议题。日俄双方表示，会在八项"合作计划"框架内展开有关应对新冠肺炎疫情的合作，包括日俄合资投资框架对日俄合资企业生产和销售快速检测试剂盒的支持等。2020年12月21日，日俄政府间委员会关于贸易经济共同议长间会议召开，此次会议依然采取了线上方式，主要讨论了四个方面的内容。首先，双方肯定了严峻形势下仍应保持经济合作，并表示未来形势好转后会进一步展开合作；其次，双方均表示会尽快借助日俄合资企业平台研发快速检测试剂盒；再次，由于新冠肺炎疫情的肆虐，日俄地域交流年不得不采用线上形式，双方表示遗憾的同时，又表达了会持续合作的决心；最后，双方一致同意会在合适的时机促成俄罗斯经济部长列舍特尼科夫（Maxim Reshetnikov）访日。③

总的来看，2020年，日本对俄外交依然采取了务实主义的原则，在推进北方四岛经济合作项目的同时，以此为杠杆，日方希望早日能和俄罗斯缔结和平条约，这是日本对俄外交的最大目标。

---

① 「対露外交の基本的な考え方」，外務省，2020年10月17日，https：//www.mofa.go.jp/mofaj/files/000044685.pdf。（上网时间：2021年1月22日）
② 「北方領土特別墓参の実施」，内閣府北方対策本部，2020年9月24日，https：//www8.cao.go.jp/hoppo/henkan/05_2017_tokubosan.html。（上网时间：2021年1月22日）
③ 「貿易経済に関する日露政府間委員会共同議長間会合」，外務省，2020年12月22日，https：//www.mofa.go.jp/mofaj/press/release/press6_000724.html。（上网时间：2021年1月23日）

2020年，双方高层介于新冠肺炎疫情未能进行实际的会面，但并未中断交流与对话。由于特朗普政府指责中俄是"修正主义国家"，且带有明显的"威权主义"色彩，日方追随以美国为首的西方阵营，挥舞人权大棒，指责俄罗斯国内的人权问题。如2020年9月9日，包含日本在内的G7外长发布联合声明，敦促俄罗斯政府放弃对反对派人士纳布利内（Alexei Anatolievich Navalny）的下毒行为，并保证俄罗斯人民的人权安全。①

（三）对欧盟外交

近年来，中美之外的其他重要国家即所谓"中等力量"（Middle Powers）是日本外交重点。在中美战略竞争日益激烈的情况下，日本谋求对冲空间，力争在世界大变局背景下获得自身外交的发展。与"中等力量"开展合作，既是对中美战略竞争持续激化的一种前置性预防措施，也是平衡对美、对华关系的重要战略手段。② 欧盟与英国是"中等力量"中最核心的板块，英法是联合国常任理事国，德国是欧盟乃至欧洲地区最有影响力的国家之一。此外，在西式价值观的统一框架下，日本比较容易与上述三个大国找到共鸣。无论是价值观外交，还是俯瞰地球仪外交，都充分体现出日本对外政策的现实性与务实性。2020年，日本以"中等力量"为抓手，谋求地区乃至世界范围内的开拓性外交。

2019年6月26日至27日，应安倍首相邀请，法国总统马克龙对日本进行了为期两天的访问，两国关系上了新台阶，新的定位为

---

① 「G7外相声明」，外务省，2020年9月10日，https://www.mofa.go.jp/mofaj/press/release/press4_008736.html.（上网时间：2021年1月23日）

② 杨伯江、高承昊：《从金融危机到新冠肺炎疫情：大变局下日本对外战略走向》，《当代世界》2020年第9期，第22页。

"特别的伙伴关系"①。两国一致同意，双方都是自由、民主、法治、尊重人权以及国际规则的国家，故而是拥有相同价值观的伙伴。

2020年3月13日，安倍首相与马克龙总统举行首脑电话会谈。两国首脑就新冠肺炎疫情及本国对策交流了看法，并同意将继续同国际社会密切分享信息，以应对新冠病毒感染。两国首脑还确认会协同一致，保证东京奥运会将以完整形式召开。② 10月5日，菅义伟首相与马克龙总统举行了电话会谈。会谈内容共三项，首先是双方互致问候，菅义伟首相表示愿与法国进一步巩固日法之间的特别伙伴关系，马克龙总统向新首相致以祝贺，并表示愿与日本一道共建两国关系的新时代。其次，双方重申在一些问题上的立场，如坚持共同价值观和印太地区观念，法国同意会全力配合日本解决朝鲜绑架日本人质问题，以及双方一致同意要密切配合，早日战胜新冠肺炎疫情，同时在G7框架下发挥更大作用。最后，双方重申会齐心协力共同保证东京奥运会如期顺利召开。③

2020年5月12日，日本外相茂木敏充与法国外长勒德里昂举行电话会谈，互相分享防疫新冠病毒的政策和信息，并表示包括两国在内的国际社会要加强合作，遏制疫情在全球蔓延的趋势。6月10日，两国外长再次举行电话会谈，双方对中国全国人大通过的香港国安法表示严重关切。④ 9月29日至10月5日，日本外务大臣茂木敏充访问新加坡、沙特阿拉伯、法国和挪威。10月1日当地时间下

---

① 「『特別なパートナーシップ』の下で両国間に新たな地平を開く日仏協力のロードマップ」，外務省，2020年6月28日，https：//www.mofa.go.jp/mofaj/files/000492472.pdf。（上网时间：2021年1月10日）

② 「日仏首脳電話会談」，外務省，2020年3月14日，https：//www.mofa.go.jp/mofaj/erp/we/page4_005122.html。（上网时间：2021年2月1日）

③ 「日仏首脳電話会談」，外務省，2020年10月6日，https：//www.mofa.go.jp/mofaj/erp/we/fr/page6_000445.html。（上网时间：2021年2月1日）

④ 「日仏外相電話会談」，外務省，2020年5月13日，https：//www.mofa.go.jp/mofaj/press/release/press6_000646.html。（上网时间：2021年2月2日）

午 7 时 15 分,茂木敏充大臣与法国外长举行了会谈。① 双方一致同意,会与国际社会进行紧密配合,共同推进合作,有效应对新冠肺炎疫情;期望借助 G7 这一平台,在后新冠时代和振兴世界经济上发挥更大的作用。

2020 年 1 月 31 日,英国正式脱离欧盟,日英和日欧关系开启新时代。2 月 1 日,日本外务大臣茂木敏充发表讲话,称赞英国和欧盟都是日本不可或缺的伙伴,双方拥有相同的价值观念。关于未来的日英关系,日方希望与英国构筑崭新的经济伙伴关系,此外,双方还应在安全保障、防卫、文化等尽可能多的领域开展更广阔的合作。关于未来的日欧关系,日方希望以 EPA 和 SPA 为基石,继续强化双边关系。② 2 月 8 日,第八次日英外长战略对话会召开,日本外长茂木敏充和英国首席大臣多米尼克·拉布（Dominic Raab）作为双方代表出席了会议。双方重申基于共同价值观的立场,同时一致同意强化其他方面的合作,包括日英"2 + 2"模式、TPP11 模式下的新型经济伙伴关系、5G 在内的网络安全。同时,双方还讨论了共同关注的其他问题,包括以完整形式召开东京奥运会、举办"日英文化季"相关活动等。

2020 年,日英间高层互动频繁。3 月 15 日、9 月 2 日和 9 月 23 日,两国首脑分别进行了三次电话会谈;5 月 20 日、6 月 2 日和 8 月 5 日,两国外长进行了会晤,其中前两次为电话会谈,最后一次为实际中的会谈。8 月 5 日至 8 日,茂木敏充大臣访问英国;作为回访,英国国际贸易大臣于 10 月 21 日访问日本。概括起来,2020 年,日英间共同讨论的问题共分为三个层面。

---

① 「茂木外務大臣のポルトガル、フランス、サウジアラビア及びクウェート訪問（令和 2 年 9 月 29 日 ~ 10 月 5 日）」,外務省,2020 年 10 月 6 日,https://www.mofa.go.jp/mofaj/erp/we/page24_001158.html。(上网时间:2021 年 2 月 2 日)

② 「英国の EU 離脱について（外務大臣談話）」,外務省,2020 年 2 月 2 日,https://www.mofa.go.jp/mofaj/press/danwa/page1_001011.html。(上网时间:2021 年 1 月 28 日)

一是构筑两国间经济伙伴关系协定（EPA）。英国脱欧后，日英间贸易目前使用的日欧 EPA 低关税等优惠待遇将在年底失效。为继续顺利开展商务合作，日英两国此前一直加紧缔结新协定。为此，两国于 6 月起开始谈判，历时 4 个半月七次谈判，9 月 11 日以视频会议方式举行的会谈中就日英 EPA 内容基本达成了意向，10 月 23 日达成协议。日本外相茂木敏充和英国国际贸易大臣特拉斯出席了在东京举行的签字仪式。根据协议，来自英国的进口品约 94%、日本对英国的出口品约 99% 的品种未来将撤销关税。在工业领域，英国方面对于出口自日本的汽车将分阶段下调关税，与日欧 EPA 一样在 2026 年撤销。铁路车辆及其零部件等部分关税撤销时间被提前，将即时撤销。有关日方对英国产农产品征收的关税，双方也在日欧 EPA 的范围内达成一致。关于悬而未决的包括蓝纹奶酪在内的软奶酪，将在欧盟产的关税优惠进口额度有剩余的范围内，维持同等的低关税。在电商（EC）领域，禁止政府要求公开企业加密信息以及运用人工智能（AI）等的算法。[①]

二是协同一致抗击疫情。双方同意享有各国信息，汲取其中的教训，加大共同研发药物和疫苗的力度；同意一致敦促世卫组织开展溯源调查，以及保证调查结果的公正公平、独立和全面性。

三是双方关心的其他议题，包括应对逐渐下行的世界经济以及安全合作问题。两国一致同意结成在亚洲和欧洲的最密切的安全保障伙伴关系，日本海上自卫队能够停靠在英国港口，以及两国海军尽早举行联合军演。

[①] 「日英包括的経済連携協定（日英 EPA）」，外務省，2020 年 10 月 24 日，https：// www. mofa. go. jp/mofaj/files/100092224. pdf。（上网时间：2021 年 1 月 28 日）

（四）对其他国家的疫情支援外交

2020年，日本对外关系中，对发展中国家的援助呈现出非常鲜明的特点，即尽可能花较少的钱，提升日本在全球抗疫中的口碑效果。就具体措施而言，可以概括为两点：一是通过日本国际合作系统（JICS）向发展中国家提供抗疫物资及金额，数量并不是特别巨大，但起到了危难中显示日本风采的作用。二是启用日本专有抗病毒药物支援发展中国家，既能宣传本国抗病毒药物，又能扩充药物试验范围。

据日本外务省统计，2020年6月之前，日本集中统计驻外使馆职员染病情况并密切关注国内疫情发展；日本对发展中国家开展的特色疫情支援始于6月初。6月7日，日本向马尔代夫共和国无偿提供了6亿日元的保健及医疗器材，包括移动式X射线装置等，这一行动由日本驻马尔代夫大使柳井启子执行。[①] 6月10日，日本向突尼斯共和国无偿援助5亿日元的保健及医疗器材，包括X射线装置和超声波诊断装置等。仅6月，日本共向26个发展中国家免费提供共计92.63亿日元的保健及医疗器材，援助国家分布范围广泛，其中，太平洋岛国是日本对外援助第一阶段的重点，包括萨摩亚独立国、马绍尔群岛共和国、密克罗尼西亚、帕劳共和国、库克群岛、所罗门群岛、图瓦卢、纽埃、瓦努阿图共和国、瑙鲁共和国、巴布亚新几内亚独立国和斐济。[②] 援助的医疗品种繁多，包括移动式诊疗装置、ICU病床、救护车、移动式X射线摄影装置、监测器、扫描

[①] 「モルディブに対する感染症対策及び保健・医療体制整備のための支援（無償資金協力）」，外務省報道発表，2020年6月7日，https：//www.mofa.go.jp/mofaj/press/release/press4_008473.html。（上网时间：2021年2月8日）

[②] 数据由日本外交部网站新闻报道统计而得，https：//www.mofa.go.jp/mofaj/press/release/2_6_index.html。（上网时间：2021年2月8日）

仪、血液分析装置等。进入7月，日本对外援助力度明显减弱，开始将重点部分转移至其他领域，如粮食、水力资源、人才输送等。截至2020年12月，围绕新冠肺炎疫情，日本实施的对外援助业已突破初期阶段单纯的免费提供模式，而是以更为灵活的手段来推行计划，如12月21日，日本联合联合国儿童基金会（UNICEF）对委内瑞拉援助共计5.17亿日元，目标是推进委内瑞拉国内320万名儿童的接种疫苗计划。

2020年2月至3月，新冠肺炎疫情迅速扩散，疫苗研发虽已开始启动，但应对来势汹汹的疫情，尚不足以发挥效力，启用现有药物对抗病毒是一条捷径。1999年8月18日，福山化学株式会社对法匹拉韦进行了最早的化合物专利申请，该株式会社后被富士胶片集团（Fujifilm）收购。2020年2月，新冠肺炎疫情暴发之初，日本国内虽还未出现大面积扩散，但日本政府已启动相关预案，并采取了具体措施。其中，沿用以往有效的抗病毒药物，是日本政府的首要选择，法匹拉韦由此进入政府视野。2月下旬，富士胶片集团接受日本厚生劳动大臣加藤胜信的指令，紧急组建多达百人的团队，对法匹拉韦进行进一步的研究，以对抗新冠肺炎疫情。大多数流感药物通过阻断神经氨酸酶来抑制病毒在细胞之间传播，而法匹拉韦的工作原理与它们不同，其主要通过抑制病毒基因在受感染细胞内的复制过程，从而降低病毒感染一个又一个细胞的能力。[①] 该药物研制成功于2013年，作为抗击禽流感病毒的特效药物而被广泛使用。事实上，法匹拉韦虽然在抗病毒方面具有较为明显的疗效，但是否能在阻断甚至消灭新冠肺炎病毒方面发挥应有作用，尚无明确的数据支撑。时至今日，围绕法匹拉韦治疗新冠病毒的效果，尚有激烈的

[①]《新冠治疗：老药——"法匹拉韦"——新用，即将进入临床试验》，世界科学网，2020年2月28日，https://www.sohu.com/a/385627716_120051254。（上网时间：2021年2月10日）

争论。如 2020 年 12 月 23 日，东京脑神经中心整形外科·脊椎外科部长川口浩再次质疑 3 月日本国会做出启用法匹拉韦的举动"略显轻率"，因为当时验证该药治疗新冠病毒的医学学术根据不甚明确，用于临床试验的患者人数也不多，第一期临床阶段的患者仅为 89 例。[①]

但是，对于日本国内以及对外政策而言，在当时疫苗尚未研制成功的前提下，启用日本特有药物用于国内临床以及对外援助，无疑能起到双重效果：稳定国内人心，显示日本政府带领国民积极抗疫的态度；与此同时，用日本药物支援国外，主要是第三世界国家，以彰显日本政府的国际责任与道义。在使用法匹拉韦方面，中日之间的数据及表态在疫情暴发初期达成了相对一致。2020 年 2 月，中国科学院武汉病毒研究所实验室结果显示，法匹拉韦在治疗新冠病毒方面具有一定的疗效；同时期，日本爱知县藤田医科大学宣布，正在将法匹拉韦用于临床治疗。3 月，中国中南医院将该药物投入临床试验，结果同样证明了法匹拉韦的效果；3 月 17 日，安倍首相在自民党两院议员总会上宣称："新冠肺炎疫情之所以对世界造成如此大的恐慌，在于尚无有效疫苗问世。"[②] 3 月 28 日，安倍首相在日本国会正式宣布，将法匹拉韦作为新冠病毒的特效药物备选之一。4 月 7 日，安倍晋三在内阁总理大臣记者招待会上称："在当下看不到未来的巨大不安中，希望在悄然产生。日本汇集全世界的精英企业及研究者，努力推进研发疫苗和治疗显著的药物。法匹拉韦在 2014 年曾作为治疗新型禽流感的药物广受好评，副作用评估也较为规范。面对今年的新情况，我们将搭建严密的观察研究体系，尽可能地促

[①] 「アビガン『承認見送り』に見る医療行政の混乱・迷走」，朝日新聞，2020 年 12 月 24 日，https://webronza.asahi.com/science/articles/2020122100007.html。（上网时间：2021 年 2 月 10 日）

[②] 「アビガンは世界を救うコロナ治療薬となれるか」，東洋経済，2020 年 3 月 18 日，https://toyokeizai.net/articles/-/341218。（上网时间：2021 年 8 月 16 日）

进该药物在临床上的使用。为此,我们将现有的法匹拉韦储存量扩大三倍、至 200 万人份。"① 同时,安倍首相还表示,已从 30 多个国家接收到进口法匹拉韦的请求,也希望借此机会,能帮助更多的国家使用该药物进行临床研究。4 月 17 日,日本外相茂木敏充在记者会上再次提及法匹拉韦在对外援助中所起的作用,"截至今日,我们已经收到 50 多个国家的申请,并预计将向大约 20 多个国家免费提供。"4 月 28 日,法匹拉韦获得俄罗斯卫生部许可,进入俄罗斯治疗新冠病毒的临床治疗。4 月 30 日,茂木敏充在记者会上称已收到超过 80 个国家的申请,"世界对法匹拉韦的热情高涨"②;5 月 2 日,茂木敏充宣布,经过日本政府的调整,决定从即日起向"东南亚、中东及非洲等 43 个国家免费提供法匹拉韦,其余四十多个国家正在协调中"③。

由于日本国内医学界一直对法匹拉韦对抗新冠病毒的效果存在质疑,所以截至 9 月,日本政府组织的官方机构对治疗数据尚不明确。12 月 21 日,厚生劳动省宣布,"目前数据不足以明确判断法匹拉韦在治疗新冠病毒上有巨大疗效"④,因此推迟相关药企对政府的上市申请。可以说,在治疗效果不完全得以验证的情况下,借由日本首相举办的记者招待会渠道,向世界宣布法匹拉韦的效果,是日本政府的一种外交举动。事实证明,在疫苗尚未研制成功的前提下,

---

① 「新型コロナウイルス感染症に関する安倍内閣総理大臣記者会見」,首相官邸,2020 年 4 月 7 日,http://www.kantei.go.jp/jp/98_abe/statement/2020/0407kaiken.html。(上网时间:2021 年 2 月 8 日)

② 「新型コロナに効果期待される国産の「アビガン」80 カ国近くから提供要請」,livedoor NEWS,2020 年 4 月 30 日,https://news.livedoor.com/article/detail/18197312/。(上网时间:2021 年 2 月 8 日)

③ 「茂木外相『43 カ国にアビガン無償供与』連休明けから」,livedoor NEWS,2020 年 5 月 2 日,https://news.livedoor.com/article/detail/18197312/。(上网时间:2021 年 2 月 9 日)

④ 「アビガン、コロナへの有効性は「判断困難」承認難航か」,朝日新聞,2020 年 12 月 22 日,https://www.asahi.com/articles/ASNDN6KBKNDNULFA00B.html。(上网时间:2021 年 2 月 9 日)

许多第三世界国家将此药物作为治疗的备选，甚至可以得到日本政府的免费捐赠，是一种无奈且现实的选择。从客观角度而言，日本政府通过法匹拉韦打外交舆论战，在疫情暴发前期占住了先机，也为本国赢得了良好的国际声誉。

四、新冠肺炎疫情下日本外交的特点及影响

新冠肺炎疫情是 2020 年人类社会遭遇的最大危机，它对世界的影响不仅仅在于公共卫生领域，其影响不断外溢，继而影响至全球政治格局。面对这场危机，日本政府利用更为灵活的方式展开外交活动，外交方式、内容与内涵虽与以往有微调，但总体态势未变。

（一）特点

第一，抗击新冠肺炎疫情是 2020 年日本外交活动的中心。世界乃至日本社会对新冠肺炎疫情的关注始于"钻石公主号"邮轮，原定于 2020 年夏天在日本东京召开的夏季奥运会是否能如期召开是日本受到国际社会关注的另一主要原因。在疫情暴发初期，日本的对华援助，原因之一在于希望中国可以早日控制疫情，以免影响奥运会的顺利召开。但同时，"钻石公主号"疫情表现出日本政府抗疫迟缓的一面。日本国内被新冠肺炎疫情全面笼罩，始于 2020 年春夏之交。由此，围绕着新冠肺炎疫情，日本政府主要展开了三种外交活动。首先，初期对中国以及中后期对世界发展中国家源源不断的支援贯穿 2020 年日本外交活动的始终。其次，通过电话或视频及时和各国分享抗疫情报，密切关注疫情发展，交流抗疫经验，同时希望得到世界主要国家对夏季奥运会的表态，以保证奥运会能以完整形

式召开。最后，面向不同对象施展不同的抗疫中心外交活动，如对发展中国家，以援助为主，借此机会进一步增大日本在发展中国家的存在感；如对德国、美国等发达国家，以交流经验，共享情报，研发有效疫苗为主。

第二，充分发挥日本外交中的务实风格。其务实表现有二：一是日本政府判定最需要支援的国家是以中国为代表的发展中国家；二是投入较少，但获益甚多。初期对中国的援助，我们应该给予充分肯定，但从金额及数量来看，所费并不多；对其余的发展中国家援助更是如此，一般金额并不高，并辅以实际医疗物资的援助，法匹拉韦在日本实用型外交中表现尤为明显。

第三，日本外交的基本态势与走向未变。新冠肺炎疫情虽然因其巨大毒性与强烈传染性阻碍了人际间的交流，这直接造成了日本在2020年展开的面对面外交活动急剧减少，但日本外交基本方针政策和基本面没有太多改变。2020年的日本外交依然采取了以日美同盟为基轴，以带有日本特色的外交方式尽量发挥日本的影响力，扩大日本的世界影响。2020年1月19日，安倍在纪念日美安全保障同盟签署60周年的招待会上发表演说，称《日美安全条约》比以往任何时候都更是不朽的支柱，是保护亚洲、印度—太平洋和世界和平并确保繁荣的坚实支柱。同时，安倍首相强调，如今更加深刻体会到这一同盟对维系两国关系的重要性。安倍此言不仅表明日本政府要深化日美同盟的决心，而且强调了同盟对于世界的支柱作用。2020年9月，日本政权发生重大改变，菅义伟首相在竞选阶段就宣称要继续并执行安倍路线。继2020年9月与特朗普总统通话之后，11月12日，菅义伟首相与胜选的拜登总统进行了首次电话会谈，双方就强化美日同盟再度达成了一致，称"同盟关系有利于维护日本周边地区和国际社会的和平与繁荣"，"希望进一步加强双方在自由开放的印太地区的合作"①,同时,双方还明确表示,钓鱼岛是《美日安保条约》第五条适用对象。虽然日本和美国政府分别在2020年更迭,但是维系并加强同盟关系的意愿并未有丝毫改变。同时,在这一架构下,日本积极参与G7的视频会议,大力宣扬自由、民主、人权和法治理念,与西方发达国家保持密切联系,试图强化日本作为亚洲地区大国乃至世界性大国的印象。

(二) 影响

第一,增强日美同盟的同时,日本外交自主性进一步增加,日本独立外交能力进一步显现。二战后,美国将日本作为东亚地区抵制共产主义阵营的桥头堡,两国由此建立起同盟关系,美主日从是主要特点;冷战结束后,日美同盟经历了短暂的漂流期,于1996年再次联结与强化,与此同时,日本对同盟体系的定位出现重大变化。2020年,距离日美同盟关系缔结已60年,此时的日本已从过去的"为了同盟的日本"转向"为了日本的同盟",将同盟作为实现自身国家战略目标的重要工具。无论是美国重返亚太后,还是2020年抗疫联动中,美国实现亚太地区的战略构想,依存日本的色彩在增大。尤其是韩国总统文在寅上台以来,追随美国的立场较之以往有所改变。在这一背景下,2020年美日加强同盟战略显示意义的背后,美国与日本在同盟内部的关系与之前已有较大改变。2020年美日关系出现的"异动"可以概括为两件事:一是日本取消陆基"宙斯盾"系统;二是并未追随美国为首的西方阵营对中国香港事务过分指手画脚。这均表现出日本外交的自主色彩,同时也促使美国思考如何

---

① 「菅首相とバイデン氏 日米同盟強化・尖閣の安保条約適用を確認」,NHKニュース,2020年11月12日,https://www3.nhk.or.jp/news/html/20201112/k10012707441000.html。

继续与日本保证同盟关系沿着正常轨道发展。

第二，进一步增强或获得了在地区或国际事务上的发言权，加强世界范围内对日本是地区性大国的印象。2020年，日本同时在两个方面加大地区性大国乃至世界范围内大国的印象，从而获得更大的发言权或决定权。首先，在经济领域，2018年12月，以日本为主导、11个国家参加，《全面与进步跨太平洋伙伴关系协定（CPTPP）》生效。2019年12月，《日欧经济伙伴关系协定》（EPA）正式生效，2020年日欧经贸合作关系获得深化，在两国经济往来上对细节问题做出更加明确的规定；2020年11月15日，日本加入的世界最大自贸协议RCEP正式签署，亚洲各国贸易关系得到深化与重塑。可以说，2020年的日本在经济领域延续了近年来与多方合作，增强自身影响力的路线，这使得日本能够充分发挥自身经济领域优势，在亚太及欧洲地区有了较大的发言资本与决定权。其次，在价值观领域，日本继续保持与西方阵营的密切联系，获得了在地区和世界事务中更强大的干预能力和影响力。自由、民主、人权和法治四个核心点是日本与西方国家共同信奉的价值观与法则，无论是后期与西方联合指责干涉中国香港事务，还是2020年在抗疫举措中与西方间的联动，抑或是疫苗的研发，日本均与西方站在同一条阵线上，加深了日本在G7集团中的分量，凸显了存在感。

第三，日本的国际形象与国际威望获得部分提升。在中国疫情暴发的初期，出于一衣带水邻国的情感，实则更多是2017年以来中日关系持续回温背景下日本外交的一个具体举动，但无论如何，2020年6月之前，中国内地对日好感达到了一个高峰。2020年6月起，日本主要对发展中国家的具体抗疫援助以及法匹拉韦的投入应用，使日本的国际形象获得较为显著的改善。与此同时，上述援助也均存在争议，如法匹拉韦的使用及应用效果等。2020年夏季之前，日本一直试图努力推动东京奥运会如期召开，这对日本国际形象造成了比较负面的影响。在新冠肺炎疫情全面扩散的情况下,日本政府并未及时认清疫情事态的严重性,固守原定计划与时间,受到了国际社会的批评。

五、结语

综上所述,2020年新冠肺炎疫情下的日本外交,有延续固有外交路线的一面,也有在新冠肺炎疫情新形势下采取的新的举措与态势。总体而言,2020年的日本外交较为成功地达到了既定目标,不仅维系并加强了日本与G7其余六国之间的联系,也在亚太地区及欧洲地区获得了更大的腾挪空间。在新冠肺炎疫情暴发的情况下,日本能够采取积极举措向中国和发展中国家表达善意,使得自身国际形象获得部分提升,正面影响大于负面影响。

第五章 新冠肺炎疫情下的日本政治与经济

刘青梅

2020年的新冠肺炎疫情加速了世界"百年未有之大变局"的历史进程，日本国内也遭遇了多年未见的巨大变革。2020年8月底，安倍晋三宣布因健康原因辞去首相一职，"安倍时代"落下帷幕，"后安倍时代"开启。同时，新冠肺炎疫情对日本经济造成的影响也显而易见。2020年，在新冠肺炎疫情影响下，日本政治和经济分别呈现出何种变动，又会走向何方，是值得密切关注的课题。

一、新冠肺炎疫情下的日本政治变动

2020年，日本政治经历了巨大转变。新冠肺炎疫情暴发，加剧了安倍政府的执政颓势与困境，最终在9月造成政权更迭。继承"安倍路线"的菅义伟内阁上台执政，日本政局经历了深刻变革的同时，也增加了一系列变数。

（一）"安倍时代"的终结

2012年12月26日，第二届安倍内阁成立。截至2020年8月28

日，安倍晋三首相连续任职时间为 2803 天，是日本宪政史上连续任职时间最长的首相。同日，安倍晋三在首相官邸举行记者招待会，表明了辞职意向，原因是溃疡性大肠炎复发，无法继续很好履行首相职责。在会上，安倍首相表明"下一期的总裁会由自民党执行部来决定"①。鉴于新冠肺炎疫情，以二阶俊博干事长为代表的自民党执行部主张采取紧急状态下的临时选举方式。这一方式是由自民党党章第二章第一节第六条第 2 款和第 3 款的内容来规定，"在总裁出现空缺的情况下，原则上要根据总裁公开选举规则的规定举行选举。但是，紧急情况下可以由两院议员大会选举继任总裁。选举人由两院议员和都道府县各支部联合会派三名代表组成。"② 根据该规定，新的自民党总裁由 394 名自民党国会议员和都道府县联合会代表各 3 人（共计 141 人）投票选出。二阶俊博干事长之所以选择这种方式，主要原因在于保证党内占据主流的候选人有更大的获胜把握。关于选举方式，当时自民党内存在与二阶俊博干事长不同的声音。在民间呼声很高的自民党前干事长石破茂、以及环境大臣小泉进次郎、自民党青年局局长小林史明为代表的年轻议员持不同主张，他们要求采取"全规格"的选举方式。所谓"全规格"，是指除了自民党所属的国会议员，参与投票的成员还包括自由国民会议会和国民政治协会会员等。这种方式有利于拥有超高人气的候选人。

在谁能出任下届总裁这一问题上，安倍首相的表态是关键。截至 2019 年 11 月 20 日，安倍晋三成为执政时间最长的首相，累计在

---

① 「安倍首相 正式に辞意表明『負託に自信を持って応えられない』」，2020 年 8 月 28 日，https：//www3.nhk.or.jp/news/html/20200828/k10012588961000.html。（上网时间：2021 年 1 月 7 日）

② 「党則」，https：//www.jimin.jp/aboutus/pdf/organization.pdf。（上网时间：2021 年 1 月 7 日）

任2887天。① 2019年12月31日，安倍首相接受了《日本经济新闻》记者的采访，首次就"后安倍时代"的继任者问题表明了态度。在采访中，安倍首相明确表达出自己不会举行第四次组阁，并表示自民党内部人才济济，如"岸田文雄、茂木敏充、菅义伟和加藤胜信等都是优秀的人选"。当记者问到岸田文雄和石破茂的区别时，安倍首相回答道："岸田是一位诚实且值得对方尊重的人，石破茂为人热心，具备挑战精神。"② 记者之所以在安倍指出的四名优秀人选中，特意点名岸田文雄，是因为当时盛传安倍有"禅让"岸田的想法。安倍首相与岸田文雄的最大相似点在于出身政治世家，且均担任过自己父亲的秘书，并由此踏入政坛。2019年2月18日晚，自民党政调会会长岸田文雄、众议院预算委员长野田圣子和安倍首相被媒体目击在东京聚餐。在这种私下的场合，安倍表示不会参加自己政治生涯的第四次自民党总裁选举，并提出"下次总裁人选要由岸田来出马"③。但2020年2月岸田文雄的声誉急转直下。2月17日，岸田文雄在BS‐TBS节目中，表示政府需要发布紧急事态宣言，同时，作为追加的经济对策，政府应该为每户贫困户提供救助金。贫困户包括单亲家庭、学生、自由职业者等在社会处于弱势地位的家庭，救助金应在5万至10万日元。④ 岸田的言论有所指，此前即1月19日，麻生太郎财务大臣在国会答辩中声称，财务省并没有做出"为每个民众一律发放10万日元救助金"的预算案，不仅如

---

① 「安倍政権は、なぜ続くのか」，2020年11月20日，https：//www.nhk.or.jp/politics/articles/feature/25957.html。（上网时间：2021年1月10日）

② 「安倍総理 ポスト安倍を大いに語る」，2019年12月22日，https：//note.com/akima9936/n/n45530e433ddd。（上网时间：2020年12月24日）

③ 「自民党：当選同期会、次期総裁候補話題」，https：//mainichi.jp/articles/20190219/ddm/005/010/104000c。（上网时间：2020年12月24日）

④ 「10万円の特別定額給付金 自民党・岸田文雄前政調会長も限定的に給付の可能性を示す」，2019年2月18日，https：//news.yahoo.co.jp/byline/fujitatakanori/20210218‐00223173/。（上网时间：2020年1月9日）

此，"也并不打算为处于生活贫困状态的人免费发放救助金"[①]。岸田与麻生的言论对日本民众造成了一种印象，即在如何解决因新冠肺炎疫情造成的社会不安和经济震荡的问题上，政府并未拿出妥善且及时的对策，而身为执政党的自民党内部也没有达成一致的意见。最终，安倍首相迫于形势以及公明党山口那津男为代表的在野党势力，安倍内阁决定为每个民众发放 10 万日元的救助金。经此一事，自民党内外对岸田能够继任总裁的期待直线下跌，加之各种舆论调查统计数据显示其在国民中的支持度明显低于石破茂，这促使安倍首相更改原本的计划。8 月 29 日，接到安倍首相授意的官房长官菅义伟正式表明要出战自民党总裁选举，同时表示要继承"安倍路线"，迅速获得二阶派的支持。自民党议员派系归属情况如下：细田派 98 人，麻生派 54 人，竹下派 54 人，二阶派 47 人，岸田派 47 人，石破派 19 人，石原派 11 人。[②] 继二阶派之后，麻生派和细田派表示跟进，9 月 1 日，竹下派和石原派也表示支持菅义伟。至此，自民党七派系中有五派明确支持菅义伟，菅义伟出任下届自民党总裁及日本首相已无悬念。2020 年 9 月 14 日，日本自民党召开该党众参两院议员总会，菅义伟获得 534 票中的 377 票，取得压倒性胜利，顺利当选为新的自民党总裁。

（二）"后安倍时代"的日本政治走向

从历史经验来看，在日本战后政治史上，从未有过两个长期执政内阁相互连接的情况。虽然菅义伟能获得自民党内五派的支持，

---

① 「麻生太郎財務相『国民に一律 10 万円の支給をするつもりはない』と宣戦布告 政府 VS 市民の仁義なき戦いへ」，2020 年 2 月 17 日，https：//news. yahoo. co. jp/byline/fujitatakanori/20210119 – 00218430/。（上网时间：2020 年 1 月 9 日）

② 「自民党 党内派閥別 所属議員一覧」，http：//home. a07. itscom. net/kazoo/seizi/jimin/habatsu_giinmei. htm。（上网时间：2021 年 1 月 11 日）

并最终胜选。但菅义伟首相面临的两大困境分别是：平民出身的新首相能否在政治世袭成为惯性的日本政坛站稳脚跟，以及顺利挺过接下来的一系列党内外挑战。

二战后的日本政坛经历了长达 38 年的"五五年体制"，随着冷战的结束，该体制因面临日本国内外的剧烈变动而解体，但世袭政治的特点并未因冷战的结束而改变，反而有变本加厉的趋势。自 1991 年担任日本首相的宫泽喜一以来，自民党总裁基本呈现了一边倒的世袭特色。正因如此，没有任何实绩的小泉进次郎在 2009 年初次当选为国会议员时，日本就有媒体称呼其为"未来的首相"，这与其父小泉纯一郎于 2001 年至 2006 年任日本首相密切相关。菅义伟首相出身于秋田县农家，宣称继承"安倍路线"是其获得自民党内绝对支持的大义名分，作为无派系人士先后赢得自民党总裁选举和首相选举，属于史上首次。① 即便如此，菅义伟首相能否很好调控党内复杂的派系争斗，并在争斗中完成自己竞选时的宣言，尚未可知。

随着安倍晋三长期执政状态的终结，日本内阁频繁更迭恐会成为常态。为了平衡复杂的党内势力，菅义伟首相分别将五个派系的代表人物设置为党内四个职位和国会对策委员会委员长。② 即便如此，从 2021 年 9 月开始，菅义伟首相依然会如期迎来执政的两个关键节点：一是 2021 年 9 月再次进行的自民党总裁选举；二是本届众议院期满的 2021 年 10 月 21 日。安倍首相辞职打破了日本政坛长期以来的稳定状态，围绕着下届总裁选举，党内各种势力已陆续登场。2020 年 11 月 30 日，2019 年度政治资金收支报告书发表，自民党内

---

① 「無派閥でなぜ、総理になれたのか」，2020 年 9 月 24 日，https://www3.nhk.or.jp/news/html/20200924/k10012631461000.html。（上网时间：2021 年 1 月 11 日）

② 自民党内四个重要职位是指自民党干事长、总务会长、政调会长和选举对策委员长，由菅义伟首相提名，并经与公明党领袖商定，新的自民党内的四个重要职位分别由二阶俊博（二阶派）、下村俊博（细田派）、佐藤勉（麻生派）和山口泰明（竹下派）担任。同时石原派的森山裕出任国会对策委员长。

所持资金排名前三位分别是岸田文雄、茂木敏充和小泉进次郎，资金总额先后为1.8188亿日元、1.4207亿日元和1.3638亿日元，民间呼声最高的石破茂排名第六。① 2020年9月，石破茂第四次挑战自民党内总裁选举，其优势在于"地方票"，他在2018年总裁选举中曾获得45%的地方票，但在2020年的总裁选举中，地方票和自民党所属国会议员票数均大幅下跌。在9月再次败选后，石破茂辞去"水月会"会长一职。2020年10月5日，岸田派在东京召开了庆祝会，岸田表示会增加会员人数，增强派系在党内国会议员和地方的力量。除此之外，下届总裁的有力竞争者还有国会对策委员长森山裕、经济产业大臣梶山弘志、防卫大臣河野太郎和环境大臣小泉进次郎。

除了复杂的党内情势，日本普通选民的呼声也不容忽视。因选民期待平民出身的首相能为陈腐的日本政坛带来新气象，9月菅义伟内阁上台之初，支持率高达65%，但面对不断扩散的新冠肺炎疫情，经济前景尚不明朗，奥运会能否如期召开亦成为悬念，在此情景下，根据朝日新闻社的舆论调查，12月新内阁的支持率已跌至39%，若不采取积极措施及时应对，而导致支持率低于30%，新政权恐会前景不妙。②

在继承"安倍路线"的基础上，能否根据日本国内外形势做出相应调整，是菅义伟内阁遇到的另一大挑战。与菅义伟同时竞选期间，围绕继承"安倍路线"的限度，另外两大热门人选的主张也有所不同。岸田文雄主张局部调整，石破茂打算大破大立。而"安倍路线"是否继续适合新冠肺炎疫情下的日本国内形势，菅义伟内阁

---

① 「『ポスト菅』候補の政治資金収入、1位は岸田文雄氏 2位茂木敏充氏」，2020年11月30日，https：//news.livedoor.com/article/detail/19304122/。（上网时间：2020年12月5日）

② 「『ポスト菅』抗争が本格化　本命・岸田、対抗・河野、西村、大穴は…?」，2021年1月5日，https：//dot.asahi.com/wa/2021010500026.html? page = 1。

需要审慎看待。

二、新冠肺炎疫情时期与"后疫情时代"的日本经济

日本对新冠肺炎疫情的态度经历了一个变化的过程。2020年1月28日，日本政府宣布发现首例国内本土新冠病毒感染者，正式承认新冠肺炎疫情在日本出现。为此，日本政府在当日发布了《将新冠病毒感染症列为指定感染症的政令》以及《部分修订检疫法实施令的政令》，根据日本应对传染病等公共领域重大疫情的法律——《感染症法》，正式将新冠病毒列为指定感染症。日本政府之所以第一时间启动相关法案，目的有二：一是使国内的抗疫举措有法可依，争取最大限度的民众配合；二是促使日本从上至下提升对新冠肺炎疫情的重视程度，从相关细则制定到实施，力保整个过程顺畅。彼时，新冠肺炎疫情尚未在日本大面积扩散，日本政府将精力放在两件事上，即全力处置"钻石公主号"疫情和确保2020年7月东京夏季奥运会的如期召开。所以，在疫情暴发的第一阶段，日本政府检测速度较为迟缓。3月30日，经与奥组委的充分协商与沟通，日本确定延迟东京奥运会至2021年7月。4月初，日本疫情在不充分检测的情况下，出现了已检测人数中确诊患者数量急剧上升，直至超过千人，面对严峻局势，安倍政府被迫于4月7日正式发布紧急事态宣言，依据是《新型流感等对策特别措施法》第32条第1项，时间跨度为4月7日至5月6日，对象是东京都、大阪府、埼玉县、千叶县、神奈川县、兵库县和福冈县。[①] 同时，日本政府强调，这道宣

---

① 新型コロナウイルス感染症対策本部（第27回），https：//www.kantei.go.jp/jp/98_abe/actions/202004/07corona.html.（上网时间：2020年10月21日）

言并不意味着封城，政府会尽力保障公共交通等必要的经济社会设施最大程度地正常运行，通过防止"密闭、密集、密切接触"方式，预防并阻止感染进一步扩散。可以说，从新冠肺炎疫情在日本暴发及逐步扩散，日本政府就在保经济与抗击疫情之间努力平衡，采取最优先级与次优先级的原则，力争在两者间达成相对一致的目标。与新冠肺炎疫情对日本造成的影响进度类似，疫情对日本经济发展的不同阶段，形成不同影响。

（一）新冠肺炎疫情对日本经济的总体影响

1. 新冠肺炎疫情对经济影响的特殊性与 2020 年日本经济总体态势

截至 2020 年 12 月 21 日，日本新冠病毒患者共计 23.0304 万人，死者共计 3414 人。[1] 据美国约翰斯·霍普金斯大学统计数据显示，截至日本时间 2020 年 12 月 21 日凌晨三点，世界累计新冠肺炎确诊病例达 7655.9930 万例，死亡病例达 168.9925 万人。[2] 同时，患者人数居世界前五位的国家分别是：美国、印度、巴西、俄罗斯和法国。单就数据而言，日本对疫情的控制尚可。尽管如此，对于二战后的日本而言，如此大规模的传染病感染与病亡人数也尚属首次，因此，新冠肺炎疫情对日本经济的影响之大，可以想见。

迄今为止，日本经济遭遇的重大打击大多来自外部力量，如 20 世纪 70 年代的石油危机、20 世纪 90 年代的金融危机以及日本频发的地震，包括时间较近的 2011 年东日本海啸大地震。新冠肺炎疫情

---

[1] 「新型コロナウイルス感染症の現在の状況と厚生労働省の対応について（令和 2 年 12 月 31 日版）」，https://www.mhlw.go.jp/stf/newpage_15828.html. （上网时间：2021 年 1 月 9 日）

[2] 「新型コロナ 世界の感染者 7655 万人 死者 168 万人（21 日午前 3 時）」，https://www3.nhk.or.jp/news/html/20201221/k10012775111000.html. （上网时间：2021 年 1 月 9 日）

引发的日本经济受挫与上述情况存在明显区别，主要体现在恢复经济与抗疫成为一种悖论。对于普通的经济萧条，政府可采取宽松的货币政策或积极的财政政策来刺激经济复苏，但在疫情大暴发的情况下，不采用"封"而采取"疏"的手段，经济势必恢复缓慢甚至停滞不前。同时，保持正常经济活动意味着人员与货物的正常流通，这也会造成疫情的进一步扩散。以2008年美国次贷危机引发的全球性金融危机与新冠肺炎疫情的区别为例，2008年的次贷危机始于美国房地产市场引发的金融"海啸"，美国本土排名第四位的雷曼兄弟投资银行在2008年9月15日宣布破产，这标志着美国次贷危机正式演变为巨大的金融危机。在这场危机中，美国众多企业的资金周转恶化，继而波及至实体经济，最终引起世界性的经济衰退。新冠肺炎疫情引发的经济低迷则源于为阻止疫情的扩散，人为阻断经济活动。正常的经济活动无法展开，人员间的流动也大为减少，继而引发本国乃至全世界对经济前景的担心，最终影响到股价，造成进一步的经济衰退。两者的最大区别在于2008年金融危机是从金融市场影响实体经济，而新冠肺炎疫情造成的损失则是从实体经济转而影响至金融市场。所以，就股价变动而言，新冠肺炎疫情的影响要小于2008年的金融危机，但就实体经济而言，尤其是进出口贸易和国内的服务业，则要大于2008年。[1] 新冠肺炎疫情与水质污染和大气污染等公害存在一定的相似性，但公害往往发生在一定的区域或影响范围，新冠肺炎疫情扩散的地理范围和时间范围相对复杂而不确定。

就总体印象而言，2020年的日本经济前两个季度受新冠肺炎疫情影响较大，从第三季度开始，损失相对减少，第四季度相对平稳。

---

[1] 「新型コロナナウイルス感染症の世界・日本経済への影響と経済対策提言」，三菱総合研究所，2020年4月6日，https：//www.mri.co.jp/knowledge/insight/ecooutlook/2020/dia6ou000001xs5v–att/nr20200406pec_all_1.pdf。（上网时间：2021年1月12日）

观察2020年日本经济数据，需要将2019年第四季度数据纳入观察视野，以便更好观测日本经济的变动。2020年2月17日，日本内阁府发表经济统计速报，剔除物价变动影响，2019年第4季度日本GDP实际增长率环比下降1.6%，折合年度增长率下降6.3%。同时公布的数据显示，2019年日本GDP实际增长率为-0.1%，是时隔五年的负值，名义增长率[①]为-0.7%。

2020年6月8日，日本内阁府经济社会综合研究所发布第一季度GDP第二次速报，日本第一季度实际增长率环比下降0.9%，折合年度增长率下降3.4%，连续两个季度下跌。名义增长率环比下降0.8%，折合年度增长率下降3.1%。就这一意义而言，2020年延续了2019年第四季度的经济低位运行，加之新冠肺炎疫情的影响，日本经济开年不利。第二季度GDP第二次速报于2020年9月8日公布，GDP实际增长率环比下降7.8%，折合年度增长率为-27.8%，连续三个季度下跌。名义增长率环比下降7.4%，折合年度增长率为-26.4%。2020年12月8日，第三季度第二次速报数据公布，剔除物价变动影响，2020年第三季度日本GDP实际增长率环比增长5.0%，折合年度增长率为21.4%，为1980年以来的最大涨幅。名义增长率环比增长5.2%，折合年度增长率为22.7%。2021年2月

---

① 目前，提到经济总量时，往往用的是名义GDP，而提到经济增长率时，往往用的是实际GDP增长率。所谓名义GDP（nominal GDP），就是用生产物品和劳务的当年价格价值的全部最终产品的市场价值。如2019年一个国家生产10个苹果，每个苹果价格是2元，那么这个国家的名义GDP就是20元；2020年，这个国家生产了12个苹果，每个苹果价格是2.5元，那么这个国家的名义GDP就是30元。由此，这个国家生产产品的数量增加了20%，但GDP却增长了50%。那么，在跨年度比较时，GDP增长一方面来自生产数量的变化，另一方面来自价格变化，这就会产生一种误解，即生产数量没变的情况下，通过制造通货膨胀也能带来经济增长。为了消除这种误解，实际GDP的概念应运而生。所谓实际GDP（real GDP），就是以某一年的价格作为基期价格计算出来的全部最终产品的市场价值。上例中，该国的实际GDP就是用本年的产品数量乘以基期价格，即以2019年为基期的话，2020年的GDP=2020年的产出数量×2019年的价格=24元。综上所述，所谓名义GDP增长率是指名义GDP增量占上一年名义GDP的百分比；所谓实际GDP增长率是指实际GDP增量占上一年实际GDP的百分比。

25日，第四季度第二次速报数据公布，剔除物价变动影响，2020年第四季度日本GDP实际增长率环比增长3.0%，折合年度增长率为12.7%，获得连续两个季度的增长。根据同时发布的数据，名义增长率较之前期增长2.5%。[①]

2. 基于具体经济指数分析新冠肺炎疫情中日本经济的变动

就具体经济指数而言，新冠肺炎疫情对日本经济造成的影响主要体现在内需和外需两大板块。根据内阁府和财务省公布的数据，内需可分为民间消费和政府需要，其中，"民间消费"分为民间最终消费支出、家庭最终消费支出、民间住宅支出、民间企业的设备投资和民间库存数量变动。"政府消费"分为政府最终消费支出、公用固定资本和公用库存变动。根据第一个季度GDP第二次速报，民间消费环比下降0.5%，其中，民间最终消费支出环比下降0.8%，家庭最终消费支出环比下降0.4%，民间住宅支出环比下降4.2%，民间企业设备投资环比增长1.9%，民间库存环比持平；"政府消费"板块指数基本无变动。同时，因为疫情扩散，人员流通变缓，导致雇佣费用增加，第一季度雇佣者所需费用环比上涨0.7%。[②] 在外需板块，由于新冠肺炎疫情尚未在日本境内扩散，所以影响较小，货物与服务的出口环比下降6.0%。

根据第二季度GDP第二次速报，由于新冠肺炎疫情在日本急剧扩散，政府被迫于4月7日公布"紧急事态宣言"，所以造成内需指数的大幅下跌。民间消费环比下降6.5%，其中，民间最终消费支出环比下降7.9%，家庭最终消费支出环比下降8.3%，民间住宅支出

[①] 有关数据来自日本内阁府、财务省及厚生劳动省官方网站。
[②] 「2020年1—3月期四半期別GDP速報（2次速報値）」，https://www.esri.cao.go.jp/jp/sna/data/data_list/sokuhou/files/2020/qe201_2/pdf/gaiyou2012.pdf。（上网时间：2020年11月13日）

环比下降0.5%，民间企业设备投资环比下降4.7%，民间库存环比持平，"政府需要"板块指数环比下降0.3%。① 在外需板块，货物与服务的出口环比下降18.5%。

进入2020年第三季度，日本政府相继采取了多种举措提振经济，刺激消费，包括"特别定额给付金""Go to Travel"计划。与第二季度相比，个人消费增长4.7%，成为内需的主要增长点；与此同时，政府消费与公共投资增加，公用需求金额成为支撑日本经济的坚实基础。对外出口方面，随着海外市场条件的改善，日本在第三季度的出口额较之前期增长7.0%，②造成这一现象的主要原因在于4月至6月中国对日进口的需求的大幅提升。综合上述原因，2020年第三季度扭转了三个季度以来的低迷，增长率由负转正。在2020年的第四季度，个人消费、设备投资、出口等项目增加较为明显。个人消费板块，中央政府及地方自治体采取的措施效果逐渐得以显现，环比增长2.2%；设备投资增长4.5%，获得时隔三个季度的增长。在出口方面，伴随着海外市场陆续得到改善，汽车出口较之前段增长11.1%，增幅较大。

但同时，2020年全年实质GDP增长率为-4.8%，为2008年"雷曼冲击"以来的最低值，③表明因新冠肺炎疫情，日本经济遭受重创。

---

① 「2020年4-6月期四半期別GDP速報（2次速報値）」，https://www.esri.cao.go.jp/jp/sna/data/data_list/sokuhou/files/2020/qe202_2/pdf/gaiyou2022.pdf。（上网时间：2020年11月13日）

② 「2020年7-9月期四半期別GDP速報公表に際しての西村経済財政政策担当大臣談話」，https://www5.cao.go.jp/keizai1/danwa/2020/1116_danwa.pdf。（上网时间：2020年12月14日）

③ 「2020年10-12月期四半期別GDP速報公表に際しての西村経済財政政策担当大臣談話」，https://www5.cao.go.jp/keizai1/danwa/2020/0215_danwa.pdf。（上网时间：2021年2月26日）

(二) 日本政府应对经济变动的举措

因为新冠肺炎疫情明显有别于外界冲击，对经济的影响会是一个复杂的过程，且因疫情影响，海外市场变动很难预测，国内疫情如果处理措施不当，会有随时复燃的危险，因此，日本政府需要对扩张性经济政策与抑制疫情的社会政策进行抉择。在2020年，日本政府除了延续"安倍经济学"的一些政策，还必须要出台对应新情况的各种经济政策，以阻止经济下滑和实现稳定经济的目的，2020年日本主要防疫政策和经济政策参见表5—1。

表5—1 2020年日本主要防疫政策和经济政策

日期	主要政策
2020年2月13日	政府发布《关于新冠病毒传染病紧急对策》（第一号令）
2020年3月6日	金融厅要求各金融机构防范和应对企业资金周转发生重大障碍
2020年3月10日	政府发布《关于新冠病毒传染病紧急对策》（第二号令）
2020年3月15日	加、日、欧、美、瑞五大央行达成扩大美元供给协议
2020年3月16日	日本银行决定因疫情扩大传播而进一步放宽金融
2020年3月18日	政府发布《稳定生活的经济对策》
2020年4月7日	政府首次发布"紧急事态宣言"
2020年4月27日	日本银行再度决定进一步放宽金融
2020年4月30日	2020财年第一次补充预算案成立
2020年5月22日	日本银行决定导入"新的资金供给手段"，支持中小企业资金周转
2020年5月25日	政府宣布解除紧急事态
2020年6月12日	2020财年第二次补充预算案成立
2020年6月15日	日本银行举行金融政策会议
2020年7月17日	内阁决定通过《经济财政运营与改革的基本方针2020》

续表

日期	主要政策
2020年7月22日	日本政府决定开始实施"Go to Campaign"
2020年9月30日	内阁召开新冠肺炎疫情对女性影响的研究会
2020年10月29日	日本银行通过维持应对新冠疫情的量化宽松政策
2020年11月9日	内阁召开第十六次经济财政咨询会
2020年12月15日	内阁通过2020财年第三次补充预算案草案
2020年12月17日	日本银行通过应对新冠肺炎疫情金融支援特别规划案修正案

在抗疫与保障正常经济活动上，日本政府各部门协调一致，力争早日抗疫成功，同时最大程度维系民生。根据4月7日开始实施的"紧急事态宣言"，政府要求居民自我约束外出行为；要求或直接下行政命令要求学校休学及关闭福利设施；要求限制举办大型活动；保证口罩等医疗用品和食品的供应。在遵守上述规定的同时，各地方自治体可以根据情况，采取灵活措施加以应对，若当地疫情进展不到第四级即进一步暴发并扩散，自治体可以请求中央政府解除当地的紧急事态。由此，可以看出日本政府抗击疫情的显著特点：首先，正如政府宣称的那样，不是"封城"；其次，由于日本各自治体具备高度自治权，所以可以根据当地的实际情况，向中央政府要求缓解甚至解除紧急事态强制措施。为应对新冠肺炎疫情对经济的冲击，日本政府在2020年先后实施了三期不同阶段的财政政策和货币金融政策，概括起来，2020年的经济政策有以下两个特点。

第一，编制和实施了史上最大规模的财政预算，三期财政预算案各有侧重，以扩大需求和稳定企业的资金周转。

2020财年的补充预算金额达到了史上最高的76.6万亿日元（三次补充预算规模分别为25.7万亿日元、31.9万亿日元和19.1万亿日元），远超应对2008年国际金融危机（5.8万亿日元）和2011年东日本大地震时期的补充预算额（15.1万亿日元）。2020财年三次补充预算案的基本构成如表5—2。

表5—2①2020财年三次补充财政预算案　　　（单位：亿日元）

预算项目	第一次补充预算	第二次补充预算	第三次补充预算草案
新冠肺炎疫情紧急经济对策相关经费	255655	318171	43581
医疗领域	18097	29892	16447
充实检查体制和整顿疫苗接种体制			8204
国际合作			1444
用于企业和家庭	194905	168279	
中小企业等资金周转对策	38316	116390	32049
为中小企业发放"持续给付金"	23176	19400	
雇佣调整补助金的扩充等	690	4519	5430
其他领域	2266	6363	
促进经济活动的恢复	18482		
"Go to Campaign"	16794		
创设应对新冠肺炎疫情的灵活策略基金	1000		
经济结构的变化	9172		
"地方创生临时给付金"	10000	20000	
预备费	15000	100000	
转换后疫情时代的经济结构			116766
数字化改革·实现绿色社会			28256
转换经济结构			23959
实现地区和社会等经济结构的良性循环			64551
用于防灾等安全的经费			31414
其他	1259	963	
既定经费的减额		20	
总额	256914	319114	191761

---

① 三次补充预算案的数据来源为日本财务省的公开数据，即「令和2年度補正予算（第1号）の概要」、「令和2年度補正予算（第2号）の概要」和「令和2年度補正予算（第3号）の概要」，来源地址为 https://www.mof.go.jp/budget/budger_workflow/budget/fy2020/fy2020.html。（上网时间：2021年12月1日）

2020财年三次补充预算案的侧重点各有不同，2020年4月份公布的第一次补充预算案中，保证医疗经费的充足、稳定居民生活和援助企业资金周转是重点。在医疗经费板块，政府重点支持医疗体系的正常运转以及积极研发治疗药物；由于大型企业是日本经济的支柱，而中小企业是日本经济的基石，所以第一期重在扶持中小企业资金周转；关怀家庭，保证基本民生是第一期补充预算案的特别之处。第二期补充预算案于6月发布，由于此时正处于日本疫情的高峰期，所以医疗领域的预算金额大幅增加。另外，用于地方振兴的"地方创生临时给付金"也增加了一倍。与此同时，政府大幅增加了用于支持企业资金周转的预算金额，继续保证家庭用资金。第三期补充预算案草案于12月中旬发布，此时日本疫情已经开始进展到第三波高峰阶段，仅东京一地，每日患病人数屡创新高，抗疫成为一种常态化的情况。所以第三期补充预算案中，出现了明显区别于前两期的新动向。首先，随着世界范围内疫苗研发速度加快，同时有中国、美国以及俄罗斯走在研发前列，所以加强疫苗的国际合作经费成为第三期补充预算案的新增亮点。同时日本政府在自保的前提下，加大了对国际社会的疫情援助，主要对象为非洲、中东、亚洲和大洋洲国家。其次，第三期新增项目还包括应对后疫情时代的相关经费，如地方的数字化管理、地方旅游特色的进一步开发等。最后，后疫情时代的特点是继续抗疫和保证正常国家运转同时进行，所以第三期补充案中出现了与往年相同的经费，如用于防灾和保障国家安全的项目。

三次补充预算案的变化，反映出日本政府在协调抗疫与经济活动不同阶段的变化。由于疫情的常态化和长期化，日本政府逐渐从第一期的全力抗疫转变为加强国际合作、抑制疫情的发展与稳定民生并举。可以说，2020财年日本政府所做的三次补充预算案有利有弊，最大优点在于采取有力措施，取得抗疫的阶段性的同时，保证了民生以及企业的正常运行，没有出现明显的经济低潮与中小企业的大范围破产风潮。截至日本时间2020年12月29日，因新冠肺炎疫情造成破产的日本企业共计843家①，远低于2008年的1.5646万家，也低于2011年的1905家②。而正如财政大臣麻生太郎以及2020年安倍首相在国会答辩中回答的那样，三次预算案的最大弊端可能有两点：一是预算金额为史上最大，恐会将本来不振的日本经济拖入更深的泥潭；二是前两次预算案中出现的"预备费"存在不透明性，由于遭到了公开的质疑，所以第三次预算案并未出现"预备费"相关条目。

第二，进一步采取量化宽松政策，以稳定金融市场和保障企业的资金链条。2013年6月24日，日本政府正式宣布"安倍经济学"启动，核心内容被概括为"三支箭"，分别是量化宽松的货币政策、机动灵活的财政政策和提振民间投资的发展战略。在第一支箭中，包含了"2%的通货膨胀目标、无限期的量化宽松、日元高汇率纠正、日本银行法改正、降低汇率"这五项主要的金融政策。③ 面对日益严峻的新冠肺炎疫情，日本银行于2020年6月15日召开金融政策会议，再次显示出"三支箭"的威力。此次金融政策会议的内容可以概括为三点：一是制定特别政策，旨在支援负责对接企业资金援助的金融机构；二是提供上不封顶的资金供给，以保证金融市场的稳定；三是积极购买交易所交易基金（Exchange Traded Fund，简称ETF）。2020年12月中旬，日本银行再度召开金融政策会议，决

---

① 「『新型コロナウイルス』関連破たん【12月29日16：00現在】」，https://www.excite.co.jp/news/article/Tsr_analysis20201229_02/。（上网时间：2021年2月2日）

② 「企業倒産で振り返る『平成』30年　バブル崩壊、金融危機、リーマン・ショックに揺れた日本経済」，https://www.tsr-net.co.jp/news/analysis/20190424_04.html。（上网时间：2021年2月3日）

③ 庞德良主编：《安倍政权与日本未来（第一辑）》，社会科学文献出版社2014年版，第26页。

定进一步采取量化宽松的货币政策，最大目标是稳定2020年度的日本物价在2%左右浮动。①

概而言之，如何抗疫和推动经济复苏，是日本政府在2020年全年面临的新情况与艰巨任务，从制定政策与实施效果来看，既有成功的经验也有值得总结的教训。经验是面对疫情发展的不同情况，日本政府能够灵活推出应对不同阶段的具体政策，并及时转换三次补充预算案的具体条目与内容。但同时，最大的教训或许是2020年5月至7月，在疫情状况尚不明朗，且疫苗尚未开发成功的状况下，政府结束了紧急事态宣言，并启动了面向日本国内民众与外国游客的旅游观光计划，随着人员的流动性增加，导致2020年11月起日本疫情的再次大规模反弹。

新冠肺炎疫情的暴发，对日本政治和经济造成深刻影响。安倍内阁的颓势进一步显现，直至酿成2020年秋日本政坛时隔七年的政权更迭。新上任的菅义伟内阁能否顺利在疫情下执掌日本政权，尚未可知。日本经济的变动在2020年亦十分明显，新冠肺炎疫情致使日本经济前两个季度明显萎缩甚至暴跌，直到第三季度，由于海外市场的陆续回复以及日本较为及时、陆续跟进的经济政策，日本经济开始出现回暖迹象。

---

① 「2020年の回顧と2021年の展望」，みずほ総合研究所，https://www.mizuho-ri.co.jp/publication/research/pdf/market-w/weekly_210108.pdf。（上网时间：2021年2月21日）

第六章 新冠肺炎疫情下的印度国内外形势

庞敬然

2020年,突如其来的新冠肺炎疫情席卷世界,全球各个地区和国家都受到其影响,印度国内外形势也不可避免地打上了新冠肺炎疫情的时代烙印。国内方面,印度政治生态呈现明显"印度教民族主义"特征,疫情加剧印度经济衰退,政府无力应对经济下滑和疫情蔓延。国际方面,印度深化与美日澳的双边合作,不断夯实"四国机制";借势打压中国,使中印关系全面下滑;深化周边合作,积极塑造"净安全提供者"角色。

一、印度国内形势

2020年印度国内形势发展有两大背景:一是国内印度教民族主义继续崛起;二是新型冠状病毒疫情的突然暴发。印度教民族主义的崛起使印度政坛呈现出明显右倾化特征,在政策实施上集中体现在废除宪法370条款、重建罗摩庙、制定《公民身份法(修正案)》三项举措。突发的新冠肺炎疫情加剧了印度经济下滑和衰退的趋势,但是政府缺乏有力的财政和货币政策应对,为此,莫迪总理提出"自力更生"的发展目标,试图变危机为契机。在两大背景的叠加下，印度国内教派、族群关系紧张，不同阶层之间分歧和矛盾加深，应对新冠肺炎疫情乏力折射出政府社会治理能力的缺失。

（一）国内政治生态"印度教民族主义"特征明显

带有印度教民族主义"胎记"的印度人民党在最近两次的印度大选中均强势胜出，一改印度政府长达30多年的联合执政局面。在两次竞选中，印度人民党均获得来自国民志愿服务团的鼎力支持。印度国民志愿服务团是印度人民党的意识形态"母体"，是一个致力于在印度全国推行印度教民族主义的右翼组织。正如印度学者巴姆伯里所指出的，印度人民党是印度教徒所有、所治和所享的政党，国民志愿服务团和印度人民党是印度教国家硬币的两面。[1]国民志愿服务团虽然不直接参加选举，但是它通过强大的基层动员能力为印度人民党助选，从而帮助印度人民党取得大选的胜利。

国民志愿服务团一直致力于宣扬"印度教特性"，具有强烈的印度教民族主义色彩。国民志愿服务团一方面为印度人民党执政提供强大的意识形态和组织动员支持；另一方面还是莫迪政府执政的重要依托，包括莫迪总理本人在内的诸多印度人民党高层都曾参加国民志愿服务团。[2]印度政治生态已经呈现明显的右倾化特点。从印度中央决策层的人员构成来看，在莫迪第一任期，共有41位部长出身国民志愿服务团，占该届66名内阁部长总数的62%；在第二任期，共有38位部长拥有国民志愿服务团背景，占该届53名内阁部长总数的72%。从印度国家总理到内政部长、国防部长等重臣均出身国

---

[1] C. P. Bhambhri, *Bharatiya Janata Party: Periphery to Centre*, NewDelhi: Shipra Publications, 2001, p. v. 转引自王凯《印度国民志愿服务团对莫迪政府决策的影响——基于社会运动制度化的视角》，《南亚研究季刊》2020年第3期，第56页。

[2] 楼春豪：《印度对华政策的转变与中国的政策反思》，《现代国际关系》2020年第11期，第27页。

民志愿服务团。此外，在议会两院中，出身国民志愿服务团的议员人数也越来越多。①

从具体的政策措施来看，莫迪政府不遗余力推行印度教民族主义。2019年下半年以来，印度先后废除宪法370条款、重建罗摩庙、制定《公民身份法（修正案）》，此三项举措被认为是莫迪政府的三大印度教民族主义政治议程。②2019年8月5日，印度颁布总统令，废除授予印控克什米尔地区特殊地位的宪法370条款，成立"查谟和克什米尔"、"拉达克"两个联邦直辖区，允许区外居民在当地购买不动产。长期以来，印度教民族主义势力一直要求政府取消"查谟和克什米尔"的特殊地位，印度人民党也多次将其列入选举纲领。该条款被废除后，国民志愿服务团公开称赞政府采取了"勇敢行动"。③2019年12月10日和11日，印度人民院（下院）和联邦院（上院）先后通过《公民身份法（修正案）》，2020年1月1日该法案正式生效。根据该法案，印度政府将授予2014年12月31日前从阿富汗、孟加拉国和巴基斯坦来到印度的"受迫害"的印度教徒、拜火教徒、锡克教徒、佛教徒、耆那教徒和基督徒以印度公民身份。该法案明显将穆斯林排除在外，使其受到不公正待遇。法案公布后引发了印度东北部阿萨姆邦、首都新德里等多地穆斯林大规模游行示威活动，进而演变成全国范围的骚乱，造成至少几十人死亡④。印度北方邦的寺庙—寺院之争，从20世纪80年代中期开始一直延续至今，在2019年底终于画上句号。2019年11月，印度最高法院公

---

① 胡仕胜、王珏、刘传玺：《从加勒万河谷冲突看印度陆锁式安全思维困局》，《印度洋经济体研究》2020年第4期，第16页。

② 楼春豪：《印度对华政策的转变与中国的政策反思》，《现代国际关系》2020年第11期，第30页。

③ 王世达：《印度教民族主义强势崛起及其影响》，《现代国际关系》2020年第2期，第33页。

④ 同上，第31页。

布了最终裁决，认可位于北方邦的阿约提亚是印度教罗摩大神的出生地，将原巴布里清真寺所在土地交由印度政府成立的信托基金，进而修建印度教罗摩神庙，并另外拨地5公顷修建一座清真寺。由此，印度教徒在法律上获得了这一争议土地的所有权。对此，国民志愿服务团领袖莫汉表示，国民志愿服务团欢迎最高法院做出了"正确的裁决"。[1]

在印度人民党与国民志愿服务团等右翼组织的联手推动下，印度社会和政治形态加速右转。2020年8月初，印度"国民情绪调查"对莫迪政府第二任期最大政绩的问题调查中，"废除宪法370"和"重建罗摩庙"被选为最大的两项政绩，占比分别是16%和13%。[2]可见，在印度人民党和国民志愿服务团的大力推行下，印度教民族主义逐渐被社会所认可，成为印度国内主流意识形态。

（二）突发的新冠肺炎疫情加剧经济下滑和衰退

印度经济已经处在下行通道，突发的新冠肺炎疫情加剧了印度经济的下滑。近年来，印度经济增长一改多年的高速增长态势，GDP增长率逐年走低。2015 – 2016财年第四季度（2016年1 – 3月）GDP增速为7.9%，到2019 – 2020财年第三季度（2019年10 – 12月）GDP增速为4.7%。2020年，随着新冠肺炎疫情在印度的肆虐，印度经济的衰退更是雪上加霜。印度2020 – 2021财年第一季度（2020年4 – 6月）GDP同比减少23.9%，[3]第三季度（2020年10 –

---

[1] 王世达：《印度教民族主义强势崛起及其影响》，《现代国际关系》2020年第2期，第33页。

[2] 楼春豪：《印度对华政策的转变与中国的政策反思》，《现代国际关系》2020年第11期，第29 – 30页。

[3] 张晟、龙兴春：《印度：防疫失败与经济困境加深执政危机》，《世界知识》2020年第19期，第32页。

12月）GDP增长率为-7.5%。这是印度经济连续两个季度负增长。此外，印度外贸也受到疫情的拖累。进入2020年，印度出口已经连续半年同比负增长，疫情使得部分企业无法开工。2020年4月至10月，印度出口下降19.05%，进口同比下降了36.28%。[1]印度政府根据疫情严重程度，将全国区县划分为红色、橙色和绿色三种颜色区域，其中130个红色区域是城镇化和工业化程度最高的地区，约占全国经济活动总量的41%、工业产值的38%、非农就业人数的40%。而在这些红色区域中，27个感染率较高的区域占全国经济活动总量大约1/3的比重。[2]

面对内外经济形势的恶化，印度政府缺乏有力的经济政策工具。一方面，印度政府无力采取有效的财政政策应对经济下滑的态势。印度政府债务压力巨大，财政赤字大幅增加，没有能力对疫情造成的损失进行财政支持，难以阻止经济进一步下滑。2019-2020财年，印度政府债务与GDP之比为72.2%。评级机构穆迪指出，印度政府本财年债务将升至GDP的89.3%，到下一个财年将降至87.5%。由于疫情因素，印度中央政府和地方政府均加大了经济救助力度，导致印度中央和地方的公共债务大幅上升。目前，印度政府已无力为控制疫情、刺激经济提供更多资金。此外，不断增加的债务也给国家财政带来风险。经济学家分析，印度2020年财政赤字将达到GDP的7%，是其目标水平3.5%的一倍。另一方面，印度的货币政策也缺乏施展空间。印度目前通胀率高企，10月居民消费价格指数为7.61%，9月是7.34%，已持续数月超出央行设立的6%的通胀容忍上限。印度央行基本没有降息空间，无法利用银行低利率刺激

---

[1] 路虹：《印度经济的疫情之殇》，《国际商报》2020年12月1日，第4版。
[2] 楼春豪：《新冠肺炎疫情与印度对外战略新态势》，《外交评论》2020年第5期，第47页。

企业投资、民众消费和经济扩张。①

印度试图将新冠肺炎疫情危机变为契机，实现印度"自力更生"经济发展目标。面临国内前所未有的经济困境，印度急需推动国内产业发展，以此来促进经济增长。2020年5月12日，总理莫迪在全国电视讲话中宣布推出总金额20万亿卢比（约2600亿美元）的经济刺激计划。为实现经济的"自力更生"，印度政府宣布在土地、劳动力、资金和法律等多方面进行改革，核心内容是以经济、基础设施、技术、人口和需求为五大支柱，以煤炭、矿业、国防、民航、电力配送、社会基建、太空、原子能为八大领域，打造"自给自足的印度"。②具体采取四个方面的措施：一是为中小微企业部门提供政策扶持；二是在就业压力之下放宽劳工规定；三是鼓励出口、限制进口，以国内市场"滋养"本国产业；四是加快吸引投资，尤其是从中国转移出来的外资入印。③ 在国防工业方面，为吸引外资进入，将外国直接投资进入国防领域的自动审批持股比例由49%上升到74%。当涉及现代技术时，外国投资比例可高达100%。④

（三）政府应对日益加剧的社会矛盾乏力

莫迪第二任期以来，宣布建立罗摩庙、推出统一民法典、修改公民身份法案等举措，激化了印度社会族群、教派、阶级矛盾，社会骚乱与冲突此起彼伏。2020年2月底，特朗普访印期间，首都新德里爆发了1984年以来规模最大的教派冲突，造成40多人死亡，

---

① 路虹：《印度经济的疫情之殇》，《国际商报》2020年12月1日第004版。
② 楼春豪：《印度经济"自立"会走向"孤立"吗？》，《环球时报》2020年8月5日第014版。
③ 宁胜男：《莫迪政府"自给印度"经济倡议评析》，《和平与发展》2020年第6期，第74页。
④ 王海霞：《解析印度"自力更生"计划》，《世界知识》2020年第13期，第33页。

数百人受伤。①面对突发的新冠肺炎疫情，莫迪政府慌乱应对，备受国内民众诟病。印度国内不同族群、不同阶层之间的分歧和政府应对新冠肺炎疫情的乏力，加剧了社会矛盾，不利于印度社会稳定和发展。

一是加剧了不同教派、族群间紧张关系。新出台的《公民身份法（修正案）》明显带有宗教歧视色彩，该法案通过后在印度多地引发了激烈抗议甚至骚乱，波及范围之广、持续时间之长、国际负面影响之大，都为近年来所罕见。这种混乱状况一直延续到印度国内暴发新冠肺炎疫情，才逐步缓和下来。反对这一法案的群体主要有四类：第一类是以阿萨姆邦为代表的印度东北部各邦，他们反对包括印度教徒在内的一切非法移民获得印度国民身份；第二类是以喀拉拉邦、西孟加拉邦为代表的穆斯林集中的地区，他们反对的理由是，该法案依据宗教标准授予非法移民印度国民身份，却唯独将穆斯林排除在外，使穆斯林受到法律歧视；第三类是以国大党为代表的世俗主义者和反对派，国大党一直致力于推动国家的世俗主义，认为政治与宗教的结合是危险的，极容易导致教派政治；第四类是对印度经济或社会状况不满的其他人群。②国内外批评者普遍认为，印度当局此举明显以宗教划线，与其宪法规定的世俗主义原则违背。英国《经济学人》杂志刊发《不再包容的印度》一文，指出莫迪政府的教派主义倾向和做法正在摧毁印度的世俗民主体制，导致印度国内出现分裂。③印度寺院—寺庙之争以印度教派的胜出为结局，但并没有平息国内的争议。2020年8月5日，印度总理莫迪为阿约提

---

① 胡仕胜、王珏：《印度对华示强外交的行为逻辑》，《现代国际关系》2020年第7期，第28页。

② 唐探奇：《印度〈公民身份修正案〉之争：问题、原因与影响》，《创造》2020年第7期，第49-50页。

③ 王世达：《印度〈公民身份法修正案〉：脉络、影响及走向》，《统一战线学研究》2020年第5期，第88页。

亚的罗摩出生地神庙奠基，从而为持续了一个多世纪的阿约提亚巴布里清真寺—罗摩出生地神庙之争（寺庙之争）最终画上了句号。但却引发了印度国内的教派主义和世俗主义的争议。就在奠基仪式前几天，几名律师和社工向印度最高法院提起公益诉讼，以侵害宪法规定的言论自由和信仰自由权为由，要求删去印度宪法序言中的"社会主义的、世俗的"字样。①世俗主义准则在印度遭到严重质疑，这再次显示印度国内的教派主义意识形态上升。

二是加深了不同阶层之间的分歧和矛盾。2020年8月–11月，印度联邦议会接连通过了《2020基本商品（修正）法案》《2020农产品贸易和商业（促进和便利）法案》和《2020农民（授权和保护）价格保证协议和农业服务法案》。政府出台这些新法案的意图在于，取消农产品在定价、销售、储存等方面面临的种种限制，使农民摆脱中间商的垄断和盘剥，通过市场化使印度农业逐步走向现代化。随着法案的陆续通过，农民的抗议活动日益升级。从8月开始，印度农民就开始了抗议活动，到11月各项法案正式通过后，农民抗议活动进入高潮。从11月26日起，成千上万的农民在新德里的街头聚集、游行、示威，扬言如果莫迪政府不撤回三项新农业法案，他们将升级抗议活动。在废除新农业法案的要求被官方回绝后，12月14日，农民们在全国范围内开展更大规模抗议活动。此外，纽约、巴黎、柏林、温哥华、伦敦等地的印度裔也纷纷走上街头为农民同胞发声。这场印度农民抗议活动愈演愈烈。②印度农民抗议活动的根源是对政府推行的新法案的不满和对政府的严重不信任。莫迪政府试图通过市场手段为印度农民松绑，但是却没能给农民提供足

---

① 张忞煜：《罗摩神庙奠基，冲击印度世俗主义传统》，《世界知识》2020年第17期，第35页。

② 赵衍：《20万印度农民占据街头，莫迪还坐得住吗？》，《军事文摘》2020年第11期，第52页。

够的保障。所以，法案的出台非但没有得到农民的认可，甚至造成政府和农民之间矛盾和裂痕的扩大。

三是应对新冠肺炎疫情乏力集中反映政府社会治理能力缺失。随着疫情的到来，印度国内因教派矛盾引发的骚乱似乎瞬间消解了，但疫情防控措施不力造成的各种问题凸显。一方面，政府应对疫情手段单一，导致失业人数和新冠肺炎感染者人数激增。3月，印度疫情全面暴发，政府从3月25日至5月31日实施了全球持续时间最长的"封城封国"，共完成了四个阶段的封禁，之后再分阶段解封。强制"封城"使打零工的"日薪"族面临或"病死"或"饿死"的两难选择。根据印度经济监测中心的数据，印度失业率从2月的8%一路飙升至5月的27.1%，仅4月就有1.22亿人失业。①"封城"期间，火车停运，航空停航，大量失业者被迫徒步返乡。由于无法获得政府的及时有效救济，导致出现民众上街疯抢生活必需品、确诊患者不能及时救治、农民工集体返乡等情况，这大大增加了"二次感染"的几率。另一方面，莫迪政府采取了一系列争议性政策，导致疫情愈演愈烈。新冠肺炎疫情暴发后，印度政府多次仓促组织从欧美国家撤侨，这种做法虽然使莫迪政府获得了印度侨民的好感，但却大幅增加印度国内疫情扩散的风险。此外，政府对于隔离期间贫困人口补贴的不充分、对于病毒在夏天传播能力的严重低估、部分政府官员大肆传播的医学谣言，都构成了疫情在印度愈演愈烈的重要因素。②此外，印度作为联邦制国家，各邦政府的应对措施不尽相同，落实中央政策的力度也参差不齐，反而加快了疫情扩散的速度。政府的治理能力低下和官员的失职受到反对派和民众的普遍批

---

① 胡仕胜、王珏：《印度对华示强外交的行为逻辑》，《现代国际关系》2020年第7期，第28页。

② 赵衍：《印度疫情失控：民众在为失职的政府买单》，《廉政瞭望》2020年第19期，第51-52页。

评。国大党领导人拉胡尔·甘地声称"莫迪政府的封锁政策并不是在打击新冠病毒,而是在打击穷人"。①8月7日公布的民调"国民情绪调查"显示,在回答"莫迪政府的最大败绩"时,有25%的受访者选择了"疫情防控",占比最高;有70%的民众认为"疫情防控是印度当前面临的最大问题"。②

二、印度外交形势

2020年印度外交战略出现重大调整,这种调整从印度外长苏杰生2020年9月出版的新书——《印度的方式:不确定世界下的战略》中反映出来,即交好美国、应对中国、深耕欧洲、安抚俄罗斯、调动日本、整合邻国、影响更广泛的周边、扩大传统的支持者。③总体来看,印度与美日澳双边合作和多边合作都走向深化,从合作的层次和领域的拓展都出现实质性提升。2020年是中印两国建交70周年,但印度采取战略上打压、经济上脱钩、边界问题"挂钩"等做法,使中印关系跌落到了1988年拉吉夫·甘地访华开启两国关系正常化以来的最低谷。作为走向大国的重要步骤,印度重视周边合作,努力发挥"净安全提供者"作用。

(一)深化印美日澳合作,夯实"四国机制"

第一,战略上,双边合作进一步提升,四国多边合作深化。一

---

① 张晟、龙兴春:《印度:防疫失败与经济困境加深执政危机》,《世界知识》2020年第19期,第32页。
② 楼春豪:《新冠肺炎疫情与印度对外战略新态势》,《外交评论》2020年第5期,第27页。
③ 林民旺:《莫迪执政以来印度外交的三次转变》,《世界知识》2020年第21期,第22页。

方面印度与美日澳双边关系提升。2020年2月，美国总统特朗普访问印度，完成对莫迪总理2017年访美的回访。两国发表了《印美全面全球战略伙伴关系愿景和原则》的联合声明，双方将在相互信任、共同利益、善意和公民的积极参与基础上加强全面全球战略伙伴关系。6月，印度与澳大利亚将两国关系提升为"全面战略伙伴关系"，并将印澳"2+2会谈"提升为部长级。另一方面，"四国机制"扩展和深化。双边关系的提升进一步夯实了"四国机制"的基础。3月，美日印澳四国及新西兰、韩国、越南召开了两次"美日印澳+重点伙伴关系国"副外长级别视频会议。各国强调要加强在疫苗研发、安排滞留公民、防疫抗疫以及提升世界经济影响等方面的合作。10月，印美日澳四国在东京举行第二次外长会议，讨论了包括东海、南海等问题在内的地区安全形势。

第二，防务上，双边合作深化，四国防务关系提升。一是双边和多边防务合作继续深化。印美防务合作取得重大突破。2月，特朗普总统访问印度期间，两国签署了30亿美元的国防协议，以增强美、印两国的联合防御能力。3月，印美两国国防部长进行电话会谈，双方再次强调"防务优先"，提升两军互动和国防贸易。7月，印度海军四艘舰艇与美国"尼米兹"号航母编队在安达曼—尼科巴群岛附近举行联合演习。9月，印美举行首届国防网络安全对话。同月，美国P-8A反潜巡逻机在安达曼—尼科巴群岛接受加油及后勤补给，这是印度首次向美军开放该战略要地。印度与日澳坚持双边军演的同时，积极开展四国多边军演。印日两国在孟加拉湾和阿拉伯海举行联合军演。9月，印澳海军在东印度洋举行防空演习。11月初的"马拉巴尔"军事演习是四国近十年最大规模的联合军演，也是澳大利亚时隔13年后重返的演习。二是四国防务关系大幅提升。6月，印度和澳大利亚签署《相互后勤支持协定》，允许两国军舰和飞机使用彼此的军事基地。9月，印度和日本签署《相互提供物资与劳务协定》，允许两国军队在联合演习、训练等场景下相互提供弹药、燃料、食品等物资以及运输、通信、修理等服务。10月，印美举行第三次外交部长＋国防部长的"2＋2"对话，两国签署《地理空间合作基本交流与合作协议》。协议签署后，印美将共享卫星和其他传感器数据，进一步提高印军的目标定位和导航能力。这一系列协议的签署，最终在印美日澳四国之间构建了一个以共享军事基地和后勤相互支持的防务体系，标志着四国的防务关系大幅提升。

第三，经济上，双边经济合作加强，四国机制向经济领域拓展。一方面，双边经济合作加强。美国网络巨头脸书和谷歌相继向印度最大电信运营商吉奥（Jio）注资，与印度合作研发第五代通信技术（5G）。[1]日本向印度提供3744.4亿日元（约35.76亿美元）政府开发援助，用于基建和生态保护。[2]印度与澳大利亚重启《全面经济合作协议》谈判，引导各自企业融入对方产业链，推动产业链安全和多样化。另一方面，除了在军事和政治领域积极协调外，印美日澳四国经济合作也走向深化，四国提出了包括"弹性供应链"在内的经贸倡议，试图推动四国机制向经济领域拓展。

第四，非传统安全上，与美日开展抗疫双边合作。在抗击疫情非传统安全合作方面，美国为印度提供不少援助，截至10月底已向印提供590万美元医疗援助和100台呼吸机。印度则向美国提供大量抗疫药物，放松对美出口羟氯喹等药品。此外，两国同意深化疫苗研发、生产合作。日本向印度提供500亿日元（约4.77亿美元）低息贷款作为应对新冠肺炎疫情的紧急支援和约10亿日元的无偿资

---

[1] 《谷歌确认45亿美元投资印度电信商Jio Platforms》，搜狐网，2020年7月16日，https：//www.sohu.com/a/407936387_100161396.（上网时间：2020年11月20日）

[2] 中国现代国际关系研究院：《国际战略与安全形势评估（2020/2021）》，时事出版社2020年版，第127页。

金协助,还向印度政府提供用于新冠肺炎患者治疗的高浓度制氧机。①

(二) 借势打压中国,中印关系全面下滑

第一,在经济上,印度弱化与我国的经贸合作,追求两国经济"脱钩"。2020年,莫迪政府采取了一系列动作推动与中国经济全面"脱钩",对我国投资和商品进行限制:一是投资限制。2020年4月之前,外国投资占比49%以下的对印企业投资可以通过"绿色通道",无需印度政府审查。4月17日,印度工业和内部贸易促进部更改了外国直接投资政策,将中国从"自动审批路径"改为"政府审批路径"。② 2020年7月,印度政府出台政策,禁止任何中国公司或与中国公司合资的企业参与印度的道路基础设施建设项目。③印度还对《财政通则》进行修订,重点限制中国企业参与印度政府采购项目。印度交通部宣布禁止中资企业参与印度道路建设项目,不允许中国投资者对印度中小微企业进行投资,中方多个投资项目遭遇叫停、撕毁合同、订单取消等问题。④二是贸易限制。加勒万河谷冲突事件发生后,印度官员多次表示,要采取关税或者非关税壁垒措施,"严防死守"中国商品进入印度,如修改进口商品的质量标准、制定更严格的进口标准。为禁止中国产品从第三国流入,印度政府甚至考虑采取措施,防止东南亚国家将中国商品转运至印度。⑤ 2020

---

① 《日本将向印度提供500亿日元贷款帮助抗疫》,界面新闻网,2020年9月1日,https://www.jiemian.com/article/4915031.html。(上网时间:2020年11月20日)
② 杨晓萍:《新冠疫情下印度的国内国际形势》,《军事文摘》2020年第11期,第25页。
③ 林民旺:《新冠肺炎疫情下印度的大国外交战略》,《当代世界》2020年第9期,第34页。
④ 王睿:《印度对中印战略对接的立场分析》,《现代国际关系》2020年第8期,第46页。
⑤ 林民旺:《新冠肺炎疫情下印度的大国外交战略》,《当代世界》2020年第9期,第34页。

年4月–6月，中印双边贸易额同比下降了23%，从214.2亿美元下降到165.5亿美元。印度对华贸易逆差从2019年同期的131亿美元降至54.8亿美元。[①] 此外，印度政府对中国进口产品实施更为严格的质量管控措施并提高关税，大量中国制造的电子元器件等货物因为"清关问题"滞留印度港口。[②]三是商品抵制。6月，印度政府以所谓"国家安全"名义封禁了包括TikTok（抖音海外版）在内的59款中国手机应用程序；7月，再次封禁了47款，同时暗示还将考虑封禁更多。[③] 9月，印度政府宣布禁止118款中国手机应用程序在印度使用，理由是"上述应用程序秘密收集和转移用户个人信息，威胁印度的主权和国家安全"。[④]

第二，在外交上，将边界问题与双边关系"挂钩"，两国关系陷入低谷。2020年，印度边境部队多次进入中印边界实控线中方一侧，在边界西段挑起事端。特别是6月15日，印度单方面在中印边界实控线西段加勒万河谷地区制造事端，最终酿成近45年来两国首次边境流血冲突。8月底，印度边境部队在班公湖再次越界偷袭并率先鸣枪。边境事件发生后，印度官方通过军政高层访问一线部队、向前线增派兵力、对华采取经济反制举措等，煽动国内民族主义情绪。印度总理莫迪公开声称"战士的血不会白流"，"如果受到挑衅，印度有能力做出适当的回击"。《今日印度》8月初进行的"国民情绪调查"显示，受访民众中认为"中国不可信任"的比例高达84%；认为"印度应该就边界问题对华开战"的比例高达59%，甚

[①] 杨晓萍：《新冠疫情下印度的国内国际形势》，《军事文摘》2020年第11期，第25页。
[②] 工睿：《印度对中印战略对接的立场分析》，《现代国际关系》2020年第8期，第46页。
[③] 林民旺：《新冠肺炎疫情下印度的大国外交战略》，《当代世界》2020年第9期，第34页。
[④] 冯传禄：《试析近期印度对中印边境问题的立场》，《现代国际关系》2020年第11期，第37页。

至72%的受访者认为"印度能够在军事上击败中国"。①印度高调处理边界冲突事件,一方面与莫迪奉行强硬的国内政策有关;另一方面在于,莫迪政府处理边界问题的原则发生了重大变化,重新将边界问题与中印关系直接挂钩。长期以来,边界问题一直是影响中印关系发展的重要因素。直到1988年印度总理拉吉夫·甘地访华,两国才达成将边界问题与两国双边关系"脱钩"的共识。近年来,两国虽然在边界问题上发生过一些摩擦,但中印关系都没有突破这一政治框架。边境冲突事件发生后,印度外长苏杰生指出,"边界的状况和我们(中印)关系的未来……是不能分开的";印度外交秘书席林格拉则表示,除非有争议的边境地区恢复原状,否则"与中国的关系不会正常化"。②可以看出,莫迪政府又重新将边界问题与两国关系相挂钩。

第三,在战略上,印度借力对我施压,与我竞争态势明显。2020年,印度对华战略从以往的合作与竞争并重,转变为以竞争为主,淡化合作。印度做出这一重大战略调整有两大背景:一是国内新冠肺炎疫情的暴发。疫情使印度国内出现严峻的经济和社会困难,使执政党面临政治压力,导致政府借外交矛盾来缓和国内压力。二是中美关系恶化。不断恶化的中美关系,使印度看到了一种新的"机会"。印度改变了传统的对华以"维护边境地区的和平与安宁"为原则的政策,代之为利用自己在地理和人力资源方面的优势向中国施压的新政策,试图迫使中国让步。③面对这样的国内国际形势,印度极力向我施压,与我竞争。一是借疫情向中国施压。新冠肺炎疫情发生后,印度部分官员不仅追随西方论

---

① 楼春豪:《印度对华政策的转变与中国的政策反思》,《现代国际关系》2020年第11期,第29页。
② 冯传禄:《试析近期印度对中印边境问题的立场》,《现代国际关系》2020年第11期,第37页。
③ 张家栋:《印度对外战略的三次调整》,《环球时报》2020年9月11日,第014版。

调抹黑中国，而且印度是最早将新冠肺炎疫情政治化的国家之一。印度积极参加美国主导的排除中国的印太抗疫机制，印度战略界人士积极鼓噪中国"病毒论""责任论""口罩外交论"等。印度人民党总书记马达夫更是抛出"中国民族主义世界观堪比二战前德国""印度有效应对疫情彰显民主体制优越，可与美国和德国重塑世界新秩序"的论调。[①]二是借"印太"战略向中国施压。虽然印度在多个场合多次重申印度的"印太战略"与美国的不同，但是，在该战略具体实施中，印度并没有拒绝参与。2020年，印度与美日澳双边合作不断提升和扩展，四国机制在疫情防控、防务安全、产业链重构和地区互联互通等方面，合作日益加深。印度通过与这些"准盟友"的双边和多边合作提升本国的影响力，从而加大向中国施压的筹码。

（三）深化周边合作，塑造"地区净安全提供者"角色

第一，启动南盟机制，开展抗疫合作。一是召开成员国领导人视频会议。3月15日，印度召集南盟各国通过视频会议商讨遏制疫情蔓延的相关措施。除巴基斯坦由卫生事务特别顾问出席外，其余国家均是国家元首或政府首脑参加。在会议上，印度总理莫迪提议设立遏制疫情的应急基金。资金来自于所有南盟成员国的自愿捐款，莫迪总理承诺印度提供1000万美元的初始捐款。[②] 通过该应急基金，印度向阿富汗、不丹、孟加拉国、尼泊尔、马尔代夫和斯里兰卡运送了药品、医疗用品和仪器。二是召开部长级视频会议。4月23日，

[①] 中国现代国际关系研究院：《国际战略与安全形势评估（2020/2021）》，时事出版社2020年版，第140页。

[②] 李铭恩：《地区层次的等级制对南亚地区秩序的影响》，中国社会科学院大学硕士学位论文，2020年，第22页。

南盟各成员国召开了关于应对新型冠状病毒的部长级视频会议。包括巴基斯坦在内，各成员国介绍了各自国内的情况，分享了应对疫情的经验，重申了区域合作和团结的重要性，商讨了印度总理莫迪提出的设立疫情应急基金的具体细节。在针对各国具体的合作方案上，印度为其他国家提供援助的最主要方式是提供印度生产的药品。三是启用疫情信息交流平台。4月8日，印度主持召开南盟贸易高官会，启动"南盟新冠肺炎疫情信息交换平台"。印度重新启动南盟机制，主要意图是通过向南亚邻国提供必要援助，将它们团结到以印度为中心的多边抗疫行动中，凸显印度"地区安全净提供者"的作用。除了抗疫合作，印度还加强与南亚邻国的文化交流和经济合作。2020年9月，莫迪和斯里兰卡总理马欣达·拉贾帕克萨视频会晤，印度宣布向斯里兰卡提供1500万美元援助以加强佛教交流。[①] 印度与马尔代夫、不丹和斯里兰卡等国签署货币互换协议，缓解相关国家的偿债压力。

第二，重视与印度洋国家的合作。一是推进印太合作。9月，印度与法澳举行首届副部级印太三边对话，达成加强印太战略合作共识，并将该对话固定为年度机制。此外，三国有意签署三边后勤保障协议。同月，印度还积极与澳、印尼接触，酝酿举行外长级对话，并筹建外长防长"2+2"对话。[②] 二是支援疫情防控。4月，印度开展"圣杰瓦尼行动"，向马尔代夫、塞舌尔等国运送医疗物资。5月，印度海军启动"萨迦行动"，为马尔代夫、毛里求斯、马达加斯加等提供急需的药品和食品，向毛里求斯和科摩罗派遣两个医疗救援小组。三是开展基建合作。7月，印度援建毛里求斯的最高法

[①] 李益波：《印度"重新重视"孟加拉湾：举措与制约》，《国际问题研究》2020年第6期，第100页。

[②] 胡仕胜：《印度对多边机制的心态明显生变》，《环球时报》2020年12月15日，第015版。

院大楼正式落成，印度总理莫迪表示将继续加大对毛里求斯的财政支持。8月，印度宣布投资5亿美元用于联通马尔代夫首都马累和附近的三个岛屿，①该项目完工后将成为马尔代夫最大单一基建项目。四是深化海洋合作。8月，毛里求斯领海发生货轮漏油事故，印度为其提供清油技术和设备支持。印度继续在马尔代夫、毛里求斯推进沿海雷达站建设，预计2021年1月马尔代夫将被完全整合进印度沿海雷达网。

第三，稳步推进"东进"政策。东盟是美国印太战略扩展的重点地域，也是印度的战略重点区域。除了传统的经济合作外，2020年印度加强与东盟国家在安全和军事上的合作。一方面，加强抗疫、海洋安全等非传统安全合作。2020年，印度总理莫迪对东盟开展密集"电话外交"，与除马来西亚和文莱外的所有东盟国家领导人都进行了电话会谈，商讨抗疫措施。9月，印度与东盟举行外长会议，双方发表《印度—东盟行动计划（2021－2025）》，将海洋安全、互联互通作为合作重点。另一方面，加强双边军事合作。7月，印尼外长访问印度，印度同意向印尼出口"布拉莫斯"导弹等武器。10月，印度陆军参谋长访问缅甸，向缅甸无偿提供一艘"基洛"级潜艇。12月，印度总理莫迪与越南总理举行视频会谈，双方重申防务与安全合作是双边关系的支柱，一致同意有效利用现有的磋商与对话机制，扩大防务工业、训练、维和等领域的合作范围，促进在应对传统和非传统安全挑战中的合作。②

---

① 《印度磨刀霍霍，准备"入侵"马尔代夫：提议建造耗资50亿美元的桥》，网易，2020年12月12日，https：//www.163com/dy/article/FTL817ME0515DICI.html。（上网时间：2020年12月30日）

② 胡志勇：《印度"东向"战略演变及其对南海局势的影响》，《云梦学刊》2021年第2期，第22页。

三、前景展望

（一）印度国内形势展望

印度的印度教民族主义加快崛起。无论是莫迪还是他所在的印度人民党都强力推进印度教民族主义，在莫迪任内这种趋势不会改变。2020年印度国内形势异常复杂，既有突发的新冠肺炎疫情导致的经济下滑和应对乏力，更有因莫迪政府改革带来的国内民众不满而导致的社会动荡。随着疫苗接种的人数越来越多，疫情对印度国内的影响也会逐渐消解。莫迪政府的各项经济改革由于遇到的阻力非常大，有些项目可能会放缓步伐。但是，鉴于莫迪政府已经确立了5万亿美元GDP的经济发展目标，而疫情又延误了印度经济的增速和发展，要如期实现莫迪政府预定的经济发展目标，必须要采取一些有力的经济措施。所以，莫迪政府可能会出台新的刺激经济发展的措施。

（二）印度外交形势展望

为追求"地区净安全提供者""领导型大国"等战略目标，莫迪政府制定"东进""西联""北进""南下"的全方位对外战略。纵观印度的外部战略环境，印度与中国和美国的关系是影响其战略实现的重要因素。当前，中美之间的竞争和博弈日益呈现出长期化和激烈化的态势。可以预见，在中美竞争的大环境和大趋势下，印度将进一步倒向美国，加强与美国的双边和多边合作，两国双边合作和"四国机制"多边合作日益实质化。当然，印美关系也会受到一些因素的制约。一方面印度国内印度教民族主义强势发展，侵蚀两国合作的"民主"根基。另一方面，两国关系还受到两国贸易分歧、印度与俄罗斯、伊朗关系等诸多因素的掣肘。

　　在中美博弈下的中印关系势必受到其影响。印度利用美国等外部力量向中国施加地缘政治压力，在2020年的边境冲突事件中表现得非常突出。印度在安全上加大对我国的防范，在经济上对我国施加种种限制，使中印关系的不确定性和反复性增大。可以预见，莫迪任内对华政策的竞争性和冒险性依然很大。这一方面有印度利用当前中美博弈对其有利的战略环境的考虑；另一方面也有莫迪第二任期执政地位稳固，内外政策强硬的原因。

第七章　英国"脱欧"与"差异性去一体化"

张快快

2020年1月31日，英国正式脱离欧盟，结束了长达47年的欧盟成员国身份。在1月29日召开的欧洲议会全体会议上，欧洲议会以621票赞成、49票反对、13票弃权的结果通过了英国脱欧协议。投票结束后，议员们在会场内唱起歌曲《友谊地久天长》，以表达对英国离开欧盟的惋惜，并祝福英国与欧盟之间开始新的友好关系。自此，英国成为历史上第一个退出欧盟的国家，欧盟的会员国数量从28个降至27个，欧洲一体化的未来也被蒙上了一层阴影。此外，近十年来，随着欧盟多重危机的爆发，欧洲一体化的发展走向也产生了高度不确定性。未来欧盟应该采取什么样的政策更好弥合欧盟成员国之间的分歧？欧洲一体化是不是真的会变成漫漫历史长河中的"昙花一现"呢？为了更好地审视这些问题，接下来，我们首先从"例外主义欧洲观"的角度来分析英国长期以来游走于欧盟一体化进程边缘的原因；其次从英国脱欧的例子延展开，探讨"差异性一体化"在欧洲一体化过程中的角色；最后共同展望未来，"差异性一体化"是否能够兼顾欧盟成员国内部的差异与欧洲一体化程度的不断深化、兼顾成员国融入一体化程度的差异性与对欧盟一体化不断深化的共识。

一、英国的"例外主义欧洲观"

从地理位置上看,英国与德法等处于欧洲大陆的国家隔海相望,这种地理位置的独特性使其在很长时间里都游离在欧洲大陆之外,这也使得英国在很长一段时间内都不过多参与欧洲事务,典型特征就是在19世纪中后叶到20世纪初,在英国盛行的"光辉孤立"政策,典型代表就是对欧洲大陆的"均势"政策。1986年时任英国海军大臣的戈申曾说过"我们的孤立不是软弱的孤立或给自己带来蔑视的孤立。它是一种故意选择的孤立,是在任何情况下可以按自己意志采取行动的自由。"

"例外主义欧洲观"不仅源于其孤悬欧洲大陆之外的"岛国特性",某种程度上也来自其"帝国情结",随着英国军事实力的增长以及在世界范围内殖民地的不断扩展,英国很快成为世界上第一大殖民地国家,还有了"日不落帝国"之称。这种"辉煌"的历史也深刻影响了英国此后很长时间内的对外政策,

此外英国的这种"例外主义欧洲观"还与其从1815年到1973年形成的"外者"(outsider)身份相关,主要体现在经济政策中的自由主义传统、独特议会民主引发的主权至上观念、独立国际角色的行动自由等方面。这种观念一直贯穿在英国与欧盟的历史关系中。1946年在丘吉尔发表著名演讲《欧洲的悲剧》时,宣称"我们需要建立起某种类似于欧洲合众国的东西。要完成的第一步就是设立一个欧洲委员会。为把这项紧急任务完成好,法国与德国应该和解;英国、不列颠各族人民的大家庭、强大的美国,而且我诚恳地希望还有苏联——都应该成为朋友和新欧洲的保护者,应该捍卫自己生活和繁荣的权力。"显然,在这篇演讲中,丘吉尔将英国视作和美

国、苏联类似的角色——不是欧洲的一部分,而应该是新欧洲的保护者,是欧洲战后复兴之外的角色,这也使得在欧洲一体化开始前期,英国并没有加入欧洲的一体化进程。

事实上,即使至1961年英国首次申请加入欧盟时,英国的这种"例外主义欧洲观"也一直没有发生变化。从1961年到1973年英国正式成为欧共体(欧盟的前身)的成员,英国加入欧盟的道路并不顺畅。

在英国加入欧共体前的议会大辩论中,反对者提出三个核心论点:一是反对共同体农业保护政策所导致的农产品价格畸高和英国为此承受的巨额负担,反对者提出倡导自由主义的经济传统,认为应当保障英国在世界市场低价购买农产品的权利;二是要保护英国独特的国际角色,对于疑欧主义者而言,一旦加入欧共体,英国将受其约束,这不利于英国继续发挥在国际社会中的独特作用;三是避免英国自治的能力面临风险,即损害英国主权。最具代表性的反对论调是"加入共同体后,英国议会无论何时、就何种问题做出决策,都需要部长理事会或欧盟委员会、欧洲议会的批准……我们应能够保证我们的决议不受英国之外任何机构的影响"[1]。对反对者而言,加入欧共体与英国的"议会至上"传统相悖。

在成为欧盟成员国的接近50年时间里,英国的"例外主义欧洲观"也并没有被淡化,英国在欧盟内的定位依旧是"一体化中的外者"(outsider as insider)。在近50年间,在欧洲一体化所涉及的诸多领域中,得到英国长期支持的是统一大市场的建设,这与英国一贯以来的自由主义经济政策相匹配;但在农业政策、货币政策等更敏感的问题上,英国与欧共体矛盾频出。

---

[1] N. Piers Ludlow, "Safeguarding British Identity or Betraying It? The Role of British 'Tradition' in the Parliamentary Great Debate on EC Membership, October 1971," Journal of Common Market Studies, Vol. 53, Isswe 1, p. 27.

在农业政策上，根据1975年共同体"自有财源"制度，从1975年起，成员国要把按共同关税率征收的工业品关税和农产品差价税交给共同体作为自由预算收入。而当时的英国有2/3农产品是从成员国之外进口，这就使得英国每年都要上交大量的农产品差价税；与此同时，共同体预算中有约80%的钱是用于共同农业政策，尤其是干预收购/出口过剩农产品，而这两项英国涉及的都不多。这就使得英国在共同农业政策的执行上承担了大量的负担。这样的背景下，在1979年10月的都柏林欧洲理事会上，撒切尔夫人发表了著名的"把我们的钱拿回来"的演讲，要求将英国的净摊款全部归还，彻底改革欧共体的共同农业政策。在这次演讲中，撒切尔夫人指出："几个世纪以来，我们为避免欧洲大陆陷入单一力量主导而斗争"，凸显其作为"欧洲外者"发挥平衡作用的角色定位。在欧洲一体化的根本原则上，撒切尔夫人更是表示："独立主权国家的意愿和积极合作是建立成功共同体的最好方式……紧密的合作不需要将权力集中到布鲁塞尔或由其任命的机构。""国家控制的经济只会带来低增长，欧洲不应是保护主义的，"更突然强调了英国对当时欧洲一体化深化方向和程度的不满，突出强调主权国家合作的政府间原则、务实原则和经济自由主义原则[①]。

在经济货币问题上，英国把货币发行权视作国家核心主权，反对将货币主权让渡给共同体，这也导致在1991年的马斯特里赫特首脑会议上，英国反对建立单一货币，当时的欧共体做出妥协，英国获得了自行选择是否参加货币联盟的权力，显而易见，最终英国也没有加入欧元区，依然使用英镑作为自己的法定货币。英国和欧元区之间的分歧在欧债危机中更加凸显，2008年受美国次贷危机影

---

① 金玲：《英国脱欧：原因、影响及走向》，《国际问题研究》2016年第4期，第24－36、131－132页。

响，欧洲很快出现了债务危机，希腊面临崩溃的边缘，欧元区的未来更是被蒙上一层阴影。关于欧元区会不会崩溃、法德作为欧盟经济的发动机是否会在经济上被拖累的讨论甚嚣尘上。这样的大背景下，英国多次强调欧元区的问题应该由欧元区成员国自行解决，不应损害英国的利益。

在人员流动问题上，根据《阿姆斯特丹条约》附加议定书，英国同样取得了例外权力，英国可以不参加申根合作，继续保留与其他申根协定国进行边境检查的权力；英国还可以不采用《申根协定》下共同的对外签证政策，仍然沿用自身的签证；在移民和避难问题上英国也不受《申根协定》约束。此外，2016年欧盟为挽留英国使英国继续留在欧盟，还在移民问题上做出了一定让步，允许英国在大批移民对英国社会造成冲击时，限制欧盟移民在英国的权力。

在欧洲一体化未来走向的方向和目标上，英国是坚定的邦联主义的支持者。在很长一段时间内，欧洲一体化的合作方式甚至未来欧盟要建设成为邦联式的超国家合作机构还是邦联主义支持下的国家间合作机构一直都存有分歧，而英国则是坚定的邦联主义支持者，坚决反对把欧盟建设成为一个超国家机构，坚决反对将更多主权出让给欧盟层面的管理机构，这也与英国的"议会主权观念"相一致。在英国，议会不受其他任何政治力量的约束，"可以就任何问题通过任何法律"，且没有其他任何机构有权审查议会的立法。而构建超国家机构是与英国的这一历史相违背的。

无论是地理位置因素的影响，还是英国自身历史的影响，伴随着欧洲一体化的启动与深化，英国的"例外主义欧洲观"都在相当长时间内影响着英国对欧洲一体化的态度和政策，这也被不少人认为是英国最终脱欧的一项重要因素。

二、欧盟的"差异性一体化"

欧洲在不断深化一体化的实践中采取了各式各样的政策，这些政策横跨多个领域。有学者将欧洲一体化的路径区分为四类：均衡的一体化、均衡的去一体化、差异性一体化（differentiated integration）、差异性去一体化[①]。具体来看，一体化是指欧盟的集权化水平、政策范围和成员国数目等方面的一种深化、扩大或增加，而去一体化则是欧盟在上述方面的一种收缩或减少。均衡的一体化和去一体化指的是，上述的一体化内容同等发生或消失在所有欧盟成员国；差异化的一体化和去一体化则是指，上述的一体化内容不同程度/范围发生在欧盟成员国身上。

具体来看，在欧洲一体化进程初期，欧共体创始国法国、德国、意大利、荷兰、比利时、卢森堡在推动和参与欧洲一体化方面的行动基本上都更符合均衡一体化的特征，六国几乎以同等程度参与欧洲煤钢联营以及此后的欧洲原子能共同体和欧洲经济共同体的建设，尽管各国在这些政策中利益诉求不同。

以关税同盟的建设为例，战后法国经济复苏弱于德国，法国更希望借助高关税来保护本国市场；德国战后经济恢复迅速，经济发展最快，工业品生产成本降低，产品竞争力强，更倾向于支持建立关税同盟；意大利的整体经济实力弱于法国，工业品的价值较高，整体来看同样更乐于采用高关税来保护国内市场；荷、比、卢等低地国家则在传统上就采用低关税，支持贸易自由发展。尽管六国在

[①] 李明明：《论欧盟差异性去一体化与后脱欧时代的一体化走向》，《欧洲研究》2020年第5期，第72–89、6页。

这个问题上利益诉求不同,甚至存在相悖的情况,但六国依然通过谈判、利益让步交换等方式达成一致,六国都加入了关税同盟,甚至比《罗马条约》规定的时间提前了一年半实现制定统一关税的目标。在实施共同的农业政策上也是如此,法国作为西欧的农产品生产大国,不仅自给有余,还有大量谷物出口,极力主张尽早确定和实施共同农业政策,建立农产品共同市场;荷兰则因畜牧业发达,畜产品更是传统出口商品而大体上同样支持共同农业政策的制定;但作为六国中最大的农产品进口国,农业在德国的经济中占比较低,传统上德国也更倾向于通过贸易保护政策来保障国内农业的发展。从结果来看,这些矛盾都没有在当时影响欧洲一体化的发展和深化,成员国之间都以同样的步调参与其中。

与此相对,差异化一体化在欧洲一体化不断深化的进程中也不是新鲜事物。20世纪70年代,刚刚卸任德国总理的勃兰特率先提出"分段一体化"(Abstufungder Integration),以推进一体化发展。1979年,曾担任德国外交部议会国务秘书和欧共体委员会委员的政治家达伦多夫在演讲中提出"菜单式欧洲"可以克服欧洲一体化进程中的障碍,在新的领域推进一体化发展。1984年5月,时任法国总统的密特朗在欧洲议会上发表演讲称:"有些人讨论'多重速度欧洲'或者'可变几何欧洲'。这一阶段既反映了现实状况,也是我们必须经历的。我们必须确保它与中心结构———共同体相互补充,而不是相互竞争。"[①] 进入20世纪八九十年代以来,差异性一体化的概念就在欧洲一体化进程中越发显现。20世纪90年代,随着冷战结束和欧共体的第五次扩大,中东欧国家逐渐被纳入当时的欧共体以及此后的欧盟,欧盟需要寻求一种新的方案来应对成员国间的利益分歧

[①] 陈洁、袁建军:《德法与欧盟差异性一体化》,《德国研究》2015年第2期,第58-70、142页。

（如成员国本身的不同利益诉求和一体化对成员国的不同影响）。"多速欧洲"作为推动一体化发展的重要概念，就在此背景下被提出。"多速欧洲"是在欧洲一体化发展进程中为克服成员国利益和偏好的差异，允许部分国家选择性参加一体化的特定进程，或由核心国家先行在某一领域启动深化一体化的政策、待条件成熟时其他国家参与其中的政策模式[①]。

从条约文本来看，尽管"多速欧洲"这个概念尚没有正式进入各国签订的条约中，但各国可以不同程度加入欧洲一体化进程的理念一直都在以不同形式出现在其中，比如《阿姆斯特丹条约》就首次在制度上提出了"更紧密合作"机制。随后，《尼斯条约》规定了"加强型合作"制度。《里斯本条约》也在"加强型合作条款"中指出："如理事会确认加强型合作的目标在合理期限内不能在整个联盟内实现，并且有至少9个成员国已参与此种合作，则作为最后手段，理事会可通过决定授权加强型合作。"2013年12月，欧洲议会通过一份决议，指出差异性是欧洲一体化进程的特征和促进一体化发展的方法之一，提出未来的任何条约修订都应该确定差异性一体化为进一步实现一体化的工具。2017年12月欧盟激活了《里斯本条约》中的永久结构性合作框架，试图深化欧盟成员国之间的防务合作。在这个框架下，欧盟鼓励条件更成熟、更愿意"挑重担"的部分成员国先加入永久结构性合作框架，并在军力发展方面彼此看齐、相互合作，组成事实上的"先锋部队"，进而带动欧盟整体防务水平的提升。这些都是事实上的"多速欧洲"的实践。

具体来看，"差异化一体化"大体可以从三个维度来认识：其一，速度维度，即"多重速度"（multi-speed）的一体化方式，意思

[①] 李明明：《论欧盟差异性去一体化与后脱欧时代的一体化走向》，《欧洲研究》2020年第5期，第72–89、6页。

是各成员国在对一体化的发展有相同目标的同时，在实施时间上有所差异，一些有意愿和能力的成员国先行，其他成员国随后跟进；其二，空间维度，"差异性一体化"强调空间上的差异性，由于一体化的发展不均衡，欧盟在地理空间上产生了核心国家和滞后国家的区别；其三，内容维度，即强调内容上的差异性，在保证某些共同目标的前提下，允许成员国自行选择是否参加某个政策领域的合作，英国在货币、边境等领域享受的例外权更多类似于此。

随着欧债危机、难民危机的爆发以及英国脱欧等事件的发生，"去一体化"尤其是"差异性去一体化"理论逐渐进入人们的视野。相较于差异性一体化，差异性去一体化在结果上看同样是使得欧盟的成员国在欧洲一体化参与程度或范围上出现差异，但差异性去一体化更加强调部分成员国选择性地降低了对完整的欧盟法律规则的遵守程度，致使一体化层级和范围总体下降，最终可能导致某些成员国从欧盟成员身份中退出。[①] 也就是说差异性一体化强调参与一体化进程中的差异，差异性去一体化强调已经参与其中的成员国选择性或者不同程度退出或淡化对一体化的参与。

从理论上说，所谓"差异性去一体化"，即"一个或多个成员国从已经参与的一体化进程中撤出（水平去一体化）或者将已采纳的欧盟政策撤回到成员国层面（垂直去一体化）的战略模式和过程"。[②] 这里的"差异性"指的是去一体化的范围和特性，有学者将"差异性去一体化"分为三类：（1）一国寻求在欧盟内部的"浅化"一体化（shallower integration）；（2）如果一国的内部去一体化请求被拒绝，那么该国可能会寻求从欧盟退出，这样就由内部差异性转

[①] 田粤皖、田德文：《从"差异性一体化"到"差异性去一体化"——欧洲一体化理论的新探索》，《当代世界与社会主义》2020年第6期，第40–51页。

[②] Benjamin Leruth, Stefan Gänzle and Jarle Tronda, l "Exploring Differentiated Disintegration in a Post-Brexit European Union", in Journal of Common Market Studies, Vol. 57, No. 5, 2019, p. 1015.

化为外部差异性；（3）选择性参与一体化的非欧盟成员国可能要求在欧盟之外参与浅层一体化，从而增强外部差异性。[①] 英国脱欧的整体历程也在不同程度上折射出这三种类型的差异性去一体化。2015年11月至2016年2月，英欧之间就英国在欧盟内的新地位进行的协商就属于"内部差异性去一体化"进程，当时英国试图寻求在不退出欧盟的情况下获得更多的选择退出权利。2016年6月英国脱欧公投后，英欧双方的协商就已经聚焦于英国从欧盟退出，以及英国作为一个非成员国选择性地进行一体化，这就属于外部差异性去一体化了。

三、英国脱欧的影响

在英国脱欧完成后，欧盟未来一体化要走向何方是很多人心中的疑问。有人质疑英国脱欧印证了欧洲一体化本身的失败，认为在当前的背景下，构建一个高度融合、高度相互依赖甚至是超主权国家层面的机构是不可能实现的；有人认为英国脱欧反而有助于强化欧盟内部的向心力，认为在很长一段时间内，英国并没有扮演推动欧洲一体化程度持续深化的角色，英国反而阻碍了欧洲一体化不断深化的某些进程，英国的退出将更大程度使得留在欧盟的成员国有更强的凝聚力；有人认为英国脱欧可能会打开潘多拉魔盒，进一步助推疑欧主义在欧洲的盛行，未来将会有更多成员国出于各式各样的考虑退出欧盟，甚至有人开始猜测英国之后谁将会是下一个脱欧国家。

---

① 田粤皖、田德文：《从"差异性一体化"到"差异性去一体化"——欧洲一体化理论的新探索》，《当代世界与社会主义》2020年第6期，第40–51页。

2017年，欧盟委员会主席容克曾公布过一份英国脱欧后的欧洲未来白皮书，勾画了未来欧洲发展的五种设想：一是"延续"，即欧盟沿着当前的路径不断深化改革；二是"只作为单一市场"，即仅仅保留单一市场，放弃其他领域的一体化成果；三是"愿者多做"，即有意愿的成员国可以在一些特定领域深化一体化；四是"少但高效"，即欧盟27国在更少的优先领域集中资源，更迅速、更坚决地采取行动；五是"抱团做更多"，即所有成员国在所有领域内共同深化一体化。这五种设想在历史上都不同程度出现在欧盟一体化过程中，未来欧盟不管是继续作为世界上深化程度非常高的一个机构存在，还是逐渐淡化自身的超国家合作属性都被包含在这样一份白皮书中。那么英国脱欧基于当前事实以及在可分析的范围内，会对欧洲一体化产生哪些影响呢？

从欧盟成员国间关系的层面看，英国脱欧也可能会反向激发法德等欧盟大国以及创始国的身份和责任意识，大国间将更加重视合作、展现团结。一方面，英国是欧盟中最具影响力的三大国之一，经济占欧盟经济总量的15%，人口占12.5%，是欧盟范围内投资存量最大的国家，是欧盟预算的第二大出资国，是单一市场的重要推动力量。[①] 而英国的退出不仅仅是欧盟一体化历程中首个退出的国家，证明了欧洲一体化进程并非不可逆，甚至可能助长欧盟内部的疑欧主义倾向，使得欧盟未来的走向具有更强烈的不确定性，更是对欧盟在整个国际社会扮演的角色的一次打击，这种打击既包含对欧洲一体化制度的质疑的软实力层面的打击，更是对欧盟硬实力的打击，在这样的背景下，法德等国有可能更加深刻意识到自身对欧洲一体化的责任。

---

① 金玲：《英国脱欧：原因、影响及走向》，《国际问题研究》2016年第4期，第24—36、131—132页。

另一方面，英国脱欧会改变现有成员国之间力量相对均衡的状态，尤其是法德之间的关系。在过去英国加入欧共体以及此后的欧盟的几十年间，虽然英国对欧盟一直是若即若离的态度，并未过多主动推动欧盟的一体化进程，但英国也扮演着类似"牵制者"的角色——牵制欧盟大国尤其是法德的决策，事实上英国在申请加入欧共体之初能得到比利时等小国的支持，就是因为这些国家希望英国的加入能够牵制法德在欧共体以及后来的欧盟中的影响，避免小国沦为大国决策下的牺牲品。而英国脱欧之后，这一作用将会弱化。这一实力对比变化折射到防务领域来看，英国一直是共同防务的主要反对力量，英国脱欧之后欧盟或将加深在防务领域的一体化程度，比如2017年12月欧盟激活的永久结构性合作框架就试图通过差异性一体化推动欧盟在长期以来没能取得突破性进展的防务领域一体化程度有所深化。但英国脱欧并不能改变欧盟在防务一体化领域的深层矛盾——波兰等中东欧国家对美国防务的依赖与法国试图发展欧洲独立防务的矛盾、中欧国家和南欧、北欧国家对安全威胁的判断间的差异、北约和欧盟防务一体化之间的关系，等等。

从欧盟未来发展的大方向看，短期来说，英国脱欧可能会刺激欧盟其他成员国的疑欧主义情绪。一方面，二战后欧洲一体化得以启动和推动的一个重要动机就是战后经济重建、以合作加强彼此间依赖，最后避免战争、维护和平，而当前大体上欧盟面临的外部环境是安定的，以合作谋和平的动机较弱，尤其是很多欧盟成员国的领导人都是战后出生的一代，战争在他们的记忆中已经在不断弱化。另一方面，以往欧洲一体化进程中也遭遇了很多诸如"空椅子危机""宪法危机"等严重挫折，但都通过谈判、妥协等方式得以解决，这就使得在英国脱欧之前，人们更倾向于相信欧洲一体化程度的不断加深是一个不可逆的趋势，而英国"脱欧"却挑战了这种不可逆性，动摇了欧洲建设的心理基础。此外，不同成员国在欧盟扮演的角色也不尽相同，从欧洲一体化进程中的获益更是有所不同，以法德为例，从欧洲一体化开始之初，法德就是欧洲一体化的主要倡导者和推动者，尤其是2008年欧债危机之后，德国更是扮演着欧盟经济发动机的角色；难民危机中，德国积极倡导接纳难民，但这反而加剧了欧盟内部大小国之间的矛盾，比如德国和中东欧部分国家在难民问题上的分歧。而德国内部也并非只有一个声音，德国有些民众也认为德国在欧盟承担了过多责任，这种讨论在2008年的经济危机中尤其多，认为德国是在为其他欧元区成员国的高社会福利买单，认为德国应该脱离欧元区。多重因素的叠加，对欧洲一体化的怀疑主义情绪将在很长一段时间内弥漫在欧盟成员国内。

但是，从中长期来看，欧洲一体化进程发生根本逆转的可能性不是很大。对大部分欧盟成员国民众来说，他们已经习惯了申根协定成员国之间的人员自由流通、统一大市场内商品的自由购买等的优惠，这种惯性会使得部分成员国在真正考虑退出欧盟时有一个更加谨慎的态度。对成员国来讲，尽管各国获益不同，但借助欧洲一体化所获得的便利也难以被其他形式的便利所取得。以南欧国家为例，尽管他们在欧债危机期间对德国要求他们削减政府开支等的要求不满，但德国在欧债危机期间的表现为欧元区的维持和运行提供了重要支撑，也变相为欧元区成员国提供了保障，这种保障是这些国家一旦退出欧盟就将难以享受到的。

从欧盟的对外关系看，英国脱欧同样会在一定时间内影响国际格局。一方面，英国脱欧会对跨太平洋关系产生影响。英国曾经是欧盟成员国中最坚定、最具有影响力的大西洋主义国家[1]，在贸易自由与安全政策等多个领域，不断推动欧盟立场与美国接近。在相当

---

[1] 金玲：《英国脱欧：原因、影响及走向》，《国际问题研究》2016年第4期，第24–36、131–132页。

长一段时间内，英国都在美欧关系中扮演着极其重要的角色，"英国留在欧盟让美国对强大的大西洋联盟更有信心，也是二战以后确立的国际格局基础的组成部分"①。脱欧之后，英国能够在欧盟内部起作用的领域越来越少，能够对欧盟政策制定产生的作用也越来越有限，这将使美欧之间的关系出现更强的不确定性，毕竟缺乏英国作为美欧间关键的中介角色。以北约和欧盟防务之间的关系为例，美国对欧盟建设独立防务的态度也略显矛盾：既希望欧盟加强自身防务以分担美国的负担，又担心欧盟在防务领域实力的增强会损害美国对欧洲安全事务的主导权和北约的存在与发展。基于此，美国前国务卿奥尔布赖特就欧洲防务建设提出了三"不"原则：即欧盟在防务建设中不得放松大西洋联盟；不得与北约结构重复；不得歧视非欧盟成员的北约国家。这也就大大限制了欧盟可以在防务领域的一体化程度，但是在特朗普任内，特朗普又希望欧洲盟友在自身防务方面承担更多责任，防务也成为特朗普任内深刻影响美欧关系的一个重要因素。另外，英国在美国全球战略中的位置也将发生一定程度的调整，英美特殊关系在相当长一段时间内都在英美双方的战略决策中扮演重要角色，但英国在欧盟内部发言权的弱化也将可能会进一步损害美国对英国的评估。

---

① Tim Oliver and Michael John Williams, "Special Relationships in Flux: Brexit and the Future of the US-EU and US-UK Relationships," Chatham House, May 6, 2016, https://www.chathamhouse.org/sites/files/chathamhouse/publications/ia/inta92 - 3 - 03 - oliver%20and%20williams.pdf

第八章 新冠肺炎疫情下的美国社会运动

——基于"弗洛伊德之死案"和"冲击国会山事件"的比较

温良谦

2020年新冠肺炎疫情的暴发对全球和各国的政治经济产生了重大影响。在新冠肺炎疫情流行的背景下，美国国内原有的种族矛盾、意识形态对抗等情况加剧，引发了"弗洛伊德之死案"以及"冲击国会山事件"等抗争性政治事件，引发了美国国内以及国际社会的重大关注，对美国的政治秩序产生了重大的影响。尽管二者本质上都属于抗争性政治，在产生的原因、发展的过程以及最终的结果和影响上都有高度的相似性，但是从个案的角度而言，二者又有着极大的不同，本文试图比较两个事件的异同，探讨美国未来抗争政治的发展趋势。

一、问题的提出

2020年"弗洛伊德之死"所引发的社会抗争与2021年年初发生的"冲击国会山事件"是新冠肺炎疫情暴发以来美国发生的最为严重的两起抗争性政治事件。

(一) 事件的基本情况

1. "弗洛伊德之死"引发抗争性政治

2020年5月25日，美国黑人男子乔治·弗洛伊德被白人警察抓捕。在抓捕过程中，美国白人警察肖万用膝盖对弗洛伊德"锁喉"，最终导致弗洛伊德窒息而死。而随着相关视频和信息在各类媒体上，尤其是新媒体上的传播，美国各地爆发了大规模的示威游行活动。这些抗议行动继续打出始于2012—2013年特雷文·马丁被杀案所引发的"黑人的命也是命"（Black Lives Matter, BLM）的标语，引发了"黑人的命也是命"的抗争活动。5月26日，抗议示威首先发生在明尼阿波利斯，随后迅速拓展到美国50个州的450个城市，同时在抗议示威中出现警局被毁、商店被砸等现象。5月30日，纽约、洛杉矶、底特律等美国境内约12个主要城市宣布实施宵禁。此后，美国34个州和华盛顿特区总共部署四万多名国民警卫队员应对抗议活动，特别是在华盛顿示威游行的背景下，美国总统特朗普三天内两次躲入白宫地堡。该案引发的抗议示威活动一直持续到2020年9月，成为美国历史上规模最大的抗议浪潮之一。2021年4月20日，涉案的白人警察被宣判有罪。除此之外，该事件还引发了全球性的抗议活动，英国、法国、德国、意大利、澳大利亚、加拿大等几十个国家及非洲和拉美的部分国家也出现了声援活动。[①]

2. "冲击国会山事件"

2021年1月6日，在美国国会召开会议确认拜登当选的过程中，

---

① 张文宗：《美国反种族主义运动与2020年大选》，《现代国际关系》，2020年第8期，第18页。

部分示威者闯入美国国会,并占领众议院议长佩洛西的办公室,大选结果认证程序被迫暂停。同时,华盛顿宣布1月6日晚上到7日早上6时实施宵禁,并于1月11日开始实行紧急状态。抗议活动中出现了人员伤亡,而这也是国会大厦1814年被英军焚烧后200多年来第一次被占领。也正因此,民主党议员以特朗普"煽动暴力"和"破坏权力和平移交程序"等为由对其提出弹劾,但是此次弹劾特朗普的行动最终也宣告失败。

(二) 分析框架

赵鼎新在《社会与政治运动讲义》一书中指出社会运动、革命以及集体行动之间的区别,认为社会运动就是有许多个体参加的、高度组织化的、寻求或反对特定社会变革的制度外政治行为。[①] 从性质上而言,无论是"弗洛伊德之死"引发的抗争性政治抑或是"冲击国会山"事件,其本质上均是社会运动。

学界已经对社会运动的研究进行了充分的探讨,形成了宏观、中观、微观层面的研究社会运动的理论体系,张孝廷在《西方社会运动发生机制研究》一书中指出,当前社会运动的主要研究内容包括:"社会运动行为是理性行为还是非理性行为的探讨;社会运动是病态社会特征还是常态社会特征;社会运动产生的机理分析是观念的、行为的还是关系的;集体行为、社会运动和革命的区别与联系;社会运动与社会变迁的关系;社会运动解释的具体类型研究和研究视角探析;社会运动与政治参与、政治民主化等"。[②] 同时,张孝廷在《西方社会运动发生机制研究》一书中提出了从社会机制、政治

---

① 赵鼎新:《社会与政治运动讲义》,社会科学文献出版社2012年版,第2页。
② 张孝廷:《西方社会运动发生机制研究》,中国社会科学出版社2015年版,第30页。

机制、组织机制以及互动机制四方面分析社会运动发生机制的研究思路。本文拟借鉴该研究思路，分析"弗洛伊德之死"引发抗争性政治与"冲击国会山事件"两个事件之间的异同之处。

二、两个事件发展机制上的相同之处

（一）社会机制

从社会机制而言，两场社会运动均是在美国国内社会不平等加剧、新冠肺炎疫情流行的大背景之下发生的。

一方面，美国国内社会与不平等加剧。从社会财富的分配上而言，美国社会财富分配不公平日益严重，这是两个事件发生的重要诱因。从世界银行公布的基尼系数上看，美国的基尼系数长期在40%以上，2014年一度达到41.5%，2018年依然维持在41.4%。[①] 而从工资涨幅上来看，在过去30年中，"低工资人群（90%）的工资只涨了约15%，而上层1%的群体的工资却涨了近150%，最上层的0.1%群体的工资上涨超过300%。"[②] 根据美联储2020年6月公布的数据，美国财富前10%的家庭的财富占全美所有家庭财富的比重已从1995年的61.53%上升到了2019年的69.67%。[③] 在这样的情况下，美国社会经济不平等导致的收入差距的拉大，巩固了原本的政治认同，进而强化了美国的社会分裂。

[①] 数据来源于世界银行统计数据，https://data.worldbank.org.cn/indicator/SI.POV.GINI?locations=US。（上网时间：2021年4月3日）

[②] ［美］约瑟夫·斯蒂格利茨著，张子源译：《不平等的代价》，机械工业出版社2019年版，第8页。

[③] 卫灵、杜吟滔：《新冠疫情下美国社会矛盾加剧的深层原因透视——基于经济全球化发展视域的分析》，《北京联合大学学报（人文社会科学版）》2021年第1期，第120页。

另一方面，新冠肺炎疫情暴发是两个事件爆发的重要现实背景。从失业率的角度看，2020年3月受新冠肺炎疫情影响上升至4.4%，同时导致美国四成低收入劳动者失业，这拉大了美国国内早已存在的贫富差距。另一方面，受到疫情影响，公共生产生活受到了一定程度的冲击，社会存在着抑郁的情绪，这也是导致"弗洛伊德之死"所引发的骚乱扩大的原因。有学者明确指出："新冠肺炎造成的社会压抑、人际疏离和经济压力在很大程度上成为骚乱的催化剂。"[①]

（二）政治机制

从政治机制的角度而言，两党对立的政治格局为两个事件的爆发提供了足够的政治动机，特别是2020年是美国的大选年，更加强化了这种机制。

从选举的角度而言，"弗洛伊德之死案"为民主党在种族问题上与共和党进行对抗提供了强有力的支持。"弗洛伊德事件"发生之后，民主党迅速借助这一议题迎合美国国内的左翼势力，开始攻击种族主义，以争取其选举的有利态势。例如，美国民主候选人拜登于6月8日与弗洛伊德家人见面，表示"现在发生的事情是美国历史上最大的转折点之一"。同时，该事件也引发了是否对美国种族主义历史文化进行清算的斗争，众议院议长佩洛西移走了国会大厅四名前议长的画像，同时民主党对"倒像运动"持支持态度。

虽然"冲击国会山事件"发生在美国大选投票结束之后，但是从法理上而言当时美国总统并未产生，特朗普依然试图通过操纵民粹等手段以推翻大选的结果。该事件的直接起因是特朗普不愿意接受其败选的事实，号召其支持者在国会认证选票时到华盛顿进行所

---

① 刘卫东：《"弗洛伊德事件"与美国社会的撕裂》，《当代世界》2020年第8期，第5页。

谓的"监督",认为是民主党人窃取了其胜利的果实。这种动员方式虽然带有"反智主义"的倾向,几乎不可能改变美国大选投票的结果,但是特朗普此举也符合从选举角度而言的"理性主义"。

由上可知,尽管两个事件在本质上虽有区别,但是两党在对待事件时,均以其选举利益作为主要的出发点,一方面在一定程度上促使事件升级,另一方面,反过来又加深了美国的社会撕裂。

(三)组织机制

社会运动中的组织机制包含领导者、运动中具体的组织构建、组织动员以及媒介等几个方面。这两场社会运动在组织机制上的相似性,具体表现在媒介在社会运动动员中所发挥的作用上。

"弗洛伊德之死"之所以波及范围广泛,其重要原因在于警察以"跪颈"方式致弗洛伊德死亡的视频迅速在社交媒体传播,并在全世界范围内扩散,这极大刺激了大量民众,促使大量群众走上街头。有学者指出在这一过程中,"社交媒体发挥了显著的信息扩散和社会动员作用"。[1]

而在"冲击国会山事件"中,特朗普的社交媒体也起到了重要的推动作用。在国会投票之前,特朗普多次在其推特提醒其支持者,要在国会认证当天"相约"华盛顿,在此背景之下,大量特朗普的支持者在当日涌入华盛顿,并最终引发了"冲击国会山事件"。在"冲击国会山事件"发生之后,特朗普在其推特上表示,参与当天抗议活动的支持者为"伟大的爱国者",这进一步激发了示威者冲击国会的浪潮。

---

[1] 刘卫东:《"弗洛伊德事件"与美国社会的撕裂》,《当代世界》2020年第8期,第5页。

(四) 互动机制

从互动机制上看，二者相似之处在于均采取了综合性的抗争手法，尤其是暴力的抗争手法。从常规的抗争手法而言，两个事件发生之初表现出的均是以游行示威为主的较为常规的抗争手法，但到后期都出现了较为严重的暴力倾向。例如，在"弗洛伊德之死"引发的抗争政治之中，出现了对商场、餐馆等打砸抢行为，明显超越了常规抗争性政治的限度。而在"冲击国会山事件"之中，示威者则直接冲进国会大厦，并占领了众议院议长佩洛西的办公室，对国会大厦亦有打砸的行为，在此过程中出现了人员伤亡。从这些举动上看，这两场社会运动均有暴力抗争的性质。

三、两个事件发生机制上的不同之处

尽管两个事件本身均是美国国内的社会运动，具有极强的相似性，但是两个事件的发生机制依然有众多不同，特别是在组织方式上，二者之间有着较为明显的区别。

(一) 社会机制

从社会机制上看，尽管二者均发生于美国社会严重撕裂、新冠肺炎疫情在美国大流行的背景之下，但是从其产生的直接原因而言，二者有着本质的区别。"弗洛伊德之死"所引发的抗争性政治的斗争对象较为明确，针对的是美国社会内的种族问题，而"冲击国会山事件"则是特朗普支持者在特朗普引导下的"反智主义"的行动。

尽管新冠肺炎疫情对美国带来的影响是全局性的，但是其对黑人的影响远远高于对白人的影响。例如，截至当地时间2021年5月26日，白人和非裔美国人感染新冠的占比分别为26.5%和52.5%，但是两者在全国人口中的占比分别是76.5%和13.4%。[1] 而根据美国疾控中心2020年11月的数据，黑人的入院病例是非拉丁裔白人的3.7倍，死亡率是白人的2.8倍。同时，在此时期，黑人、拉丁裔和白人的失业率分别为10.3%、8.4%和5.9%。[2] 由以上数据可见，在新冠肺炎疫情期间，美国的种族歧视在医疗等领域凸显，而这种差距的产生也加剧了原本美国白人和黑人之间的种族矛盾，强化了黑人群体的相对剥夺感，而相对剥夺感的上升也是"弗洛伊德之死"引发社会动荡不断扩大的原因。

而与之相反，"冲击国会山事件"则不是来自于种族矛盾，而是来自于新冠肺炎疫情发生以来美国国内长期存在的反智主义以及日益强化的民粹主义。事件发生的主要原因在于特朗普的支持者相信特朗普理应是选举的胜利者，而非失败者，进而在特朗普推特的号召下所引发的骚乱与动荡。这是二者之间最为本质的区别。

同时，从两党的态度上看，两党对两个事件的态度截然相反。对于"弗洛伊德之死"所引发的抗议和示威，民主党表现出了积极的态度，拜登、佩洛西、奥巴马、希拉里等也多次表态表示支持。而"冲击国会事件"则恰恰相反，共和党对待该事件表现出一定程度的同情。例如，一项调查显示，有两成的美国人对"攻占国会山"持支持态度。特朗普虽然在推特上发表视频，催促自己的支持者"和平回家"，但同时也称赞这些人"非常特别"。

---

[1] 方长明、陈祥军：《新冠疫情中的美国结构性种族主义透视》，《中南民族大学学报（人文社会科学版）》2021年第3期，第132页。
[2] 中国国际问题研究院：《国际形势和中国外交蓝皮书（2020/2021）》，世界知识出版社2021年版，第8页。

（二）政治机制

两个事件在政治机制上的不同主要表现在政府处理抗争方式上的不同。"弗洛伊德之死"所引发的社会抗议虽然分布广，也出现了打砸抢等暴力行为，但从总体上看并未威胁到美国执政当局的地位。尽管特朗普当局一度展示出强硬的姿态，甚至企图将美国左翼组织"安提法"（Antifa）视为恐怖组织，威胁要派军维持秩序，但是此举引发了民主党和运动支持者更加强烈的反对，这迫使特朗普当局没有采取更为激烈的活动，导致该事件持续的时间较长。反观"冲击国会山事件"，由于事件直接威胁到了美国执政当局和美国的宪政秩序，因而引起了美国政府的高度警觉，同时采取一系列措施以平息事态，拜登称该事件是"叛乱"，特朗普最终也发推特要求示威者"和平撤离"，并下令联邦援助以支持特区的应对行动。正是强有力的措施，才使得这场社会运动能够结束，没有发生全美范围内的"武装抗议活动"。

（三）组织机制

从组织动员的角度而言，二者之间存在着较大的区别。"弗洛伊德之死"引发的抗争性政治在某种程度上延续了BLM运动的组织架构和模式，拥有较为成熟的组织架构，涌现出了全国性的领导人，这也是该事件发生之后能够强有力地进行社会动员在全美乃至其他国家形成强大影响的原因，也是此次事件所引发的抗争性政治一直持续的重要原因。此外，美左翼组织"安提法"是重要的组织者。

反观"冲击国会山事件"，美国极右翼组织"匿名Q运动"在其中发挥了一定的作用，为该事件的发生提供了理论支持，其信徒利用社交媒体和快速传播阴谋信息为事件的发生提供了支持,其成员参加了相应的活动。[①] 但是从总体上看,该事件的主要参加者依然是特朗普的支持者,被动员的主要原因依然是特朗普前期的推文,从这个角度而言,其组织性相对较差。

(四) 互动机制

从互动机制而言,尽管双方在运动中都采取了非常规的抗争手法,但是两者之间依然有着显著的区别。

"弗洛伊德之死"引发的抗争性政治具有较强烈的斗争目标,即要实现种族的平等,在具体议题上,包含了"解散警局、支持黑人社区发展、改善司法、完善公共卫生服务诉求等",具有一定程度的合理性。[②] 从活动的方式上看,"弗洛伊德之死案件"既有示威,也有超出限度的打砸抢,但打砸抢本质上而言与反对种族主义无关,是在新冠肺炎疫情背景下社会运动发生之后部分人士所带来的特例,并非该运动的全部。而"冲击国会山事件"并未完整提出诉求,而且在抗争方式上,直接采取了以暴力斗争为主的手段,这也导致了这一事件持续时间较短。

总体而言,以上两个运动从根本上而言并无本质的区别,从其支持者来看都位于美国意识形态的两端,两场运动的发生预示着美国社会分裂的加剧,这是全球化冲击下美国社会结构发生变化的结果,在当前的环境下美国的社会撕裂将会持续,而诸如此类的社会运动可能也将再次出现。

---

① 赵海、陈晨:《美国极右翼信息产生与社会动员机制——以匿名Q运动为例》,《美国研究》2021年第1期,第102—117页。

② 中国国际问题研究院:《国际形势和中国外交蓝皮书(2020/2021)》,世界知识出版社2021年版,第8页。

下编

新冠肺炎疫情下的国际关系与地区局势

第九章 美欧关系还能重回过去吗？

张快快

2020年，美国总统大选结果给未来的美欧关系发展提供了新的可能，民主党候选人约瑟夫·拜登打败时任总统、共和党候选人唐纳德·特朗普，赢得大选，成为美国第46任总统。此前，特朗普颠覆了美国过去70余年对国际秩序及对盟友承诺的传统认知，一改此前美国对欧外交理念和政策，在特朗普任期内的四年，美欧关系跌入了接近二战以来的最低点。事实上，作为西方国际秩序的主导力量，美欧关系的演进和发展不仅关乎双方，也将对国际体系产生全局性和结构性影响。[①] 美欧关系未来走向引发越来越多的关注和更深层次的思考。

拜登当选后，被认为其在任内将回归美国传统的外交价值理念、重拾大西洋主义，那么拜登上台之后美欧关系是否能如此顺利重回此前的亲密阶段？如果美欧关系能够恢复，又能恢复到何种程度？要回答这个问题，我们先从历史维度看美欧关系的转变以及在这一历史进程中能够对美欧关系产生重要影响的因素有哪些？

[①] 张蓓、孙成昊：《特朗普执政以来美欧关系的变化、动因及影响》，《国际展望》2018年第6期，第60 – 77、159 – 160页。

一、历史上的美欧关系：从二战后到冷战结束后初期

第二次世界大战结束后，美苏对峙成为当时影响世界的主要矛盾。这一时期，一方面，西欧国家在二战中损失惨重，战争结束后西欧国家再次反思如何避免战争以及如何加速战后重建工作，在此基础上，西欧多国开始谋求合作；另一方面，受欧洲大陆地理位置、历史、文化等的影响，西欧国家从社会文化、意识形态等角度来看，被美国视为西方国家力量的一部分，美国试图强化在欧洲地区对抗苏联的力量，避免苏联影响力日益向西推进。这样，这一时期美欧在对抗苏联的问题上达成了利益诉求上的一致——即西欧国家对安全、战后经济恢复的需求和美国对抗苏联的需要之间的一致。政治领域，美国提出"杜鲁门主义"，宣称美国将支持"抵抗武装少数派的颠覆和来自外界的压力的自由人民"；经济领域，美国提出"马歇尔计划"，给予欧洲经济上的协助，帮助西欧国家进行战后重建；防务领域，1949年"北约"成立，"战后美欧关系的基本框架由此确定"[①]。

进入20世纪五六十年代后，从大的国际形势来看，美苏之间的实力对比不断发生变化，美苏之间的关系也出现了相应的动态变化，时而紧张时而缓和，这一时期欧共体在对抗苏联中的角色也处于波动之中，反映在美苏关系中，则是从战后初期的美国主导到美欧之间出现控制与反控制的波动。这一时期，从西欧国家内部看，以戴高乐为首的民族主义思潮兴起，戴高乐宣称要建立"欧洲人的欧

---

① 赵怀普：《从"特殊关系"走向"正常关系"——战后美欧关系纵论》，《国际论坛》2006年第2期，第44-49、第80页。

洲","我们深信……我们向往的欧洲统一是可以建立的,我们希望它能够成为联结三极:莫斯科、伦敦、巴黎的重要标志";从美国的情况来看,这一时期美国深陷越南战争,为减轻自己的经济和防务负担,美国要求欧洲盟国承担更多防务费用。这一时期,国际形势大环境的变化与西欧国家内部民族主义的兴起使得这一时期美欧关系出现波动,不再如二战结束后初期一般坚不可破,当时的欧洲共同体开始试图谋求一定程度的战略自主性。但一直到冷战结束前,面对苏联这一共同威胁,美欧之间尽管出现了一些结构性矛盾,但这些矛盾和分歧都被限制在一定的范围内,双方战略利益的根本一致决定了这一时期合作才是美欧关系的基本面。

在这段时期内,布雷顿森林体系的解体也是美欧博弈在经济领域的体现。战后,美国主导国际经济秩序的重要工具之一就是布雷顿森林体系。在布雷顿森林体系下,美元与黄金挂钩,采用 1 盎司黄金等于 35 美元的平价,其他货币则与美元挂钩保持固定汇率,这有助于稳定战后国际金融秩序,但布雷顿森林体系自身却包含了一个难以持续的问题,即"特里芬困境",也就是说美元要与黄金保持固定官价、其他货币与美元保持固定汇率机制,美国的经常账户就必须保持顺差或维持平衡,否则人们对美元的信心就会丧失。同时,为了维持全球经济与贸易的扩张,把美元输送到世界各地,满足世界对美元的需求,美国的经常账户又必须是逆差。这一矛盾也成为美元在 1959 年和 1968 年出现两次危机的原因之一。50 年代,美国政府为了融资,大量发行债券,美联储则大量印钞,美元在离岸市场出现流动性泛滥,美元的实际价值不断下降。鉴于此,各国央行开始用不断贬值的美元和美国兑换黄金,导致美国庞大的黄金储备开始外流,其中这些黄金很大一部分流向了西欧。1965 年法国从美国购买了 8.84 亿美元的黄金，1966 年则购买了 6.01 亿美元的黄金①。与此对应，美国在 1947 年前后持有全球 70% 的黄金储备，到了 20 世纪 50 年代末期这一比例已经降到 50% 以下，到 1968 年这一比例进一步下降到 25%。布雷顿森林体系最终难以为继，1973 年正式解体。美元在全球的霸主地位也受到打击。

20 世纪 90 年代，冷战结束，这成为深刻影响美欧关系的一大标志性事件。随着苏联解体，美欧共同的敌人和威胁消失，西欧在美国全球战略中的重要性相对下降，对美国的军事依赖度也相对下降。与此同时，这一时期，西欧内部地区性冲突不断凸显，如巴尔干地区问题，西欧在一定程度上依旧需要依靠美国的协助以维持西欧地区的稳定（如欧盟未能成功应对波黑问题，最终是在美国主导下，北约进行军事干预才签订的《代顿协议》）；东欧剧变后，美国也希望能够借助欧洲一体化进程，将中东欧国家纳入西方轨道，稳定冷战的"胜利成果"，维持欧洲社会的稳定。但事实上，在冷战结束初期，美国国内也爆发了一场关于冷战后美国对外政策的大辩论。辩论中，新孤立主义者认为，对外扩张削弱了美国的实力和国际地位，主张减少对欧承诺，包括减少美国在欧洲的军事存在，以便更多地关注和解决国内问题。这一时期，北约也逐渐调整自身定位，修改军事战略，增加政治职能，以重新适应冷战结束后的国际形势。这一时期的美欧双方在失去共同对手这一大背景下，又因为多种现实需求和北约自身的积极改革，成功维持了美欧间的紧密关系，但伴随着欧洲经济的不断发展，美国试图继续维持在欧洲地区的主导地位和欧盟谋求自身战略自助性之间的冲突逐渐显现，欧盟内部在是否继续维持大西洋主义、是否推动北约东扩、是否应当发展自身独

---

① 李向阳：《布雷顿森林体系的演变与美元霸权》，《世界经济与政治》2005 年第 10 期，第 14 – 19、4 页。

立防务力量等领域产生分歧。从具体实施的政策层面来看，冷战结束后，无论是欧盟在伊拉克战争中表态各异、美国提出"新欧洲、老欧洲"试图分裂欧洲，还是欧盟试图深化防务领域一体化与北约主导欧洲防务事务之间的分歧，亦或者美欧之间在气候变化、国际贸易等领域的问题，都折射出美欧之间在具体事务上的分歧呈现越来越多元化的倾向。

二、特朗普任内的"冲击波"

从战后初期开始，美欧关系，尤其是北约框架都隐含着美欧间权力和地位的不平衡的矛盾。美国更多处于主导地位，承担了更多责任；而欧盟以及此前的欧共体则在相当长一段时期内处于从属地位，但从美国主导的关系中受益良多，如获得安全保障、经济支持等。近年来，随着整体国际形势的变化、欧盟实力的不断上升，加上美国国内政治的变化，美欧关系在特朗普上任后迎来更深的新一轮冲击。

权力不对称或许是美欧关系衰变的重要因素之一，但"特朗普冲击波"的"强刺激"无疑更加速了这种衰变。特朗普就任美国总统的四年间，美欧关系也历经了四年挫折。这一时期，特朗普秉持"美国优先"的理念，"视大国竞争为国际形势主流，他所强调和坚持的'美国优先'成为外交决策的重要标准，在处理盟友关系时利益当先、责任置后，加速了欧美之间的疏离态势"[1]。在这一原则指导下，美国试图采取现实主义而非自由主义逻辑制定对欧政策，以实现追求自身安全与繁荣的目的。在制定对外政策中，美国试图

---

[1] 张蓓、孙成昊：《欧美关系是否站在"十字路口"》，《瞭望》2018年第22期，第54页。

"在谋求维持霸权地位的同时试图凌驾于民主、开放、多边、基于准则的战后秩序之上，剥离对外战略中的自由主义成分，走上"非自由主义的霸权"或"无赖超级大国"的道路。[①] 对应在具体的政策制定中，美国与欧盟以及欧盟成员国之间在国际经贸、安全防务、气候变化等领域频起争执。

事实上，美欧双方在贸易领域的摩擦从来不是新鲜事物。2019年10月，世贸组织开出了史上最大单笔"授权罚单"：鉴于欧盟及其部分成员国违规向空中客车公司提供补贴，美国将有权对每年约75亿美元（约合68亿欧元）的欧盟输美商品和服务采取加征关税等措施[②]。随即，美国贸易代表办公室宣布，将从10月18日起对欧盟输美大型民用飞机加征10%的关税，对欧盟输美农产品和其他产品加征25%的关税。而这份罚单背后是美欧之间长达15年的诉讼博弈。自法、德、英和西班牙欧洲四国于1970年联合创建空中客车公司以来，波音和空客一直在全球飞机工业市场上明争暗斗。两家公司各自享受政府补贴，则早已是双方心知肚明的"潜规则"。直到2003年，空客一举超过波音成为全球最大的民用飞机制造商，这在很大程度上成为美欧对簿公堂的导火索。2004年10月6日，美国向世贸组织提起诉讼，指控欧盟以及法国、德国、英国和西班牙等四个成员国向空客提供违规补贴。随后，欧盟很快也以波音接受非法补贴为由，向世贸组织提起诉讼。美欧双方就此拉开了旷日持久的相互诉讼之旅。

实际上，这也不是特朗普任内第一次对欧盟挥舞关税大棒，2018年美国就宣称对欧洲输美钢铝产品加征关税，时任法国经济部

[①] 张蓓、孙成昊：《特朗普执政以来美欧关系的变化、动因及影响》，《国际展望》2018年第6期，第60-77页、159-160页。

[②] 鞠辉：《WTO一纸裁决 美欧爆发新一轮贸易摩擦》，中国青年网，2019年10月9日，http://news.youth.cn/gj/201910/t20191009_12089189.htm。（上网时间：2020年11月7日）

长的勒梅尔回应称:"贸易战只有输家。我们会与欧盟伙伴国一起,研究关税对我们相关产业的影响,然后做出适当的回应。"这一决策也使得当时美欧在贸易问题上陷入紧张局面。更进一步来看,欧盟一度积极倡导经济全球化、自由贸易等理念,而特朗普任内的做法则与欧盟一贯的主张相违背,既不利于美欧关系的发展,也使得美欧关系的分歧进一步陷入价值观念层面,而不仅仅是短期的政策分歧。

在防务领域,特朗普在参加总统竞选时就宣称北约已经"过时"。他指责北约框架下欧洲盟国"搭便车"的行为,认为欧洲国家在北约军费开支上"不出力",美国则承担了过多的责任,美欧之间对彼此的安全承诺是不对等的。他威胁称如这些盟国不提高军费,美国就将撤军。这种做法被视作"对70多年来一直作为美国外交政策基石的对欧军事保护政策提出了严重质疑和挑战"[①]。从更深层次看,外交学院教授赵怀普认为特朗普的这一思维逻辑的"交易成分增多","冲击了跨大西洋联盟的情感基础,使之有滑向交易型联盟的风险,即从情感和价值领域的'天然联盟'向实用主义的交易型联盟退化"[②]。美欧关系的建立和发展当然有现实需要的考虑,如欧洲地区保障自身地区稳定与和平、美国实现自身全球战略等,但美欧关系发展的根基并不仅仅是简单的加减法,而特朗普这种过分务实的政策逻辑、政策制定方法与美国长期以来对欧洲实施的政策是相违背的。但是这并不意味着,特朗普在任内真的彻底放弃北约、放弃北约盟友了,事实上,特朗普上任后,在2017年5月的北约布鲁塞尔峰会上,重申美国坚定支持北约,对北约的态度实现了"U

---

① 赵怀普、赵健哲:《"特朗普冲击波"对美欧关系的影响》,《欧洲研究》2017年第1期,第1-17页、165页。

② 赵怀普:《拜登政府与美欧关系修复的空间及限度》,《当代世界》2021年第2期,第18—24页。

形转弯"。

此外，特朗普2017年还宣布将退出《巴黎协定》。特朗普对全球变暖是否真的存在以及全球变暖可能会带来的潜在灾害持怀疑态度，认为美国加入《巴黎协定》会损害美国经济，美国的这一做法不仅将给全球气候治理进程带来不确定性，也是对欧盟对非传统安全问题看重的这一重大诉求的否决。在很长一段时间里，欧盟的外交和政策诉求的一个非常重要的点就是在气候变化、数字税、国际贸易等非传统安全领域，这也曾是美欧可以进行合作的领域。

对特朗普任内美欧关系的分歧，有人认为只是偶发性的，美国对欧洲政策会随着美国国内大选，民主党上台执政而重回原来的轨道，有欧洲学者呼吁"不能因为特朗普的政策而焚毁通往美国的大桥"，应积极接触美国社会各界，向美国民众传递信息；有人认为美欧关系"或许到了十字路口，理由是美国正在背弃与欧洲一起支撑的自由主义世界秩序观、一起推广的全球主义观和一起坚持的多边主义观，欧美在二战后第一次出现'三观不合'的现象"。[①] 这一轮"美国优先"战略主导下的美国对外政策事实上是美国政策制定重回现实主义逻辑之下，但这一"回摆"恰恰与欧洲长期坚持的包括多边主义、全球化原则在内的自由主义国际秩序有着深刻矛盾，是造成当前新一轮美欧摩擦甚至选择性和议题性对抗的重要思想根源。

三、影响美欧关系的主要因素

在从战后至今的数十年间，美欧之间一直都是合作与分歧并存，

[①] 张蓓，孙成昊：《欧美关系是否站在"十字路口"》，半月谈网，2018年5月31日，http：//www.banyuetan.org/gj/detail/20180531/1000200033136201527749631307120881_1.html。（上网时间：2020年11月21日）

即使是在冷战期间，欧洲国家也会为了保障自身经济安全，大量从美国购买黄金，最终导致布雷顿森林体系的解体；即使在关系紧张时期，也能找到存有合作空间的领域，比如特朗普时期尽管欧洲大陆有些学者已经在探讨放弃大西洋主义，但美欧之间虽有分歧，也能继续维持美欧的盟友关系。但总的来看，美欧之间的分歧也有其集中性：随着欧盟崛起，欧洲试图实现战略自主与美国试图继续维持在欧洲地区的主导权之间的矛盾；北约是否应承担"防区外"使命？北约的权责范围是什么？也就是美欧之间关于北约定位的矛盾；对俄应采取何种政策，等等。此外美欧还在国际贸易、气候变化等非传统安全问题上也存有矛盾。

在诸多矛盾影响之下，美欧关系表现出的是竞争主导还是合作主导同样受到诸多因素影响，有美国总统个人性格这样的偶发性因素，也有一些长期始终贯穿的长期因素。回顾历史，这些因素主要包含：

国际大环境的变化。战后初期，美欧为共同应对来自苏联的威胁，加强合作；冷战结束后，国际社会在短时期内发生大规模战争的可能性下降，欧洲地区处于相对和平的大环境下。引发的后果是，一方面，欧洲在地缘位置的因素影响下，在美国对俄政策中扮演着重要角色，欧洲是美国在欧亚大陆上必不可少的地缘政治桥头堡，美国在欧洲有着巨大的地缘战略利益[1]。但冷战结束后，美国所处的"一超"地位，使得美俄关系不同于美苏时期的对抗，欧洲地区在战后初期扮演的美苏对抗的先头兵角色必要性下降；另一方面，欧洲在长期安全的国际环境下，发展军事力量的驱动力不强，"欧洲防务危机迄今未被欧洲人视为一种实际的、直接的危机，结果是没有

---

[1] ［美］布热津斯基著，中国国际问题研究所译：《大棋局》，上海人民出版社1998年版，第76页。

产生足够的社会动力来触发政治行动。这一方面是因为目前的防务危机的政治和社会代价尚未完全显现，欧洲人并不认为他们的安全面临很大风险。这也导致欧洲在军事领域的投入不足以让美国感到满意。两重因素叠加，使得美欧之间在防务领域的合作空间受到压缩。

美国全球战略重心转移。二战结束后，欧洲在相当长一段时间内都在美国的全球战略中扮演非常重要的角色，但伴随着冷战的结束，在东亚地区迅速发展、中国不断崛起等诸多因素的影响下，美国逐渐把自己的战略重点向东亚转移，"亚太再平衡""印太战略"等战略频频被提及。与此相对，欧洲的重要性就出现了相对下降，美国也开始削弱在欧洲地区的投入，如减少驻军等。正如前德国外长费舍尔 2011 年年底在文章中所写的："世界秩序重新排定座位，因为西方统治的 200 年走到了尽头，特别是欧洲就像缺了电的房子。当美国不得不为自己考虑，把战略重点从大西洋转到太平洋时，欧洲是如此的孤独和寒冷。"[①] 对于美欧双方来讲，在美欧关系上，双方事实上都处于一种矛盾状态。美国既希望继续主导欧洲事务，又希望欧盟能够在自身的安全问题上承担更多的责任，与此同时，美国即使作为世界上唯一的超级大国，其实力的总和也是有限的，随着美国全球战略的变更和重心的转移，美国很难长期维持在欧洲地区的影响；对欧盟来说也是如此，欧盟一直试图实现自身的战略自主，但历史经验证明欧盟尚不足以完全依靠自身保障地区稳定和成员国利益，美国在欧盟的存在依然是必要的。双方都试图在这样的矛盾中寻求一个适当的折衷。

欧洲自身的发展状况。长期以来，深刻影响美欧关系的一个深

[①] 许钊颖：《美欧关系：从"依附"走向"独立共生"——兼论 TTIP 对美欧关系的影响》，《国际货币评论》编辑部，《国际货币评论》2014 年合辑，中国人民大学国际货币研究所，2014 年第 7 期，第 557—563 页。

层次矛盾，就是谁来主导欧洲事务，而这种矛盾的开端就是欧洲自身力量的不断上升，欧洲不再愿意继续在美欧关系中扮演一个追随者的角色，而试图发出自己的独立声音，主导自身的政策制定。从历史上看，从战后初期的美国主导，到20世纪60年代戴高乐提出的建立"欧洲人的欧洲"，再到冷战结束后，随着欧盟实力的相对上升，谋求自身政策制定的独立性和战略自主性、将经济实力转化为政治发言权成为欧盟的政策取向。而从美国的角度来看，在相当长的时期内，即使是在特朗普任内美国希望欧盟承担更多防务责任的时期，美国也从未真的彻底放弃过对欧洲地区事务的主导权，这样的矛盾会随着欧洲自身实力的不断上升、欧洲在地区和全球事务中的影响力不断扩大等因素而不断得以强化。在未来一段时间内，欧盟试图实现战略自主与美国主导欧洲事务之间的矛盾也将继续在美欧关系中产生重要影响。

美欧对世界局势以及主要威胁的看法不同。从对整体国际形势的判断看，在特朗普政府的《国家安全战略报告》中，美国政府对国际形势的整体判断趋于负面，认为大国竞争和地缘博弈全面回归，世界正面临愈发激烈的政治、经济和军事竞争。而欧洲的认知与美国截然不同，欧洲并未接受"新冷战"的说法，它们仍保持"路线自信"，认为全球经济增长、人口流动和科技进步是世界大势，欧洲能通过内部改革和深度参与全球化度过危机、再现繁荣。从对主要威胁的看法来看，特朗普政府的《国家安全战略报告》和《国防战略报告》分别将中国和俄罗斯列为"修正主义国家"和"战略竞争对手"，而欧盟的看法则不尽然。2016年，欧盟委员会在《欧盟对华新战略元素》中提到，"中国国际影响力日益增长，利益扩展至全球，其必然将在全球经济治理中要求更大发言权"。并认为中国已在发展、气候变化、地区安全热点问题上加大了投入，"在东亚地区更加强势"。欧盟对中国的担忧并非在于中国经济实力和国际地位的提升，其不满主要集中在经济层面，如所谓的经济交往"不互惠、不对等"。也就是说美国更关注中国实力的崛起给美国可能带来的威胁和挑战，而欧盟则不认为中国的崛起是一种威胁。美欧在对世界局势的判断和双方面临的主要威胁的判断上的差异会引发双方在制定对外政策时的差异，一个以权力政治的逻辑追求相对利益，一个更加看重自由主义逻辑下的国际制度、经济全球化、自由贸易等价值观理念。

四、美欧关系的未来

无论是拜登本人的履历，还是拜登在竞选时期的一系列主张以及上任伊始采取的诸多举措都让大家对拜登任期内可能实施的政策备受关注，那么在拜登任期内美欧关系在多大程度上会变得更好或是更坏呢？

拜登上台伊始，一改特朗普时期的政策风格，采取的多项政策都显示出其重回多边主义、国际制度的战略轨道的意图，在相当程度上回归了建制派的施政传统。从短期看，拜登政府重返国际组织的诸多表态将为美欧关系的修复提供动力，这不仅仅是美欧得以合作的领域的重新确定，更表达了美国在制定对外决策中重返建制派的信号，而多边主义、开放的国际社会等理念恰恰是欧盟非常重视的理念，也是美欧曾经共同支持的价值观和国际制度规则。拜登将要采取的这些政策不仅仅是美国回归到某些国际组织或者重新参与某些国际制度的建构中，在某种程度上也可以视作美欧在价值观层面、在要维持的国际秩序基本规则上重新达成了一致。

此外，近期国际形势的发展和疫情也为美欧之间的合作提供了更多可能。从短期看，美欧在应对疫情方面就有相当大的技术合作空间。从传统安全问题出发，近年来，受乌克兰危机影响，美欧在对俄政策上具有一致性，同时双方对中国崛起的战略焦虑也都在加剧，尽管美欧对中国崛起的主观感知不同、视中国崛起所带来的威胁的认识程度不同，但美欧双方在价值观领域对中国的批判存有共识，如此前的所谓质疑中国是否属于完全市场化主体、中国在知识产权保护上的作为、中国产品是否存在倾销现象，甚至在中国主权问题上指手画脚，如香港、新疆问题等。

但这些利好因素并不能掩盖美欧之间的分歧，尤其是结构性分歧。

第一，在国际格局"东升西降"以及大国地缘博弈加剧的形势下，美国大概率不会放弃在亚太地区的政策关注点，而将注意力重新投放回欧洲地区。从欧盟的角度看，尽管欧盟一直在试图追求自身的独立性，但在防务和安全领域依然对美国有一定的依赖性。从冷战结束后初期的波黑问题到非洲的利比里亚危机，再到近期的乌克兰危机，在防务领域，欧盟的作为并不足以满足维持地区稳定的需求。

第二，不让欧洲再像过去一样任意"搭便车"是冷战结束以来美国政府的一贯立场[①]，拜登政府也很难会是例外。与此相对应的是，北约成员国中的欧盟成员国一方面军费开支本身有限，尤其是在2008年经济危机之后，欧盟多国经济受损，加之欧盟内部大力发展防务的意愿存有分歧，且长期以来的安全环境使得欧盟地区在传统安全问题上的危机意识较为薄弱，再加上疫情影响下，整个欧盟地区的经济发展受阻，在未来一段时间内，欧盟大幅增加军费以满足美国的要求的可能性较低。

---

① 赵怀普：《拜登政府与美欧关系修复的空间及限度》，《当代世界》，2021年第2期，第18－24页。

第三，在对外政策制定，尤其是对华政策上，美国的地缘政治视角与欧盟的经济主导观点始终存在冲突①。欧盟对华政策的重心依旧集中在经济领域，中欧之间尽管在经济领域存有分歧，但在经济上也存有较大的互补性，并且取得了一定成果：2020年前三季度，中国首次成为欧盟第一大贸易伙伴，9月中欧双方正式签署《中欧地理标志协定》，这将有助于推动中欧优质农产品更便捷进入对方市场，为双方民众带来新福利。整体而言，欧盟既不追求"新冷战"的战略对抗，也不支持与中国经济的广泛的经济脱钩。而美国的关注点则是中国的崛起、中国的军事实力增长等方面，在相当长一段时间里，中美都保持了政冷经热的局面，但在特朗普任内，则在经济问题上也爆发了激烈的贸易摩擦，甚至贸易战。整体而言，美国把中国崛起视作对自身地位的极大挑战，更多将中国视作挑战者和竞争者。

第四，欧盟谋求战略自主与美国试图主导欧洲事务间的分歧一直存在。从历史和现实来看，欧盟一直没有放弃以独立的声音在世界舞台上发声的努力，而美国即使战略重心向东亚转移，也不会忽视俄罗斯的因素以及欧盟这样一个盟友在自己全球战略中的地位，这就导致二战结束后一直存在于欧美关系史上的主导权之争未来也依然会继续。

第五，再回到拜登当选上来，拜登当选总统并不意味着美国在对欧政策上出现180度的大转向。一方面，拜登当选并不意味着特朗普的政策导向在美国没有市场了。事实上，特朗普在美国国内依然有大量的支持者，这可以从拜登当选后美国民众冲击国会山上窥见一斑，特朗普的当选在某种程度上反映出美国国内民众在传统的

---

① 赵怀普：《拜登政府与美欧关系修复的空间及限度》，《当代世界》，2021年第2期，第18—24页。

美国对欧政策上存有异议,拜登当选并不能消除美国民众的这种诉求;另一方面,特朗普任期内实施的对欧政策尽管带有一定的个人因素,但也是美欧关系中矛盾的一次现实化的呈现,拜登上台并不能改变美欧关系中的结构性矛盾,只要这种矛盾继续存在,美欧之间的关系就会存有分离的风险。

总体来说,拜登上台之后,美欧关系的确会在一定程度上得到恢复,但这种恢复的程度是有限的。美欧之间的分歧从来不起源于特朗普,也不会终结于拜登,并不会因为美国内部政权更迭出现质的变化。

第十章　2020年美伊关系与波斯湾安全局势

马静曦

2020年对于伊朗和美国来说都是极其特殊的一年。在这一年里，美国针对伊朗的"极限施压"战略逐步升级：美国及其盟国策划和实施了多起针对伊朗高层和重要设施的袭击，对伊朗的制裁也是不断加码。此外，美国在中东地区支持以色列缓和与阿拉伯国家的关系，企图构建反什叶派阵线对抗伊朗。面对美国的步步紧逼，伊朗誓不屈服，双方的不信任增加，对抗与敌视成为两国之间的主流话语。伊朗核问题不仅未能解决，反而越发复杂和敏感。在此背景下，未来拜登改善美国与伊朗关系的努力，必然困难重重。

一、2020年美伊关系基本态势

2020年伊始，伊朗伊斯兰革命卫队"圣城旅"将领苏莱曼尼遭美军恐袭身亡。1月8日，作为报复，伊朗使用战术导弹袭击了美军位于伊拉克境内的军事基地。就在人们担心美国可能采取进一步军事措施、中东地区紧张局势升级之际，特朗普发表讲话，表示美国"准备好拥抱和平"。2020年12月20日，伊拉克首都巴格达市中心"绿区"遭数枚火箭弹袭击，特朗普指责伊朗是袭击美国驻伊大使馆的幕后黑手，而伊朗外长扎里夫回应称特朗普的指控"并不会转移人们对国内（应对疫情）灾难性失败的注意力"。此次袭击中出现21枚火箭弹，造成至少一名伊拉克平民死亡并使美使馆建筑受损，是10年来伊拉克首都"绿区"遭到的最大规模袭击，也成为2020年美国与伊朗多轮对抗的最后一幕。回顾2020年，从年初的苏莱曼尼之死，到年末的法赫里扎德被暗杀以及此次袭击事件，都凸显了2020年美伊关系高度对抗的特点。

美国方面，特朗普政府对伊朗实施"极限施压，另辟战线"的双重路线。一方面，特朗普将伊朗塑造成中东威胁，声称伊朗是中东"腐败政权和恐怖组织"的支持者，并对伊朗持续施加多重制裁。自特朗普上台以来，已实施超过3900项制裁措施，其中伊朗是被美国制裁最多的国家。2018年，特朗普政府退出伊核问题全面协议，恢复对伊朗实施多项制裁措施，美国政府制裁措施数量大幅增加。美国财政部长姆努钦被问及制裁政策时表示：如果我们没有制裁，他们就会用数百亿美元来支持恐怖主义活动、进一步发展导弹以及在该地区的其他不良活动。然而，目前来看，美国的"制裁大棒"并没能让伊朗妥协。彭博社称，特朗普团队高举"美国优先"大旗，创造了新的经济打压形式，将普通制裁措施与关税、出口管控等手段相结合，既惩罚对手也不放过盟友。有学者认为，特朗普政府过于简单粗暴、不加区分地实施经济制裁，把制裁当成应对一切外交政策问题的手段，虽然有效，但更像是一种公关手段，而非合理的经济政策，不利于美国自身经济的发展。

另一方面，美国支持以色列缓和对阿关系，构建反什叶派战线对抗伊朗。美国如此积极促成以色列同阿拉伯国家改善关系，显然不是为了推动巴以问题的解决，而是为了构建一个广泛的反什叶派战线对抗伊朗。只有双方关系缓和，这个阵线才有可能成形。毕竟遏制伊朗才是特朗普政府中东政策的核心。此外，近年来，阿联酋、沙特等阿拉伯国家与以色列的交往明显增多，这些国家将巴勒斯坦作为同以色列实现关系正常化的前提条件早已松动，以色列与阿拉伯国家之间的民族矛盾弱化，取而代之的则是亲伊朗阵营和反伊朗阵营的对峙。一旦对峙形成，将进一步挤压伊朗在中东的战略空间和回旋余地。所以，特朗普政府一只手对伊朗"极限施压"，将伊朗塑造成"中东威胁"，另一只手忙着撮合阿拉伯国家与以色列改善关系，彻底改变了中东地区地缘政治格局。

面对美国的挑衅，伊朗方面"积极应对，略有余地"。作为对苏莱曼尼遇刺事件的报复，伊朗在1月8日使用战术导弹袭击了美军位于伊拉克境内的军事基地；4月2日，伊朗军方表示，近期美国在伊拉克和波斯湾的军事活动有所增加，任何影响伊朗安全的"最小举动"都将面临伊朗最强烈的反制，伊朗正在全面监测事态发展，所有地面、空中和海军部队都将保持警惕。虽然美伊全年都处于军事对峙局面，但可以看到双方均无意开战，"不打不谈"成为对2020年美伊军事博弈的总体概括。

经济方面，美国的经济制裁步步紧逼，使得伊朗政府预算赤字严重，加之新冠肺炎疫情肆虐，伊朗是中东疫情最严重的国家，致使政权维稳压力巨大。8月17日，伊朗决定通过发行石油债券，向其公民预售本国石油。作为本国主要收入来源，伊朗政府希望通过此法将石油上市，从而实施政府的"经济突破"计划，打破美国的金融封锁。国际结算方面，在英国、法国和德国支持下的INSTEX结算机制建立，并于3月31日完成了首笔交易，向伊朗发送了一批医疗用品。INSTEX全称为"支持贸易往来工具"（Instrument for Supporting Trade Exchanges，简称INSTEX），是一个帮助伊朗逃避美国制裁的易货交易结算机制，用以抵抗由美国主导的SWIFT结算系统。由于此前美国将伊朗从SWIFT结算系统中剔除，彻底阻断伊朗银行和全球金融体系的联系，所以伊朗试图通过INSTEX结算机制，规避资金跨境流动和资金在国际结算系统中的清算。按照当前规则，INSTEX 结算机制仅涉及伊朗民生领域，如药品、医疗设备和农产品等。

10月18日，伊朗外交部发表声明，宣布联合国对伊朗的武器禁运无条件自动终止。声明指出，自18日起，针对进出伊朗的武器转移及相关活动和金融服务的所有限制，以及对部分伊朗公民和军方人员施加的关于禁止进入或过境联合国会员国的所有禁令均自动终止。同时，伊朗可以根据自身防卫要求进行武器装备的进出口活动。这一声明可以说是对美国制裁的有力回击。美国一直试图通过政治打压和外交封锁来孤立伊朗，但没能获得国际社会的广泛支持。解除对伊武器禁运不仅是对美国"极限施压"的强有力回击，更是表明美国单边主义的失败。此外，在军事上，解除武器禁运使伊朗可以正常进行常规武器交易，这对其军事实力的提升将有所助益，为伊朗扩大在中东地区的影响力，同时为以后的美伊谈判争取了更多的主动权。

总体来说，伊朗方面积极应对压制，采取多重手段反击美国制裁与外部压力，同时在政策方面留有转圜空间，以拖待变，为未来与拜登政府谈判留有余地。12月12日，据路透社报道，伊朗总统鲁哈尼表示，他确信新一任美国政府将恢复履行伊核协议承诺，并取消对伊朗的制裁。虽说在对待美国的态度上，伊朗内部存在一定分歧，但部分官员对于拜登政府上台后美伊紧张关系的缓和仍抱有希望。

二、2020年美伊关系基本特点

当前，美伊对抗是中东地区的主要矛盾之一。特朗普执政期间，其中东政策的核心一直是遏制和打压伊朗，避免其在中东地区势力扩大，进而实现各方力量的相对平衡，目的是在中东建立新的地缘政治格局，实现美国在中东的利益最大化。伊朗作为中东地区强国，在美国国内新冠肺炎疫情肆虐，无暇过多顾及中东地区事务的情况下出手布局，出于地缘政治利益同沙特、以色列等国展开深度博弈。当前，双方的对抗主要呈现以下三个特点：

第一，全领域频繁对抗。特朗普执政期间对伊朗进行极限施压，主要手段包括政治外交上孤立、经济上制裁以及战略上遏制等，与此相对，伊朗在各个领域进行了积极的反制，美伊关系呈现出"全领域频繁对抗"的特点。

外交上，美国此前试图通过一系列手段在外交上孤立伊朗，但均未奏效。2020年，美国又向联合国安理会申请对伊朗开启"快速恢复制裁"机制，未获得联合国支持。其后，美国单方面宣布恢复实施联合国对伊朗的制裁，并威胁不配合的成员国要"承担后果"，这一举动遭到了国际社会的广泛批评。相比之下，伊朗方面不仅积极争取中、俄等同美国有战略竞争的大国支持，还努力加强同欧洲国家的外交，赢得国际社会对伊朗遭受制裁的同情，从而打破美国的孤立。

军事上，特朗普政府声称秉持"美国优先"理念，在全球范围内进行战略收缩，避免陷入新的战争。但年初的苏莱曼尼刺杀事件，既违背了国际关系基本准则，又可能加剧地区的紧张态势；年末的法赫里扎德暗杀事件，伊朗认为有重大迹象显示是以色列在美国的支持下策划实施了此次暗杀行动。相比之下，伊朗方面表现得较为理智，坚持战略隐忍。伴随苏莱曼尼遇刺一周年的日子到来，美伊紧张关系陡然升级：美军战机、军舰接连现身波斯湾，伊朗则重申要为苏莱曼尼复仇，对美军事压力已做好充分的应对准备。

经济上，美国主要针对伊朗的能源出口与金融体系进行制裁。

能源方面，美国继续对帮助伊朗出口石油、石油产品及石化产品的公司和个人进行制裁。对此，伊朗力争扩大石油出口，虽然经济制裁给伊朗的石油出口带来严重打击，但美国对其"清零"的目标并没能实现。金融方面则是继续全面封锁，将伊朗仅剩的18家银行纳入制裁范围，与受制裁方交易的外国金融机构和个人也可能受到波及，从而进一步切断伊朗的资金来源。对此，伊朗政府希望通过发行石油债券来打破美国的金融封锁，同时积极探索独立于美元体系之外的贸易结算通道，尤其是INSTEX结算机制正式运行，在一定程度上缓解了伊朗在国际结算上的困难[1]。

第二，单边与多边特征明显。美国在中东战略上的单边主义倾向越发明显，在对待伊朗问题上我行我素，单方面对伊朗施加制裁，不顾国际社会的指责和反对。9月19日，在联合国拒绝对伊朗启动"快速恢复制裁"机制后，美国单方面宣布恢复实施联合国对伊朗的制裁，并威胁不配合的成员国要"承担后果"。实际上，由于在2018年宣布退出伊核协议，美国是没有权利要求和代表联合国安理会恢复对伊制裁的。因此，除中、俄外，英、法、德等盟友在对待制裁伊朗的问题上也都没有站在美国一方。伊朗则是充分利用多边机制，积极参加上海合作组织峰会和"阿斯塔纳进程"，争取中、俄等国支持，还利用联合国大会、慕尼黑安全会议等机制和平台，加强同欧洲国家的友好交往。此外，伊朗始终履行伊核协议并与国际原子能机构保持良好的沟通，因而在解除安理会制裁、伊核协议等问题上得以争取到中俄和欧洲等多方支持。

第三，冒险性色彩更加突出。2020年年初的苏莱曼尼刺杀事件无疑是一次军事冒险行为，这一事件导致美伊紧张局势骤然升级，

---

[1] 《美国宣布制裁伊朗18家银行 伊朗外长予以谴责》，新华网，2020年10月9日，http://www.xinhuanet.com/world/2020-10/09/c_1126583072.htm。（上网时间：2020年11月2日）

中东地区局势更趋动荡。伊朗谴责这次袭击是"赤裸裸的国家恐怖主义行为"。美国企图通过刺杀伊朗高级将领,进一步向伊朗进行极限施压,这无疑会触及伊朗的底线。考虑到苏莱曼尼在伊朗地区战略中的地位和国内外的影响力,刺杀事件不仅无助于解决伊朗问题,还会导致中东地区新一轮紧张局势加剧,给中东局势火上浇油。年末的法赫里扎德遇害则体现出以色列在美国的支持下对伊朗的政策更加激进。虽然没有确切证据证明是以色列所为,但美以两国无疑是这一事件的最大获益方。临近美国总统交替,目前特朗普仍不愿承认败选。暗杀法赫里扎德以及激化美伊矛盾,一方面可以在拜登政府上台前为民主党设置障碍,迫使其很难甚至无法重返伊核协议。另一方面,挑起美伊两国的军事冲突,通过发动对伊战争来延缓国内权力交替,也可能成为特朗普政府的选项之一。

三、美伊关系主导下的波斯湾地区安全局势

美国自2018年5月单方面宣布退出伊朗核问题全面协议后,对伊朗启动"最严厉制裁",实施极限施压。实际上,美伊双方围绕伊核问题进行的博弈早已超出"核问题"范畴,而逐渐演变为伊朗问题,从而加剧了波斯湾地区的紧张局势,形成了以美伊对抗为主的多层博弈局面:美国与伊朗之间的极限博弈(国家层面);以色列和以沙特为代表的阿拉伯国家与伊朗之间的博弈(地区层面);美国与欧盟、俄罗斯、中国之间围绕伊朗核问题全面协议存废的博弈(国际层面)。其中,国家层面与地区层面的博弈,左右着波斯湾地区安全局势,而国际层面的博弈,则在外围对波斯湾安全局势有着不可忽视的影响。在美伊关系的主导下,波斯湾地区安全局势风云变幻。

（一）美国及其盟友对伊朗的军事包围与威慑

综合来看，2020年美国及其盟友对伊朗的军事举动主要有以下三个方面：（1）举行军演。据统计，2020年美海军、空军与沙特皇家空军、海军在波斯湾累计举行5次联合演习。（2）高调威慑。美海军中央司令部发布消息称，美海军"佐治亚"号核潜艇和两艘巡洋舰于12月21日穿过霍尔木兹海峡进入波斯湾；12月30日，美军方发布消息，美空军两架可携带核武器的"B-52"战略轰炸机当天飞往中东地区，这是美军在一个月内第二次采取此类行动。追随美国的以色列欲派潜艇前往波斯湾地区，驻伊拉克军事基地的美军也进入高度戒备状态，试图对伊朗伊斯兰革命卫队形成更大规模的军事威慑。（3）实施暗杀。2020年1月3日凌晨，美国使用无人机空袭了巴格达国际机场附近的一个车队，打死伊朗伊斯兰革命卫队"圣城旅"司令苏莱曼尼和"真主旅"司令穆罕迪斯等人。2020年11月27日，伊朗顶级核物理学家法克里扎德在伊朗遭遇暗杀身亡，此次事件的最大获益方无疑是美国与以色列。

（二）伊朗与波斯湾周边国家关系概况

特朗普政府在中东地区的军事存在并没有因其战略东移有所削减，而是通过将中东事务外包给其盟友或是寻找代理人的方式，继续维持对中东地区的掌控。2020年，数个阿拉伯国家相继同以色列建交，传统的阿以矛盾峰回路转，成为本年度中东局势"最具历史性的突破"。8月13日，美国、以色列和阿联酋发布联合声明，宣布阿以实现"关系全面正常化"。声明中将其定义为"历史性外交突破"，并称将"促进中东和平"。随后，美国方面趁热打铁，推动更多阿拉伯国家改善与以色列的关系。美国国务卿蓬佩奥于 8 月下旬先后出访以色列、苏丹、巴林、阿联酋和阿曼，在其影响下，巴林和苏丹分别在 9 月 11 日和 10 月 23 日宣布同意与以色列建立全面外交关系。以色列与阿拉伯国家关系缓和，美国借势孤立、打压伊朗，在美国的撮合下，以色列与阿拉伯国家关系缓和，其中反映的不仅是当事国的和解意愿，还有美国以此打破中东原有敌友关系、组建针对伊朗的政治军事联盟，以代理人方式继续称霸中东的图谋。目前，伊朗在波斯湾地区建立了以什叶派为支撑的联盟体系，不仅包括以黎巴嫩和伊拉克的什叶派社区作为伊朗的权力基础，还包括分属什叶派分支——阿拉维派的叙利亚政权。除此之外，作为地区强国的土耳其，并不属于沙特阿拉伯主导的逊尼派阵营，并且在反对美国和以色列这方面，土耳其似乎更偏向于伊朗一方。虽然短时间内，以色列同沙特阿拉伯、卡塔尔、科威特等主张"先巴以""后阿以"的阿拉伯国家难以实现关系正常化，但在联合压制和围堵伊朗这件事上，各国似乎更多的是出于一种政治与现实的需要。

伴随着中东变局的持续纵深发展，波斯湾地区格局出现了重大变动，以"教派"分野为特征的地缘政治博弈日趋明显，形成两大集团对抗并争夺地区主导权的态势，即以伊朗为首的什叶派联盟和以沙特阿拉伯为首的逊尼派联盟之间的对峙。两大阵营对垒分明，地缘政治博弈"阵营化"，背后更是有域外大国美国和俄罗斯的深度介入与推波助澜。

四、美伊关系与波斯湾安全局势未来走向

（一）影响美伊关系未来演变的主要因素

美国新一届政府的组建无疑会对未来美伊关系走向产生影响。

考虑到当前中东地缘政治格局，可以将影响美伊关系未来演变的主要因素概括为"一个核心，两个矛盾点"。

一个核心，即拜登政府对伊政策。2020年12月1日，拜登在采访中表示，他将坚持大选前的对伊政策，即"如果伊朗重新严格遵守伊核协议，美国将会重新加入该协议，并以此作为后续谈判的起点"。这将意味着，在伊朗配合的前提下，拜登将解除特朗普政府对伊朗施加的诸项制裁措施。在对伊政策上，拜登表示将会更加重视多边主义与合作，重新寻求与伊朗的接触。但是就目前情况来看，在两国关系更为复杂的背景下，是否能恢复伊核协议，连拜登自己都不得不承认"很困难"。

一个矛盾点是伊核问题。当前，拜登及其国家安全团队的观点是，一旦伊核协议恢复，双方有必要在短期内进行新一轮谈判，讨论延长"限制伊朗生产裂变材料"的期限。在伊核协议中，这一时间限制为15年，拜登希望这一时间限制能进一步延长。因为一旦伊朗能够生产这些裂变材料，就可将其用于制造核武器。但是伊朗方面对此并不赞同。伊朗外交部长扎里夫表示，美国应当首先遵守自己在伊核协议上的承诺，并且无权设定先决条件。不过，如果美国和欧盟都能履行伊核协议，伊朗方面也将完全遵守伊核协议。在法赫里扎德身亡后，伊朗高调通过了《反制裁战略法案》，以此实现丰度20%铀浓缩活动的合法化。根据国际原子能机构规定，民用级浓缩铀丰度最高为20%。这一举动一方面是为了回应特朗普近期在波斯湾的军事部署；另一方面也是向即将就任的新一届政府施压，以期在未来与美国重回伊核协议的谈判中获取更多主动权。美国国内抗疫压力严重、反伊势力强大以及伊朗强硬派实力上升，都给伊核问题的解决增添了更多阻碍。

另一矛盾点是地区代理人博弈问题。拜登政府明确希望解决伊朗在中东地区开展的代理人活动，试图限制伊朗在黎巴嫩、伊拉克、叙利亚和也门等地的什叶派势力，从而塑造中东各阵营之间的均势，以便美国实施离岸平衡。近几年，伊朗在中东地区通过代理人的方式成功打造了反对美国的"什叶派之弧"，通过宗教上的认同感和普遍高涨的反美情绪将黎巴嫩、叙利亚、伊拉克等国与伊朗连在一起。鉴于当前中东局势，伊朗必然不会轻易放弃"什叶派之弧"，特别是在当前美国重返伊核协议困难重重的情况下。理想的状态是，拜登将其他中东国家，尤其是将沙特和阿联酋拉到谈判桌前共同协商讨论，毕竟当前以色列联合阿拉伯国家共同对抗伊朗正逐渐成为中东地缘博弈的新主线。

（二）美伊关系与波斯湾局势展望

当前，新冠肺炎疫情使国际格局加速变化，拜登入主白宫后，将面对一个局势更加复杂的中东。特朗普在其任期内将中东作为外交重点，从将沙特定为出访首站到退出伊核协议，从"新中东和平计划"到促成阿拉伯国家与以色列建交，每个环节都深入改变了原有的中东地区格局。而与伊朗的全方位对抗更是给即将上台的拜登政府未来重返伊核协议设置了更多阻碍。特朗普执政期间，中东格局发生了巨大变化，美国在中东的敌友关系已被固化，这一现实严重挤压了拜登政府的运作空间，使其未来在中东问题上很难有所作为。受美伊关系的影响，波斯湾地区局势未来可能走向双轨并行，即"地区性军事对抗+国际性政治谈判"，二者随着美国与伊朗的战略博弈交替展开。

一方面，美伊矛盾仍将长期存在并主导波斯湾安全局势。近年来，伊朗一直致力于在中东地区塑造"什叶派之弧"，拉拢伊拉克、叙利亚、黎巴嫩真主党组建反美阵营，搅局阿拉伯和平倡议，支持哈马斯打击以色列，和沙特在叙利亚、伊拉克、黎巴嫩、也门问题上陷入全面对立，沙伊冲突成为当前影响中东局势的主要矛盾之一，双方领衔的逊尼派与什叶派两大阵营逐步演变成亲伊朗阵营与反伊朗阵营的对峙。伊朗和以色列除了固有的民族矛盾，更多的是在中东地区的利益碰撞以及伊核问题的存在，使得双方的矛盾日益加深。未来，虽然美国可能在中东地区进一步实行战略收缩，伊核问题也有改善的迹象，但是受制于伊朗与美国盟友关系的恶化和美伊历史积怨，美伊关系正常化短期内仍将难以实现。

霍尔木兹海峡无疑是双方军事对抗的主战场。2020年，两国舰艇在波斯湾海域频繁"危险接近"，军事对抗持续"加码"，冲突一触即发。好在最终双方都保持了一定的理智，没有越线。未来，出于疫情应对、经济形势和地区影响力等战略利益考量，拜登政府或将进一步强化对伊朗的舆论施压和军事示强力度，美伊两国军事对抗的烈度或将进一步加剧。但是，双方的军事对抗并未突破双方的战略底线，因此两国未来在波斯湾地区爆发大规模军事对抗的可能性相对较低。

除此之外，黎巴嫩真主党、哈马斯等反以色列势力、也门胡塞武装、伊拉克和叙利亚境内伊朗支持的民兵组织都可能成为美国及其盟友的打击目标，以此来警示和打击其背后的支持者伊朗。2020年，伊朗通过提供资金和武器等方式对这些政党和组织进行资助。

另一方面，地区性军事对抗并不会过多影响各方通过外交途径解决伊核问题，美伊双方均表态愿意重返伊核协议，只不过在前提条件上存在分歧。这无疑是美伊关系趋于缓和的一个信号。拜登上台后就试图恢复伊核协议。双方都表现出了谈判的意愿，愿意为缓和当前中东地区的紧张态势而努力。尤其是伊朗，2020年受超低油价和新冠肺炎疫情影响，伊朗有意保持"低调"，面对特朗普的极限打压能保持战略隐忍，以拖待变，为的就是等待拜登上台能与民主党政府谈判，改善当前伊朗的经济和民生状况。但是两国在回归协议的条件上存在分歧，还需要进一步协商。在双方的表态中，都要求对方先遵守伊核协议，自己才会履行承诺。12月2日，伊朗通过了《反制裁战略法案》，以此实现丰度20%铀浓缩活动的合法化。2021年1月4日，伊朗外交部长扎里夫在社交媒体发文称，伊朗已经重启丰度20%铀浓缩活动，并将相关情况告知国际原子能机构。由于伊核协议某几个签署方多年来未能履行承诺，因此伊朗此举完全符合伊核协议第36条的规定。不过他同时表示，如果其他所有方面均能履行承诺，事情不是没有转圜的余地。[①]

除了双方的回归意愿，国际社会的参与对伊朗核问题的解决也起到了推动作用。中国、俄罗斯、德国、法国及英国等国积极斡旋，推动美国和伊朗重回协议轨道。伊朗方面的立场是美国应解除所有自其推出伊核协议以来对伊朗施加的单边制裁。如果可以达成这一点，伊朗也准备好重新完整履行伊核协议义务。双方在这一问题上仍存在分歧和挑战，如何达成共识，还需要各方进一步在会谈中进行磋商。就目前局势而言，美国重返伊核协议可以说是大势所趋，只是时间、途径未定，需要双方再进行一番博弈。

---

① 《伊朗就重启丰度20%的铀浓缩活动已告知国际原子能机构》，伊朗国家通讯社，2021年1月5日，http://zh.irna.ir/news/84174232/%E4%BC%8A%E6%9C%97%E5%B1%B1%E9%87%8D%E5%90%AF%E4%B8%B0%E5%BA%A620-%E7%9A%84%E9%93%80%E6%B5%93%E7%BC%A9%E6%B4%BB%E5%8A%A8%E5%B7%B2%E7%9F%A5%E5%9B%BD%E9%99%85%E5%8E%9F%E5%AD%90%E8%83%BD%E6%9C%BA%E6%9E%84。（上网时间：2021年2月27日）

第十一章 2020年韩美关系回顾与展望

赵　阳

韩美关系对东北亚乃至整个亚太地区的和平、安全与稳定都有重大影响。从冷战开始，韩美之间就保持着密切的同盟关系。尽管在这种同盟关系下，韩美两国基本上处于一种以军事同盟为基轴的不对等关系。美国在朝鲜半岛的军事存在以及美国对韩国的经济援助，对于强化韩国的国防力量，影响韩国的民主化进程，都发挥了无可替代的作用。冷战后，随着美国全球影响力的下降，韩国降低了对美国的依赖，韩美同盟的自主性、平等性有了显著的提高。

一、特朗普政府的韩美关系回顾

自20世纪50年代以来，韩美同盟一直是韩国的安全支柱。而特朗普政府时期，在美韩贸易赤字、驻韩美军防卫费分担等议题上，美韩之间分歧较大，美国单方面向韩国施压。韩国虽在贸易问题上做出了让步，与美国重新达成了协议，但是在防卫费分担的问题上一直迟迟未能解决。同时，2020年特朗普政府继续推进"印太战略"，想将韩国拉进自己构建的亚洲同盟体系之中，韩国出于国家利益的考虑，尝试将"新南方政策"与"印太战略"进行对接。但是，由于两国的战略初衷不同，随着两国的对接进入深水区，矛盾将进一步激化。

（一）韩美防卫费分担问题

防卫费分担金额指的是韩方为驻韩美军分担的驻军费用，用于支付驻韩美军韩籍雇员劳务费、美军基地建设费用、军需后勤费用等。韩美自1991年起共签署10份《防卫费分担特别协定》。第10份协定于2019年2月10日草签，3月8日正式签署。在第10份协定中规定，韩国将承担1.0389万亿韩元（约合9.235亿美元）的防卫费，有效期为1年。与1991年韩国分担的防卫费为1.5亿美元相比，增加了约9倍。

特朗普政府坚持"美国优先"，韩美同盟再次经受考验。早在选举阶段，特朗普就批评韩国等盟国在安保方面"免费搭车"。当选后，特朗普更是多次通过媒体，甚至在双方首脑会谈时，当着韩国总统文在寅的面指责韩国，要求韩国分担更多防卫费，并且威胁韩国如果不按其要求大幅提升防卫费分担金额，美国就会考虑裁减，甚至撤出驻韩美军。由此，防卫费分担金额问题成为韩美同盟的焦点。特朗普的霸道行径，使韩美为签署第10份《防卫费分担特别协定》进行的谈判举步维艰，引起了韩国民众强烈不满。韩国市民团体在美国驻韩使馆门前举行示威活动，反对美国施压韩国政府大幅提升防卫费分担金额，其间，甚至出现了要求驻韩美军撤出韩国的横幅。虽然韩国政府一再强调"坚固的韩美同盟"，但在美国国内已经出现了一些舆论，认为"防卫费分担谈判分歧巨大引起的最大问题是，韩国在安保方面对美国的信赖可能会崩溃。韩国为建设美国本土外最大的美军基地，即平泽基地，承担了90%的建设资金，并且承担了驻韩美军防卫费的一半。而特朗普却不承认这一点。如果特朗普将驻韩美军视为交易对象的'同盟观'不发生改变,在韩国不能满足其要求时,有可能做出撤军决定,美韩同盟可能突然面临'悲剧性结局'"。①

由于第 9 份协定于 2018 年 12 月 31 日到期,因此韩美双方需要再次进行谈判,签署第 10 份协定,以便确定 2019 年及以后年份韩方应承担的防卫费分担金额,以及协定的有效期等内容。为此,韩美两国从 2018 年 3 月到 2018 年 12 月,共举行了 10 轮谈判,但未能实现年内达成最终协议的目标。进入 2019 年后,该问题还是毫无进展。韩国政府担心在第二次朝美首脑会谈中,美国可能会以中止韩美联合军演及裁减驻韩美军为筹码与朝鲜进行交易,所以希望在第二次金特会前解决这一问题。韩国政府将该问题设置为国家安全保障会议常任委员会会议议题,每周都进行讨论。此外,韩国外交部长官康京和与美国国务卿蓬佩奥通话,就该问题进行协商。经过激烈的讨价还价,韩美双方终于在 2019 年 2 月 10 日草签第 10 份《防卫费分担特别协定》,3 月 8 日正式签署。之前,韩美双方在近 1 年时间内经多轮谈判却迟迟未能在该问题上达成一致,主要是因为双方在下列问题上存在严重分歧。

特朗普上台以来对韩国施压,企图让韩国分担更多驻韩美军防卫费。围绕这一问题,韩国进步派和保守派展开激烈争论。美国的霸权行径不仅使韩国国内抗议声不断,并质疑驻韩美军的必要性,而且也引起朝鲜方面的关注。可见,韩美防卫费分担协定谈判对韩国政局、韩美同盟及朝鲜半岛局势走向均产生了巨大影响。

最终,2021 年 4 月 8 日,韩美正式签署第 11 份《防卫费分担特别协定》,韩方 2021 年分担额较 2020 年上涨 13.9%。近年来,美国

---

① 《韩美同盟或"悲剧性突然终结"?两国防长通话确认"坚强"同盟》,《参考消息》,2019 年 1 月 9 日,https://baijiahao.baidu.com/s?id=1622151905594460939&wfr=spider&for=pc。(上网时间:2021 年 5 月 11 日)

一直施压韩国提升分担比例。韩美2021年3月就新版防卫费分担协定展开第九轮谈判，并达成最终协议。此次签署的新协定有效期为2020年至2025年。双方约定，2020年韩国承担驻韩美军防卫费用与2019年相同；2021年，韩方分担金额为1.1833万亿韩元，同比增13.9%。此后4年，韩方分担金额将根据国防经费涨幅进行调整。

（二）战时作战指挥权的移交问题

韩美同盟诞生于美苏冷战期间，朝鲜半岛因朝鲜战争于1950年爆发而成为美苏两国冷战竞相争夺的关键区域。为了阻止所谓的"社会主义在这一地区的扩张"，美国决心在这里打造一条坚固的防线。韩美同盟由《美韩相互防卫条约》（1953）、《美韩协议议事录》（1954）和《驻韩美军地位协定》（1966）三项法律文件支撑。

随着韩国综合国力逐渐增强，民主化运动持续演进，构建自主国防的呼声逐渐高涨。而自主国防应建立在国家军事主权完整的基础上，作战指挥权是其中最为关键的部分。再加上美国三番五次在撤军问题和军费分摊问题上使韩国处于被动状态，韩国面对这种内部的双重压力，不得不把收回作战指挥权提上议事日程。2017年12月，代表进步派势力的文在寅上台把无限期延期的战时作战指挥权问题重新提上议程，刚开始承诺在其任期内完成回收，然而随后又宣布推迟到2023年，从而并没能遵守承诺。

文在寅政府之所以又进行延期，主要原因是对韩国而言，面对朝鲜的不确定性仍然还需要美国的军事保护，同时其正在进行的国防改革2.0还未完成。对美国而言，还未做好战时作战指挥权移交所带来的美韩关系调整的准备，因为韩军战时作战指挥权是美韩同盟的根基，所以如果完全移交给了韩国，那么美韩同盟的运行方式将会有很大变化。主要表现在：第一，失去韩国的战时作战指挥权后美军对韩军的影响力会逐步减弱；第二，驻韩美军的任务将不止是应对朝鲜的威胁，而将是面向整个东北亚和亚太地区，压力会变得更大；第三，驻军在韩国的合法性将会受到质疑。在这种背景下，虽然韩国表现出积极的推进姿态，以及美国不断要求韩国承担更多驻军分摊费用，但是本质上美韩双方对韩军战时作战指挥权的移交意愿都不强烈。

综上，战时作战指挥权很可能在短期内暂时无法移交。从短期来看，存在着两大变数：第一，韩国防务改革在2023年是否能如期完成以及完成后其效果是否得以让韩国独立应对朝鲜的威胁；第二，2022年文在寅总统任期结束，且宪法规定无法连任，因此新上任的韩国总统是否会按照约定积极推动收回战时作战指挥权无从得知。

（三）美韩贸易赤字

特朗普政府2017年7月12日正式提出关于重新就美韩自由贸易协定进行谈判的要求。美国贸易代表罗伯特·莱特希泽在当天的声明中宣布，特朗普政府的重点政策是缩小与全球贸易对象国的贸易逆差，并对美韩贸易失衡表现出极大的担忧。根据美韩自由贸易协定第22.2条，由美韩双方共同组成的联合委员会负责监督协议的实施情况，解决与协定的条款适用和解释相关的纠纷，并负责该协定实施过程中出现的其他事宜。美国贸易代表办公室依据该条要求举行特别会议，讨论美韩自由贸易协定相关问题。

美国要求与韩国重新修订自由贸易协定内容，主要是要韩方对美国做出更多让步，即韩国进一步向美国开放市场，而美国则继续对韩国出口商品征收关税。美韩自由贸易协定的修订领域主要包括汽车、钢铁、纤维产品、贸易争端解决机制、原产地标准、医药产品等领域。

新协定的内容主要集中在汽车、钢铁、纤维产品、争端解决机制、原产地标准和医药品等方面。其中，在汽车行业，由原来的"美国在10年内逐步撤销25%的小型载货卡车进口关税"改为"美国到2041年为止逐步撤销25%的小型载货卡车的关税"，这将对美国出口的韩国汽车的销售产生负面影响；在钢铁行业，由原来的"美国对所有进口的钢铁征收25%的关税，将韩国列入征收53%高关税的国家名单"改为"限制进口韩国钢铁规模，相当于2015－2017年间韩国对美国出口的年均钢铁出口量的70%，即约268万吨"，这将限制韩国对美国的钢铁出口规模；在纤维产品行业，由原来的"遵循纱线规则，严格按照生产地来确定原产地"改为"放宽原产地规定，对特定纤维产地，即使在生产中使用区域外原材料，也能认定为区域内产品"，这将使纤维产品进出口更为便捷；在争端解决机制方面，由原来的"政府的权利有限，贸易争端解决程序复杂"改为"增加政府的正当合理的政策权利，防止重复诉讼与赔偿的发生"，这将进一步完善贸易争端解决机制；在原产地标准方面，由原来的"关于出具原产地证明的生产商或出口商的所在地的相关规定比较模糊"改为"放宽出具原产地证明的生产商或出口商的所在地限制"，这将进一步提升原产地认定效率；在医药品行业，由原来的"美国新药对韩国出口审批时间较长，定价也受严格监管"改为"对保健医疗贡献度高、临床疗效好的新药，实行快速登记注册等优惠政策"，这有利于美国医药公司提高价格，加大对韩国市场的出口。

（四）韩国对"印太战略"态度的变化

进入21世纪以来，亚洲在美国全球战略布局中越发占据核心位置。美国推行亚洲政策的基石是由双边联盟、双边伙伴和多边机制构成的亚太盟友体系。在这个体系中，美韩同盟是重要的一环。美国在亚洲长期坚持双边主义联盟政策，建立起多个双边同盟体系，与日本、韩国、菲律宾、泰国、澳大利亚、新西兰等国签有双边安保条约。

2017年11月，特朗普在访问亚洲期间频繁提到构建一个"自由、开放的印太"。同年12月18日，特朗普政府发布任期内首份美国《国家安全战略报告》，用"印太"取代之前的"亚太"，从而使"印太战略"正式上升为美国的地区战略。这也是特朗普时期美国"印太战略"的雏形。

根据2021年1月解密的"美国印太战略框架"文件，美国在印太地区面临的挑战有三：一是维持美国的战略主导地位，阻止中国建立新的、非自由主义的势力范围；二是确保朝鲜不威胁美国及其盟友；三是增进美国的全球经济领导力，促进公平互惠贸易。美国的"印太战略"就是要积极应对这三方面的挑战。在特朗普政府看来，韩国是美国应对第一项挑战中的"合作者"，是第二项挑战中的"合作者和被保护者"，是第三项挑战的一部分。

韩国对美国"印太战略"的态度经历了一个逐渐变化的过程。文在寅执政初期，韩国对"印太战略"总体上持不置可否的态度，基本不闻不问。从2017年起，韩国开始向"印太战略"发出积极信号。2018年8月，韩美两国外交部门在首尔就"新南方政策"和"印太战略"进行磋商，双方认为两个战略均追求开放性、包容性和透明性，具有较强互补性。2019年6月30日特朗普访韩期间，两国首脑在会晤中也阐明了对接"新南方政策"和"印太战略"的意愿。

二、拜登政府的韩美关系展望

美国 2020 年总统选举结果显示，民主党候选人拜登当选第 46 届美国总统。拜登的上任让人期待美国今后作为全球领导人会表现出更加积极的行动，同时也提高了对形成更加可预测、稳定的韩美关系的期待。拜登政府也将坚定地维持韩美同盟的耐久性。因为，在抑制朝鲜挑衅和维持美国区域内领导能力方面，韩美同盟的必要性在韩美两国之间共同利害关系持续的情况下，拜登政府希望恢复与同盟国之间的信任、扩大与同盟国之间合作的意愿很强烈。

与特朗普不同，美国新任总统拜登曾在奥巴马政府时期担任副总统，有 30 多年的参议员经历，具有丰富的外交经验，是较为传统的"建制派"民主党政治家。上任伊始，拜登就提名了数名在奥巴马政府期间担任过要职的外交官员。所以，很大可能拜登政府会进一步延续奥巴马时期的政策理念。在美韩两国的合作问题上也将会呈现出新的特点。

首先，美国将主动修复与韩国的关系。2020 年 10 月 29 日，拜登在韩联社发表题为《走向更加美好未来的希望》的署名文章。这是拜登首次在韩国媒体上发文，表示上台后将加强美韩两国的同盟关系，不会以撤军为由"敲诈勒索"韩国，而会通过"有原则的外交"推动朝鲜半岛无核化。该文章在选举之前发表，大有拉拢韩裔美国人的意图。所以在拜登上台之后或许将在驻韩美军防卫费上做出让步，协议金额将向韩方主张靠拢。同时，2020 年 11 月 12 日拜登在与文在寅的首次通话时就表示，"韩国是印太地区安全与繁荣的'关键'，美方将继续切实履行对韩方的防卫承诺"。

虽然新上台的拜登政府致力于修复与韩国的同盟关系，但双方之间仍然存在具有较大解决难度的问题，其中就包括美韩之间战时作战指挥权的移交问题。文在寅政府极力追求在任期内收回战时作战指挥权，但由于突然暴发的新冠肺炎疫情，影响了原先制定的移交战时作战指挥权的计划。朝鲜劳动党总书记金正恩在劳动党第八次代表大会上把中断韩美联合军演作为重启朝韩对话的条件，使得韩国的选择空间受到进一步挤压。为了加快战时作战指挥权的移交，需要进行检验韩国军队独自运用作战能力的韩美联合训练，但这种情况下，朝鲜可能会强烈反对，韩国会因此陷入进退两难的境地。[1] 同时，随着战时作战指挥权的移交，美韩同盟的运行机制将发生改变，而美国并不希望拥有一个"不受控"的韩军，但这并不符合韩国的立场。所以，拜登政府在处理该问题上有很大难度。

其次，美国将积极调整对朝政策，推动半岛无核化进程。根据韩国统一研究院（KINU）2020年12月23日发布的调查结果显示，71.9%的受访者对美国前总统特朗普与金正恩之间的首脑外交予以肯定评价。同时，有超过70%的受访者希望之后的拜登政府可以继续与金正恩举行首脑外交，其中52.9%的受访者"希望朝美在朝核问题取得实质性进展时举行首脑会谈"，20.1%的受访者对此表示"无条件支持"。[2] 拜登上台后也表示将会同韩国一起推动半岛无核化的进程。但与特朗普不同的是，不一定会采取"自上而下"的方式而是与朝鲜进行外交层面的沟通。韩国则对新一届拜登政府抱有期待。2021年1月19日，韩国外长康京和表示，韩方将与美国尽早协调对朝政策方向和原则，携手争取实现朝鲜半岛完全无核化与永

---

[1] 《文在寅政府欲加快作战指挥权移交，却因朝鲜反对韩美联合军演陷入"进退两难"》，《东亚日报》，2021年1月14日，https：//www.donga.com/news/Politics/article/all/20210114/104913333/1。（上网时间：2021年3月28日）

[2] 《调查：七成韩国人支持拜登与金正恩举行会谈》，韩联社，2020年12月23日，https：//cn.yna.co.kr/view/ACK20201223002100881? section = search。（上网时间：2021年3月28日）

久和平。①

2021年的朝鲜比以往任何时候都更坚信自己是拥核国，在外交层面与美国的交往也更加自信。同时，在朝韩关系中也占据主动地位。2021年3月26日，朝鲜发射两枚近程弹道导弹以示不满，文在寅担心朝鲜的武力挑衅可能会刺激美国国内的鹰派，给韩朝和韩美重启对话的努力带来不利影响。② 最关键的是，美韩在推进半岛无核化进程的路径上存在较大分歧。韩方致力于通过韩朝美三方对话解决半岛无核化并实现永久和平。然而，美国则大不相同。首尔世宗研究所研究员洪铉翼认为，拜登政府不可能在外交政策中把朝核问题摆在首位。③ 与此同时，为了更好地开展"印太战略"，美国更倾向于把日本加入其中，组成美日韩三边机制来应对朝鲜。照此来看，朝鲜半岛的局势仍不明晰，美韩能否推动半岛无核化进程仍未可知。

最后，韩国将致力于在全球和地区事务中发挥更重要的作用。2020年1月，拜登在《外交事务》上发表文章，强调民主制度对美国和世界的重要价值，并提出将在其任期首年举办一次全球民主峰会，呼吁各国政府在反腐败、反独裁和促进人权等方面做出承诺。④ 拜登政府的对韩政策在特朗普政府的地缘政治基础上，增加了关于民主价值观外交等内容。拜登政府希望同韩国在气候变化、新冠肺炎疫情、公共卫生等全球议题上有更紧密的合作。据韩国媒体报道，

---

① 《韩外长：将同拜登政府携手推动韩半岛和平》，韩联社，2021年1月19日，https：// cn. yna. co. kr/view/ACK20210119006000881？%20section = politics/index。（上网时间：2021年3月28日）

② 《文在寅对朝射弹表忧虑，呼吁重启韩朝美对话》，韩联社，2021年3月21日，https：// cn. yna. co. kr/view/ACK20210326005000881？ section = politics/index。（上网时间：2021年3月28日）

③ 洪铉翼：《美国总统大选后的美朝关系展望与韩国的战略》，世宗研究所，2020年12月1日，http：// www. sejong. org/boad/1/egoread. php？ bd = 2&itm = &txt = &pg = 1&seq = 5692。（上网时间：2021年3月28日）

④ Joe Biden, "Why America Must Lead Again," Foreign Affairs, January 23, 2020, https：// www. foreignaffairs. com/articles/unitedstates/2020 – 01 – 23/why – america – must – lead – again.

文在寅将出席2021年6月举行的七国集团（G7）领导人峰会，会议将就卫生合作、气候变化、民主价值等议题进行磋商。美韩两国将合作议题扩大至全球领域，说明美韩同盟的性质已渐渐超出安全的范围。

（一）拜登政府与韩美同盟：朝鲜半岛安全状况的稳定管理

韩国的战略利益是稳定地管理朝鲜半岛安全状况，并在周边地区维持符合韩国国家利益的势力均衡。在朝鲜的安保威胁持续的情况下，韩美同盟在朝鲜半岛以维持和平与稳定的核心机制启动，韩美两国为了稳定地管理朝鲜半岛安全状况，维持着紧密的沟通和合作。

随着拜登政府上台，有关韩美同盟运用的主要议题将通过两国间的协商找到妥协点。随着拜登政府上台，一度处于僵持状态的防卫费分担金额增加问题将在合理的水平上结束。随着韩国经济实力的增加，美国向韩国要求增加同盟费用分担金，自1991年签订第一次防卫费分担特别协定后，韩国承担了相当一部分驻韩美军的驻扎费用。另外，韩国负担了平泽基地搬迁费用（108亿美元）的92%，通过土地和设施无偿提供、税金及公共费用减免等，分担驻韩美军的驻扎费用。① 就防卫费分担金协商问题，2020年美国大选期间，候选人拜登批评说："特朗普总统在韩半岛核危机情况下，以增加同盟费用为由，企图敲诈同盟国韩国。"考虑到拜登政府重视同盟的基调，预计防卫费分担金增加问题将在合理的水平上结束。

---

① http://www.ifans.go.kr/knda/ifans/kor/pblct/PblctView.do?csrfPreventionSalt = null&pblctDtaSn = 13740&menuCl = P07&clCode = P07&koreanEngSe = KOR&pclCode = &chcodeId = &searchCondition = searchAll&searchKeyword = &pageIndex = 2，외교안보연구원，"바이든 행정부 하 한미관계 전망"。

另外，战时作战控制权转换问题将根据条件基础上的转换原则取得进展。为了转换战时作战控制权，需要具备三个条件："确保能够主导韩美联合防卫的韩国军队的核心军事能力；确保面对朝鲜的核力量，韩国军队具备初期应对导弹威胁的必要能力；符合战时作战控制权转换的朝鲜半岛及地区安全环境。"其中第一个条件包括三个阶段，第一阶段是初始作战能力（IOC）验证，第二阶段是完全作战能力（FOC）验证，第三阶段要求完全任务执行能力（FMC）验证。第一阶段验证于2019年由韩美两国共同批准，但由于2020年新冠肺炎疫情，未能完成第二阶段验证。因此，有人提出了全部验证过程延迟的可能性，以中美战略竞争加剧、地区安保环境变化等为由，最近华盛顿对战时作战控制权的转换持保留态度。但是考虑到过去奥巴马政府对战时作战控制权的转换表示赞成，而且韩国政府对移交战时作战控制权的意愿很强烈，预计两国之间可以通过协商取得进展。

（二）拜登政府与韩美同盟：扩大"新南方政策"与"印太战略"之间的合作

2020年中美战略竞争可以说是与势力均衡变化相关的不可逆转的趋势。美国和中国的经济实力差距从2000年的8.5∶1迅速缩小到2019年的1.5∶1。中国通过军事现代化，在精确打击能力和空中战斗力等方面缩短了与美国的差距。随着中国综合国力的提升，中国更加强烈地主张自己的利益并扩大影响力。相反，以防止在亚洲出现霸权国家为核心区域战略目标的美国，会优先选择压制中国的崛起。因此，在两国间势力均衡变化趋势没有急剧变动的情况下，拜登时期中美竞争基调将持续。

但是，拜登政府认为中美关系可以通过"选择和集中"进行更大的管控。特朗普时期中美竞争领域从军事、安保、经济、技术、理念等扩大到全部领域，如果中美矛盾长期持续，两国都将遭受无法挽回的损失。因此，在可以说是中国核心利益的台湾问题、香港问题等方面，如果与美国发生摩擦，就会表现出强烈的应对态度。基于中美通商关系，韩国预计中国会在有限情况下做出让步，改善与美国的关系。另外，从美国的立场上看，也会继续努力改变对中国有利的制度和惯例，但美国考虑到中美贸易摩擦对美国国内经济和产业的影响，很难以目前的水平进行贸易摩擦长期化。另外，拜登政府在任期初期应集中解决新冠肺炎疫情、经济恢复、社会稳定等堆积如山的国内问题。拜登政府有可能重新考虑建立一种不同于传统大国关系的中美关系。

因此，拜登时期的中美矛盾以两国间差距迅速减少的尖端技术和战略产业领域为中心展开，韩国方面预计中美贸易矛盾将逐渐进入妥协局面。另一方面，在美国仍然保持相对优势的军事、安保等领域，拜登政府将克制与中国的直接军事冲突，维持势力均衡。考虑到这种情况，拜登政府也表示中美战略竞争将持续，但与特朗普政府相比，中美关系会有所好转。

美国期待韩美同盟能为应对中国的崛起做出更积极的贡献和作用。韩国对区域内合作的正式立场是，以开放的态度欢迎中国的"一带一路"倡议、美国的"印太战略"、印度的"新东方政策"等主要国家的地区构想，探索这些构想和韩国"新南方政策"的接触点，并积极合作。具体来说，韩国政府以"新南方政策"为中心，以"开放性、包容性、透明性"为区域内合作原则，通过主要国家的地区构想之间的联系合作，推进扩大合作外交。

关于韩美之间的合作，韩国政府表示以"开放性、包容性、透明性"为区域内合作原则，"新南方政策"与"印太战略"之间进行战略对接，两国间的合作主要是能源、基础设施、数字经济等以经济领域为中心进行。两国间的合作扩大动向是从韩美同盟的角度推进的,从韩美合作的外延扩张的角度来看,值得肯定。

考虑到韩国的战略利益,今后韩美两国之间的合作扩大也应该以经济和非军事安全(保健、气候变化、救灾、反恐等)领域为中心进行。除了以普遍原则为基础的政治敏感较高的军事、安保领域以外,韩美以经济及非军事安全领域为中心,寻求合作扩大范围,更符合韩国的国家利益。另外,这也符合实现亚洲的再平衡、加强对中国的经济压力的拜登政府的政策基调。进而,韩美之间存在共同利害关系的非军事安保领域可以进行国际合作,韩国可以积极探索,确保外交空间。

(三)政策考虑事项

考虑到中美战略竞争加剧的情况,美国期待区域内核心同盟国韩国能够更加积极地参与维持区域内势力均衡及美国区域内领导能力的战略动向。具体来说,拜登政府将在尖端技术、战略产业、海洋安保等领域,以国际规范和原则为基础,要求包括韩国在内的区域内同盟和合作伙伴参与。

韩国在中美之间追求"战略均衡",这是在密切观察中美两国间势力均衡的变化趋势之后所选择的应对战略。拜登政府将以恢复与同盟及合作伙伴的信任和加强联系纽带为基础,综合使用对中国的施压、牵制、合作等手段,维护美国的对华优势,同时管理两国之间的关系。如上所述,拜登政府对中国的施压将以两国间差距迅速减少的尖端技术和战略产业领域为中心展开,因此,两国之间的矛盾将变得尖锐。

韩国为了应对在中美之间"选边站"的情况发生,韩国政府应确立以国家利益为中心的"原则外交",以维持韩国的战略价值。韩国政府以"开放性、包容性、透明性"原则为基础,确定韩国对不可避免的特定事件的立场,并向该国传达韩国的立场,同时为了维持与该国的关系,做出相应的外交努力。与此同时,应与东盟、印度、澳大利亚、日本等地区的主要"中等力量"国家综合发展多种多样的多边协议体,以确保韩国对战略选择的支持,并缓解这种选择带来的冲击。韩国基于普遍原则,在与区域内国家增进多种合作关系时,不仅可以保证韩国的国家利益,而且作为区域内核心中坚国家,也可以维持韩国的战略价值。

三、结语

(一) 美国方面

拜登政府最优先的课题是疫情防控和重振经济,朝鲜问题的优先度不高。与之前的领导人不同,拜登可能会寻求工作级别的磋商,加大施压力度。美国国务卿布林肯近日接受美国广播电视公司采访时表示,美国正在考虑对朝鲜实施新的制裁措施。布林肯在2021年1月20日曾在美国参议院外交委员会的人事听证会上表示,拜登政府计划全面检讨美国对朝鲜的政策,寻找途径扩大施压,使朝鲜重回核武器谈判桌。布林肯还表示,在试图解决朝鲜核问题的同时,"我们一定要保证所做的每件事,要顾及人道方面的考量,不能只着眼在安全方面。"

同时,重视同盟关系,可能会寻求日韩两国改善双边关系,也可能与盟国组成反华联盟。2021年1月19日,布林肯分别与日本外务大臣茂木敏充和韩国外交部长康京和通话。布林肯向日韩两国外长重申了美韩日三边合作的重要性、朝鲜无核化的必要性以及总统拜登对于强化同盟关系的承诺。重返《巴黎协定》，有望使与电池、环保汽车和新能源及可再生能源相关的韩国产业受益。拜登政府未来东亚政策的核心是加强韩美日之间的安全合作。拜登已经数次公开表示，将与同盟国家联合遏制中国崛起的构想。换句话说，改善韩日关系和拜登政府的战略利益息息相关。

（二）韩国方面

未来将更加重视朝鲜问题，同时日韩关系进一步恶化。在日前发布的包括韩国安保情况与国防政策方向的《国防白皮书》中，仍然没有将朝鲜称为"主敌"。韩国《国防白皮书》每两年发行一次。在此次发布的《国防白皮书》中，将威胁和侵害韩国主权、领土完整、国民与财产的势力概括性地定义为"我们的敌人"。在与朝鲜有关的安保情况方面，《国防白皮书》包括了朝鲜对韩国的敌对行为与朝鲜改善与韩国关系的意志等内容，同时评价称，2018 年举行了 3 次南北首脑会谈和首次美朝首脑会谈，为实现半岛无核化与构筑和平机制营造了新的安保环境。但同时，朝鲜大规模杀伤性武器对半岛和平与稳定构成威胁。《国防白皮书》还用"朝鲜国务委员会委员长金正恩执政"取代"政权世袭"的措辞。国防部就此表示，由于金正恩执政时间已超过 10 年，白皮书修改措辞，相关部分仅存在措辞的区别，内容无变。《国防白皮书》还称，为了韩日两国的关系以及东北亚与世界的和平与繁荣，韩日两国必须加强合作。白皮书将日本称为"邻国"，而过去的白皮书则将日本称为"伙伴"，说明在新的《国防白皮书》中，韩国对日本的称呼级别有所下降，反映了韩日关系的不断恶化。

（三）韩美间可能爆发的冲突点

首先，美国对朝鲜实行制裁是为了迫使朝鲜放弃核武器研发，除非朝鲜采取核裁军等重大措施，否则不可能放宽制裁，这是美国多年的一贯态度，拜登政府应该也是一样。而韩国把改善韩朝关系列为优先课题的政策，在这一点上两国的战略定位不一样，势必会爆发矛盾。其次，随着中美战略竞争愈演愈烈，韩国面对在两国间"选边站"的局面。最后，韩日之间的矛盾由来已久，随着"经济安全""半导体安全"的兴起，两国的关系将进一步恶化。

综上，2021年中国可在协调放松、解除对朝经济制裁政策上深化与韩国的合作。中国应通过经济带动政治，推动半岛无核化进程，同时积极构建与韩国的合作机制、巩固中韩战略合作关系，防止美国利用"中国威胁论"、中韩黄岩礁等问题，为中韩关系设置障碍。中国应积极推动中韩双边关系，为两国长期合作推进东北亚地区和平机制建设构筑深层次经济、政治基础。

第十二章 2020年纳卡冲突与高加索地区局势

徐光辉

一、纳卡问题的产生和演变

"纳卡"地区的全称是"纳戈尔诺—卡拉巴赫"（Nagorno Karabakh），其中"纳戈尔诺"是俄语中意为"多山的"的词语，"卡拉巴赫"则来源于突厥语中意为"黑色的花园"的词语。因此"纳卡"地区是"卡拉巴赫地区山地"的意思。19世纪，"卡拉巴赫"一般指包括上卡拉巴赫（亚美尼亚人聚集）和下卡拉巴赫（阿塞拜疆人聚集）在内的广大地区，"纳戈尔诺—卡拉巴赫"则是从沙俄时期开始对上卡拉巴赫的叫法。"纳卡"地处高加索地区中部，是位于阿塞拜疆境内西南部的一个面积大约4400平方千米的自治州，居住着17万人，但其与亚美尼亚并不接壤。由于"纳卡"地区的居民多为亚美尼亚人，但其位于阿塞拜疆境内，因此，阿亚两国经常围绕领土和民族问题发生冲突。历史上阿亚两国就对"纳戈尔诺—卡拉巴赫"地区的归属存在争议。

"纳卡"冲突问题具有悠久的历史发展脉络。两国间"纳卡"问题的产生与演变历史可以划分为五个阶段：

（一）伊朗统治时期（16—18世纪）

"纳卡"地区作为古亚美尼亚王国时期的一个行省被称为"阿尔察赫"或"阿尔扎赫"。15世纪亚美尼亚地区成为奥斯曼土耳其和伊朗萨法维王朝争夺的焦点。经过长时间的战争后，亚美尼亚地区被两国瓜分，其中奥斯曼土耳其取得地区西南部，伊朗则取得东亚美尼亚地区（包含现今亚美尼亚和阿塞拜疆）。在16—18世纪萨法维王朝统治期间，东亚美尼亚的突厥化加强导致阿塞拜疆人（鞑靼人）越来越多，并成为主体民族，"纳卡"地区的名字也由亚美尼亚语"阿尔察赫"（"阿尔扎赫"）改为突厥语"卡拉巴赫"。

（二）沙俄统治时期（19世纪初—十月革命）

奥斯曼土耳其和伊朗争抢亚美尼亚的同时，北边的俄罗斯早已对具有战略价值的高加索地区虎视眈眈。18世纪初俄国赢得北方战争后立刻将目光对准高加索。在持续的外交和政治手腕的运用下，俄罗斯逐步取得向高加索地区渗透的机会。1747年高加索地区分裂为数十个小汗国，其中就有臣服于伊朗的卡拉巴赫汗国。1804—1813年沙俄与伊朗进行第一次俄伊战争，臣服于伊朗的高加索诸汗国在战争中遭到巨大打击。1805年卡拉巴赫汗国同沙俄帝国签署了《库拉克恰伊条约》，条约规定卡拉巴赫汗国成为沙俄的属国。1813年战争结束，俄伊签订《古利斯坦和约》，条约正式将卡拉巴赫汗国割让给沙俄。但沙俄随后在1822年废除卡拉巴赫汗国并在该地区实行军管。1826年第二次俄伊战争爆发，伊朗迅速溃败。1828年俄伊两国在土库曼恰伊村签署《土库曼恰伊条约》，整个外高加索地区根据条约规定并入沙俄版图，第二次俄伊战争结束。至此东亚美尼亚地区成为沙俄领土，该地区也在随后的发展中在各方面与俄罗斯文化交融。

自 19 世纪始，沙俄在国内外都充满了矛盾点。在国际上，沙俄与其余西方列强矛盾渐深，因此在与列强竞争时，俄罗斯需要一个稳定的后方。在国内方面，沙俄对其占领的东亚美尼亚地区的穆斯林和阿塞拜疆人充满不信任。因此，沙俄在作为高加索地区枢纽的卡拉巴赫地区实行"种族政治政策"，即改变地区主要种族人口的结构。沙俄有意在阿塞拜疆扶持亚美尼亚人，其从伊朗和土耳其将大量信奉基督教的亚美尼亚人迁入属于阿塞拜疆的卡拉巴赫地区，以此来压制穆斯林和阿塞拜疆人。亚美尼亚人逐渐成为卡拉巴赫地区的主体民族，但此地区在行政领导上仍属阿塞拜疆。

由于沙俄的种族政策，"卡拉巴赫"在 19 世纪末 20 世纪初逐渐变为带有俄罗斯化意味的"纳戈尔诺—卡拉巴赫"。该政策也为后来爆发的"纳卡"冲突埋下隐患，可以说是"纳卡"冲突的根源所在。

（三）苏俄—苏联时期

十月革命使俄罗斯改头换面，解决国内民族冲突的任务也由沙皇俄国转移到新生的苏维埃政权身上。在国家的构成形式选择上，列宁主张构建民族联邦制，这种以民族划分区域的形式在最初就给各共和国留下了许多永久性的"飞地"。

十月革命后亚阿两国针对包括"纳卡"地区在内的冲突地区展开争斗，亚美尼亚武装趁机占领"纳卡"地区首府舒沙。一战结束后列强开始干涉俄国内政，英国干涉军进入高加索地区，并将"纳卡"地区划归阿塞拜疆。阿塞拜疆便在此进行种族清洗，在舒沙屠杀亚美尼亚人。大屠杀发生后不久，苏维埃红军成功解放高加索，俄共（布）随即组建高加索中央局（以下简称中央局），并在高加索三国建立苏维埃政权。

　　1921年7月4日中央局决定将"纳卡"地区划归亚美尼亚苏维埃社会主义共和国。但5日中央局又就"纳卡"问题通过决议，将"纳卡"划归阿塞拜疆苏维埃社会主义共和国，"纳卡"地区与亚美尼亚相连的拉钦地区也被划归阿塞拜疆。1922年高加索三国以"外高加索联邦"的名义加入苏联。苏联则在1923年设立了隶属于阿塞拜疆的"纳卡"自治州。

　　根据分析，苏联这样做的原因有二：一是苏维埃政权初步稳固，苏联需要和平的外部环境。因此，为安抚南方的土耳其，苏联只得向阿塞拜疆做出让步，将亚阿两国冲突地区的大部分划归阿塞拜疆。二是内部稳定也是国家发展的重要因素。因此，高加索的民族主义问题——尤其是亚美尼亚问题，也是需要关注的重点。苏联便利用两国的矛盾避免民族主义的高涨与地区大国的诞生。

　　在后来的发展中，"纳卡"地区的亚美尼亚人做出过一些努力，但由于苏联高层在这个问题上一直采取搁置争议的办法，他们并没有达成目的。首次尝试是在赫鲁晓夫改革时期，此时中央对民族地区的控制有所松动，亚美尼亚民族主义试图趁机收复"纳卡"，但被中央镇压；第二次发生在勃列日涅夫时期，此时正值苏联国力鼎盛、对外扩张，对国内民族问题则以敷衍应付态度为主。

　　苏联领导人始终将民族矛盾归结为阶级矛盾，处理民族问题也采取阶级斗争形式，这就导致高加索的民族问题更加复杂。苏联的制衡政策也使民族分布犬牙交错，相互敌视的宗教信仰更难相容。世界局势风云变幻，美苏冷战愈演愈烈，苏联的目光始终放在国际上，忽视国内的民族问题。"纳卡"问题被束之高阁，成为"冻结的冲突"。

（四）1988—1994 年第一次纳卡冲突

20 世纪 80 年代后期戈尔巴乔夫上台后进行经济和政治改革，强调"民主化"和"公开化"。这一改革使苏联内部的民族问题浮出水面，加之改革使中央政府对地方的控制力有所下降，"纳卡"问题被亚美尼亚人重新提起，阿亚两族的冲突再度激化。

"纳卡"州苏维埃于 1988 年 2 月根据公民投票决定通过决议要求将"纳卡"划归亚美尼亚。对于这项决议亚美尼亚表示同意，但阿塞拜疆激烈反对，苏联中央也否决了此要求。随后，阿亚两个加盟共和国之间就"纳卡"归属问题发生冲突，矛盾逐渐激化，最终转变为族际的屠杀与战争。苏共中央政治局则试图采用镇压方式解决问题，命令苏联军队进入亚美尼亚平息事端。但在同年 9 月，"纳卡"州再次发生民族冲突，当地的局势逐渐恶化，州政府斯捷潘纳克特则举行大规模罢工罢课活动。阿塞拜疆首都巴库也在同年 11 月发生由约 50 万人参加的游行示威，以此来抗议将"纳卡"州划归亚美尼亚这一要求。随后阿塞拜疆政府取消了"纳卡"州的自治州地位，这导致"纳卡"地区宣布从阿塞拜疆独立出去，这一行动也得到亚美尼亚的大力支持。

1989 年 1 月，苏共中央政治局通过由中央政府直接对"纳卡"地区进行管辖的决议，并在 9 月要求阿亚两国进行谈判。同年 11 月苏联最高苏维埃又将"纳卡"地区的管辖权归还阿塞拜疆，这遭到了亚美尼亚的谴责。1991 年 11 月至 12 月，"纳卡"州在亚美尼亚的支持下再次举行全民公投并宣布脱离阿塞拜疆成立"纳卡共和国"。1991 年 12 月 25 日，苏联解体，"纳卡"冲突由从前的国内民族纠纷演变为两个邻国间针对领土争端发起的国家间战争。这场战争自 1992 年开始，于 1994 年结束。

1992年2月亚美尼亚对阿塞拜疆发动武装进攻,并有计划有目标地对阿塞拜疆要点进行打击和夺控。亚方在攻占霍贾里地区后制造了"霍贾里悲剧",大量阿塞拜疆人被屠杀。亚军在1993年4月的第二轮进攻中攻占克尔巴贾尔地区,成功打通第二条"陆上走廊"。至此,亚美尼亚控制了"纳卡"地区及其周边大部分领土。

1992年战争之初,欧洲安全与合作会议就成立了明斯克小组以积极解决"纳卡"冲突。1994年阿亚两国在俄罗斯和明斯克小组等国际社会的调解斡旋下达成停火协议。在此次冲突中亚美尼亚收获大片领土,但阿塞拜疆始终坚持"纳卡"地区及其周边领土属于阿国领土并且宣称"纳卡共和国"为非法。因此,签订停火协议后阿亚双方的小冲突小摩擦持续不断。

(五) 1994—2019年

1994年两国之间的停火协议并未能从根本上解决"纳卡"地区的归属问题,阿亚双方在"纳卡"地区及其周边地区也时常爆发小规模冲突。欧洲安全与合作会议于1996年12月提出有关"纳卡"地区和平解决的三个原则,即尊重阿塞拜疆共和国和亚美尼亚共和国的领土完整,基于自决原则在阿塞拜疆境内给予"纳卡"高度自治的地位,切实保证纳卡及其全体人民的安全。但这三原则并未被冲突双方所接受。在此后的时间里,即使阿亚双方进行多次调解与会晤,但问题解决始终没有实质进展。

2008年以及2010年阿亚两国针对"纳卡"问题发生冲突后,双方在乌克兰危机阴影笼罩下的2014年再次爆发冲突,冲突导致13名阿塞拜疆人和5名亚美尼亚人死亡以及多人受伤。两国军队更是在双方实控线两侧陈兵对峙。由于当时世界各国的关注点都在乌克兰问题上,俄罗斯也不想自己的后方在这关键时刻出现新的危机,俄罗斯总统普京为防止冲突升级展开积极调解，希望阿亚两国保持克制，缓解冲突。阿亚两国达成共识，表示愿意以和平方式解决"纳卡"冲突，冲突因此得到缓解。这次调解也显示出俄罗斯在此地区危机解决方面的重要性，俄罗斯也因此达成在阿亚两国间形成牵制的战略目的。可是好景不长，2016年4月"纳卡"地区在阿亚双方经过两年的停火修整后再次成为冲突前线，有60多人在4月2日至5日的三天冲突中死亡。此次冲突爆发后，双方各执一词，均指责对方先破坏协议发动攻击。国际社会的高度重视使得冲突在持续三天后迅速结束。

2017年以来，"纳卡"地区依旧保持僵持状态，阿亚两国不仅在谈判方面毫无进展，而且冲突导致人员伤亡的事件也经常发生，并且使用的武器也大小不一。双方由于不可协调的问题——亚美尼亚坚决支持以民族自决原则成立的"纳卡共和国"，但阿塞拜疆则始终坚持其领土完整和不可侵犯性——僵持不下。国际局势的变化也使得这一地区的力量对比和形势发展发生变化。亚美尼亚的综合国力在近几年的发展中逐渐落后于阿塞拜疆，俄罗斯作为亚美尼亚的盟友却希望阿亚两国保持战略平衡，阿塞拜疆则得到许多伊斯兰国家的支持。

在全球化持续发展和这种国力差距逐渐加大的情况下，国际社会认为"纳卡"地区发生冲突的几率呈下降趋势，但这颗表面上看来熄火的定时炸弹还是在2020年引爆并产生巨大影响。

二、"纳卡"冲突的爆发与升级

2020年4月，纳卡地区举行"总统"选举，引发阿方强烈抗议。从2020年7月起，阿塞拜疆与亚美尼亚两国围绕纳卡问题陆续爆发多起冲突。到 2020 年 9 月 27 日后，冲突持续升级，逐步演变为阿亚两国的全面战争。自 1994 年停火以来，阿亚两国摩擦不断，但此次战争是一次矛盾集中爆发，规模最大、伤亡人数最多、影响最为深远。

（一）冲突爆发的背景

此次"纳卡"冲突的爆发以及升级为前所未有的局部战争貌似是突然发生的，但这其中既有上文历史原因的积累，也有当下的现实因素的激发。其中现实因素对冲突升级的影响尤为突出。

1. 新冠肺炎疫情

新冠肺炎疫情在 2020 年的暴发导致很多国际问题的出现，也催化了"纳卡"地区已有矛盾的加剧。疫情的暴发改变了高加索各国以及周边大国稳定的国内国外局势。疫情使阿亚两国社会民生问题凸显，也导致两国的经济发生倒退。两国国内政府承受了疫情所带来的巨大压力，因此政府急需将国内民众的关注点从本国的危机转移到外部。从这一点上看，阿亚两国都有利用"纳卡"冲突缓解国内压力、增加本国政府执政合法性以及凝聚国内民众团结的意图。疫情带来的阿塞拜疆经济的下滑有可能使其在综合国力上已超过亚美尼亚的优势改变，因此，阿方可能在担心未来形势走向的基础上提前对"纳卡"地区采取行动。

2. 国际社会

在国际社会中对高加索地区影响巨大的俄罗斯、美国、欧盟、土耳其、伊朗等各方都因忙于本国内务无力过多干预其他地区事务。乌克兰危机后美欧制裁的阴影还没有散去、叙利亚战争余波未平，因此俄罗斯方面总体采取收紧态势，试图改善不利于己的国际环境，并不想陷入新的战争漩涡而静观事态变化，以免失去主动地位。美国因国内忙于总统选举并且疫情形势严峻而无暇他顾，欧盟也深陷疫情与经济复苏的泥潭，而土耳其则为扩大地区影响力大力支持阿塞拜疆。地区内外的大国无暇顾及"纳卡"冲突使阿塞拜疆认为自己抓住了收复失地的机会，并为冲突升级起了促进作用，同时也增加了战争调停的阻碍因素。

3. 阿亚本身

（1）阿塞拜疆：进入21世纪，阿塞拜疆的人口规模、经济实力和军事力量都取得较好发展，并逐渐超过亚美尼亚，但其对"纳卡"地区的主张都因俄罗斯等国家支持亚美尼亚而无法如愿。阿塞拜疆一直期待通过非正常方式新上台的帕希尼扬政府能在"纳卡"问题上采取灵活立场。但帕希尼扬对待此问题的态度却更加强硬，甚至公开表示"纳卡"地区属于亚美尼亚的领土。2020年7月，阿亚两国边界局势恶化，双方于接壤地区发生武装冲突，这使得阿塞拜疆国内的民族主义情绪空前高涨，对阿政府形成巨大压力，再加上阿塞拜疆国力对于亚美尼亚具有明显优势，阿方对于收复失地、重振国威产生强烈意愿。

（2）亚美尼亚：亚美尼亚在苏联解体初期的战争中获得胜利并获得"纳卡"地区大部分及其周边领土的控制权。但随着时间推移，阿塞拜疆逐渐在国力竞争中压过亚美尼亚占据上风，亚方在"纳卡"问题的解决中只得采取消极防守的措施。由于亚美尼亚新政府上台形式有问题，帕希尼扬希望借此次冲突来稳定国内局势并提高自身声望与政权的合法性。再者，亚美尼亚近年来经济发展低迷，失业率增长幅度增大，国内民众对政府有不满，这场战争也可以帮助亚当局缓解国内矛盾。但被迫应战无疑为亚美尼亚增添了许多负担。

（二）战争进程

2020年"纳卡"冲突早有端倪，阿塞拜疆和亚美尼亚两国似乎也早有准备。2020年5月下旬，阿亚两国各自举行了为期四天左右的军事演习，似乎是在检查动员和应敌能力。7月12—16日，阿亚两国在北部边界地区交火，亚美尼亚称起因是阿塞拜疆边防军的一辆越野车驶入亚军控制区，阿塞拜疆则认为该地区的阿亚两国边界未完全划定，不属于入侵。冲突在俄罗斯干预下很快停止。7月和9月，亚美尼亚与俄罗斯等国、阿塞拜疆与土耳其分别举行了两次联合军事演习。9月27日，阿亚两国军队沿着"纳卡"地区实控线展开激烈攻防，双方均指责对方首先挑事。次日，亚美尼亚即宣布实行军事总动员，阿塞拜疆则宣布进入紧急状态，因此冲突在一开始便有发展为阿亚两国全面战争的趋势。俄总统普京于27日和29日分别与亚美尼亚总理帕希尼扬通电话，就"纳卡"冲突进行磋商，并对冲突表示严重关切，强调须采取一切必要措施防止冲突进一步升级。

在冲突的第二天即9月28日，亚美尼亚驻俄罗斯大使认为明斯克小组应立即应对"纳卡"冲突，并指责土耳其从叙利亚北部派遣4000名武装人员进入阿塞拜疆。阿塞拜疆外交部对此表示否认。土耳其没有正面回应这一指责，而只表示其将全力支持阿塞拜疆。9月30日，阿塞拜疆与亚美尼亚在纳卡地区的冲突进入第四天，双方伤亡人数进一步上升。

俄美法三国总统在10月1日就"纳卡"冲突发表声明，谴责"纳卡"地区出现的暴力升级问题，并呼吁阿亚两国领导人在俄美法协调下恢复谈判以解决冲突。在10月4日即冲突爆发的第八天，"纳卡"地区首府斯捷潘纳克特遭到阿塞拜疆的炮击。冲突不仅引起北面俄罗斯的关注，也对南边的伊朗产生影响。冲突导致一些针对"纳卡"的炮弹误入伊朗边境，导致人员受伤和建筑损毁。伊朗总统鲁哈尼7日表示应避免"纳卡"地区冲突升级为局部战争。因为冲突升级不符合相关各方的利益，伊朗不能接受任何炮弹入境，也不能允许外国武装人员靠近边境。"纳卡"冲突截至10月7日已经持续11天，冲突双方在"冲突调停人"问题上难以达成妥协。10月9日俄罗斯领导人再次呼吁应以外交方式解决"纳卡"冲突。同日，亚美尼亚、阿塞拜疆和俄罗斯外长于莫斯科举行三方磋商。

在冲突中一个令各方比较关注的问题是有大量恐怖分子参与"纳卡"冲突，这使亚美尼亚、俄罗斯、伊朗及中亚各国感到担忧，亚美尼亚则认为阿塞拜疆和土耳其应对此负责。

（三）地区和平进程

阿亚双方首次关于结束冲突的尝试是10月10日的第一次停火协议。俄阿亚三国外长10日发表声明称，各方同意自当地时间10日12时起在"纳卡"地区停火，并在国际红十字会的协调下交换战俘和遇难者遗体。但是停火协议被迅速打破，阿亚双方均指责对方违反协议发动袭击。与此同时，俄罗斯在12日呼吁双方应严格履行"纳卡"停火协议。冲突持续至17日，当天在国际社会的积极协调下，阿亚两国再次达成于当地时间18日零时实施人道主义停火的协议。无独有偶，这次停火协议同样很快被双方的交火所打破。亚方指责阿军18日出动坦克和装甲车，试图在"纳卡"地区南部发起突击。阿塞拜疆则指责亚方试图摧毁战略性的巴库—新罗西斯克石油管道。由于双方各执一词，冲突只得继续持续。10月23日美国国务卿蓬佩奥与到访的阿亚两国外长举行会晤。在讨论"纳卡"局势后，三国于25日发表声明称阿亚两国有关"纳卡"冲突的新一轮停火协议将于当地时间 26 日上午 8 时起生效。这是自 9 月冲突爆发以来双方达成的第三份停火协议。但就在协议生效后不久，冲突战端再起，阿亚双方在指责对方破坏协议后展开炮战。

冲突结束的曙光在 11 月上旬到来。俄总统普京、阿总统阿利耶夫与亚总理帕希尼扬签署声明，宣布"纳卡"地区自北京时间 11 月 10 日 5 时起完全停火。阿亚双方将停留在各自所占据的地区，并交换战俘以及遇难者遗体。

从 9 月底开始持续 40 余天的战斗导致双方超过 5600 人丧生，在冲突中阿军收复"纳卡"大部及其周边大片土地，并迫使亚美尼亚接受和平协议。与此同时，俄罗斯将在"纳卡"地区部署维和部队以监督冲突双方执行停火协议，维和任务将至少持续 5 年。至此，"纳卡"冲突的硝烟几乎散尽，局势得到较稳固的控制。

和平协议使阿亚两国出现不同的境况。阿塞拜疆在 12 月 10 日举行阅兵式以庆祝胜利，土耳其总统埃尔多安也出席了阅兵式。但协议却使亚美尼亚人遭受打击，亚美尼亚国内爆发抗议活动，要求总理帕希尼扬下台。

2021 年 1 月 11 日，俄阿亚三国领导人在莫斯科举行会谈共同支持建立一个旨在解决恢复"纳卡"地区经贸、运输等问题的三方工作组，以帮助该地区重建。2 月 17 日亚美尼亚外长艾瓦江应邀对俄进行短暂工作访问并与拉夫罗夫就"纳卡"问题举行会谈。会谈中，双方就履行俄罗斯、阿塞拜疆和亚美尼亚三方于 2020 年 11 月 9 日和 2021 年 1 月 11 日达成的相关协议进行了详细讨论，并着重磋商了交换战俘、人道主义援助和解封"纳卡"地区交通等问题。

"纳卡"冲突至此得到稳定，但这并不意味着该问题的最终解决，而是迫于种种压力的又一次"冻结"。

三、"纳卡"冲突评析

（一）战争的特点

"纳卡"冲突爆发以来一直是国际社会关注的焦点。虽然阿亚两国在该地区已发生过不计其数的摩擦与冲突，但本次冲突较此前出现了许多引人注意的新特点，双方在冲突中使用的武器有所升级，战争的形式也呈现超越传统战争的趋势，以及在冲突升级的背后有大国博弈的身影。

1. 多种新式武器的实战运用

（1）无人机运用

在此次冲突中，阿亚两国除出动大量地面传统装备外，还大规模投入无人机的使用。在之前的战争中，无人机主要担负侦察任务，但此次"纳卡"冲突中，无人机取代有人机成为空中的主角。虽然双方都有无人机的使用，但以阿塞拜疆军队的无人机数量更庞大、品种更多样，而且打击战果也优于亚军，这也是阿方赢得冲突胜利的重要因素之一。

在冲突中，阿军利用无人机对亚方的防空武器、装甲目标、军事人员、后勤保障等进行精确打击，对亚军造成巨大创伤。行动开始前，阿塞拜疆首先利用无人机群摧毁对方防空系统，为其他飞机遂行行动创造条件。尽管亚美尼亚部署有较为先进的 S-300 防空系统，但是阿塞拜疆利用大量廉价的由"安-2"飞机改造而来的无人机先行发动诱饵攻击，待暴露并消耗掉亚美尼亚防空火力后，再由以色列制造的反辐射"哈洛普"无人机和土耳其制造的"TB-2"

无人机进行定点清除。自杀式攻击无人机在冲突中首次大规模投入实战,其体积小、成本低的优势加上良好的杀伤效果使其获得国际军事专家们的关注。

总的来看,尽管此次"纳卡"冲突规模和强度较为有限,但在世界无人机战史上的地位却非常独特。这次冲突是全世界继2020年年初土耳其发动"春天之盾"行动后第二次以无人机为空中打击的主体力量对正规军作战并取得重大成果的战争,还是世界上无人机对战争结局发挥决定性作用的首场战争。阿军对亚军发动的攻击中有75%以上是由无人机进行的,无人机几乎成为冲突地区上空的主宰。

此次冲突中,无人机首次作为主战装备,发挥了至关重要的作用。随着军事无人技术装备的发展以及追求武器成本的降低,无人机已成为当前武器装备中的重要组成部分,成为现代军事中的新生力量。其在战场支援、情报侦察和火力打击方面均发挥着不可替代的作用。无人机在冲突中体现的作战成效与战争潜力,引起各国开始重视对无人机在战争中的运用,甚至有观点认为无人战争的时代即将到来。

(2)远程打击武器

随着冲突的升级,除了无人机的大量投入外,冲突双方在使用远程打击武器攻击对方目标方面也引起国际社会的关注与重视,远程打击武器的种类也非常多。其在冲突中的首次亮相是在2020年10月2日,阿军使用"劳拉"导弹对亚美尼亚多处目标进行打击,并使用"龙卷风"火箭炮向斯捷潘纳克特发射百余枚火箭弹,但其用以攻击亚美尼亚埃里温机场的导弹被亚方的"S-300"地空导弹拦截击落。在随后的交火中,亚美尼亚对阿方的攻击进行反击,即使用"飞毛腿""圆点U"等弹道导弹对阿方的发电站和输油管线等基础设施发起打击。阿塞拜疆在冲突中使用"哈比-2"巡飞弹多次击毁亚方的"S-300"防控系统。由于亚美尼亚在冲突中逐渐处于劣势，其作战力量也屡遭空中打击，亚方只得通过远程导弹打击来进行有限的反击。同年 11 月冲突在停火协议签订后落下帷幕，由于亚美尼亚付出高昂代价，亚军在协议生效前使用"伊斯坎德尔 E"导弹对阿塞拜疆境内目标进行大规模报复性攻击。

双方在冲突前期主要使用远程打击武器攻击对方的纵深重要战略目标，并作为一种威慑手段以遏制冲突的升级。但随着冲突的失衡，双方逐渐开始使用远程武器进行报复性打击，例如攻击对方的基础设施或居民区等非军事目标。在武器的使用过程中也呈现出攻击与防御相结合的特点，导弹既用来打击目标也负责防控反导。此次冲突可以作为未来导弹用于战争的预演样式，对研究未来导弹作战产生思考与影响。

上述的无人机与远程打击武器的运用都为"纳卡"冲突增添了一份信息化、智能化趋势的色彩。

2. 战争形态转变

（1）社交媒体战

新闻社交媒体等宣传报道机构在过去的战争中较多充当记录或报道战争的角色，但在此次冲突中，社交媒体发挥了自己新的功能，冲突双方的较量不再仅仅局限于战争现场，而且也延伸至媒体领域。战争信息通过社交媒体的报道在网络上大量传播，冲突双方抓住这一机会试图掌控社交媒体宣传权并使其对自己有利。国内外各大传媒应用和网页上充斥着阿亚两国的战争"写真"。

社交媒体的新功能体现在以下几个方面：首先是发布虚假信息以迷惑对手。虽然网络等透明性使战争不再神秘，但由于媒体的迅速性特点，也使得战争信息在未被证实的情况下也能迅速传播。因此，阿亚双方借助媒体宣传扩大己方战果，均声称对对方造成严重打击。通过社交媒体宣传虚假新闻和情报,混淆敌人视听并干扰其对形势的分析判断。这种信息的传播可能会对双方士兵的士气和国内民众的心理造成影响,会达成一些舆论战的效果。其次是抢占道德制高点以获取支持。冲突双方可以利用社交媒体对舆论进行引导,通过揭露敌人的战争罪行以突出己方战争行为的正义性和合法性并以此来争取国际舆论的支持。阿亚两国均在冲突开始后指责对方攻击平民的行为,并将大量平民伤亡、民宅被毁的视频和图片放到社交媒体上传播,试图使对方陷入人道主义危机,以此来渲染敌人的凶残和己方的无辜。这些宣传都可以激发国内民众的热情,提振己方军队的士气,并可以在国际调解中拥有更多的话语权。道德制高点的取得可以产生比武力打击更大的战略价值和收益。最后是软硬打击结合以提升胜率。冲突双方都试图通过传统的军事行动硬打击与社交媒体舆论软打击相结合的方式来取得战争的有利地位。实力与舆论相辅相成、互相配合,对战争进程起到了不可忽视的影响作用。这也值得引起国际社会的高度关注。

(2) 战争直播

冲突爆发后,大量充斥着惨烈场面的战争视频剪辑素材在网络上传播甚广,人们惊奇地发现现代战争可以利用网络进行"直播",这可能也预示着战争直播时代的到来。"直播"与社交媒体的功能有所出入,社交媒体倾向于舆论引导,而"战争直播"则侧重于为人们展现真实的战场。

网络信息技术的高速发展使战场的一线信息可以直接传播到世界各地。在冲突发生的过程中,无论是剪辑过的短视频,还是无人装备进行打击的操作界面都会通过互联网传播给每一个人,人们对战争的认识也会通过这些信息而发生改变,这一方面为世界提供了战争细节的素材;另一方面也提高了新闻报道的时效性,人们也可以通过一线"直播"分辨事实真伪。

"战争直播"代表着网络新媒体的兴起与信息技术即时性特点的凸显,这也为阿亚两国争夺信息领域的控制权或者说是战争的话语权提供了一个新的平台。一方面,阿塞拜疆通过不断地发布无人装备对亚方军队和武器的攻击成效以显示己方战果并突出对手的不堪与虚弱。例如,阿军无人机对亚军士兵与坦克进行拔点袭击。另一方面,亚美尼亚也通过"直播"方式展示自己的力量,并试图以此激励士气,改善一些己方的劣势。例如,亚方通过公布围剿阿军特种部队的照片视频等战果,警告对方即使亚美尼亚处于劣势,轻视其力量也会付出沉重代价。

网络新媒体技术正以其独特方式进入战场,并伴随着信息技术的进一步发展在战争进程中发挥更大作用,争夺网络新媒体的控制权会成为未来战争的新重点和新课题。

3. 外部势力介入

(1) 地区国家

美欧等国由于国内外政策异常混乱以及疫情等原因导致其向东渗透压缩俄罗斯势力范围的趋势放缓。西方与俄罗斯在高加索地区的博弈程度也有所下降,此地区处于力量失衡的状态,这也使得土耳其、伊朗等地区大国试图在该地区冲突中显示自身的地位与影响。而高加索地区属于俄罗斯固有势力范围,因此俄在该问题上始终保持调解人的姿态以维持其国际影响力。

土耳其与高加索地区也有历史渊源,其在民族、宗教、语言文化等方面与阿塞拜疆接近,并且由于大屠杀与亚美尼亚结有历史仇恨,其在"纳卡"问题上始终持支持阿塞拜疆的立场。而且此次冲突中,在国际社会积极调停时,土耳其一直在煽动冲突的升级,并在武器和人员方面全力支持阿塞拜疆,还提出要主导冲突的调停与后续进程,这都是此前冲突中没有发生过的。这都体现了土耳其地区野心的增长。

地处高加索南部、与阿亚两国接壤的伊朗也对冲突予以高度关注，但伊朗的干预似乎以防守为主。伊外交部对阿亚两国间的停火协议遭到破坏表示担忧，其既不想得罪阿塞拜疆，也不想影响与亚美尼亚的关系，只是谴责冲突对伊边界造成的损害，呼吁双方回到停火状态。一方面是损害事实存在，另一方面也是要凸显自身在此地区的存在价值。

俄罗斯是贯穿"纳卡"问题本身的元素，尽管其与亚美尼亚保持军事同盟关系，但与阿塞拜疆也存在许多经贸能源方面的合作。由于"站边"不利于利益最大化，俄只得始终以调停人的身份介入冲突，并在此问题上形成战略平衡，才能保证不影响自身的地区影响与利益。

（2）域外国家

"纳卡"冲突的背后，既有俄土博弈的影子，也有美欧等国借高加索局势动荡之机牵制俄罗斯的企图。尽管西方对俄遏制有所放缓，但这种行为并不会消失，其也绝对不会放过这个扰乱俄罗斯视线的大好机会。停火协议达成后，俄认为一些西方国家企图破坏该协议。俄对外情报局认为西方势力煽动亚美尼亚和阿塞拜疆在"纳卡"地区重启战事的危险性依然存在。他们对亚美尼亚方面说，"在纳卡地区停火对亚美尼亚来说是完全的失败，必须采用军事手段取得最后胜利"，他们对阿塞拜疆方面说，"阿塞拜疆离完全取得纳卡地区仅剩一步之遥，是俄罗斯偷走了他们的胜利"。这些行径说明，美欧等国一直靠牺牲他国利益来满足自身利益，这次牺牲的是亚美尼亚和阿塞拜疆人民的利益。

（二）多维视角下的阿亚冲突

1. 冲突双方：各执一词，互不相容

在冲突刚刚爆发时期，双方就剑拔弩张，互相指责，寸步不让，后俄罗斯多次居中调停，尽管签署了停战协议，但也是经过了长达10个小时的闭门磋商，可见若非俄罗斯的压力，双方很难达成任何共识。截至15日，在双方领导人最新的发言中，阿方要求在保证领土完整且与亚方在"纳卡"和平共存的前提下解决争端，亚方则坚持解决方案必须为亚、阿、纳三方所接受。值得欣慰的是，双方都认可俄罗斯在冲突中发挥的作用。

2. 俄罗斯：积极调停，力促尽快实现和平谈判

为了尽快解决冲突，俄并没有完全站在亚方一边，履行集安组织条约义务，而是选择居中调停，展开积极斡旋，俄总统普京多次发出呼吁，俄外长几度居中调停，总理、国防部长等高层政要也多次发声，在艰难达成的协议遭到破坏、冲突进一步扩大以后，俄方主要从三个方面展开斡旋：一是加强与土耳其的沟通；二是借助集安组织发声，拟派遣观察员监督停火事宜；三是外长继续居中调停，希冀双方能够坐下来认真谈谈。

3. 土耳其：强烈支持阿塞拜疆，借机增加自己在该地区的筹码

土耳其在此次冲突中扮演的角色不容忽视。作为坚定支持阿塞拜疆的一方，土耳其在冲突爆发前已经开始部署力量，冲突爆发后，更是公开要求推翻纳卡"领导人"，支持亚美尼亚人反对其政府，呼

呼吁世界支持阿塞拜疆，并且已经秘密向冲突地区派遣武装人员以支援阿塞拜疆，更有甚者，有资料显示，冲突现场出现了土耳其士兵的身影，其对阿方支持力度可见一斑，其想要染指高加索的诉求可见一斑。

4. 其他各方：呼吁尽快停火，谈判解决

冲突爆发以后，美国、欧安组织、欧盟各国、联合国、北约以及伊朗等国际力量均积极发声，敦促立即停火，和平解决争端。美国坚决谴责冲突升级，表态"愿意发挥调解作用"，总统特朗普也希望寻求方法制止冲突；欧安组织明斯克小组三方主席国积极磋商，尽快达成共识，早在10月1日就发表联合声明，呼吁停火并恢复谈判；法国总统、联合国秘书长、北约秘书长、加拿大总统、伊朗政要等或发声，或与冲突双方外长进行沟通，或与土耳其进行沟通，主旨都是希望尽快停火，恢复和平谈判解决，特别是法国总统马克龙，不仅在多个场合讨论或者就冲突发声，还主动施压土耳其总统，要求其解释派遣武装分子参与冲突的"越线行为"。但是，迄今为止，各方均没有采取实质性的步骤，一方面，高加索地区属于俄罗斯的传统势力范围，俄土两国在该地区较为强势，以美为首的西方国家重点在亚太地区，暂时没有染指高加索地区的意向；另一方面，该地区涉及部分能源管道，如果冲突进一步恶化，可能会波及各方利益，所以国际社会各方关注程度较高，希望能够尽快和平解决，避免冲突升级，给自身带来较大影响。

四、冲突对高加索地区局势的影响

经过俄阿亚三国签署声明后，"纳卡"地区于莫斯科时间2020

年11月10日零点实现完全停火。此后,俄罗斯维和力量进入该地区使得此次停火协议的贯彻比较顺利。但该地区长期以来的矛盾并不会因此得到彻底解决,此次冲突对该地区的参与方和主要介入方都产生一定影响。

(一) 亚美尼亚

对亚美尼亚而言,停火是迫不得已。亚美尼亚羸弱的国力在冲突中表现为比较阿塞拜疆军事实力上的悬殊。亚美尼亚在冲突中始终处于劣势,损失大批武器人员以及大面积领土。如果战争在如此败退的情况下继续下去,亚美尼亚很可能失去整个"纳卡"地区的控制权。因此在"纳卡"重镇舒沙陷落后,亚美尼亚选择了停火。尽管此举使亚美尼亚失去大片土地,但除此之外没有其他选择。

在此次冲突中,亚美尼亚失去了对大面积土地的控制权。协议中规定,在阿塞拜疆保留对占领的"纳卡"部分地区的控制权基础上,亚美尼亚需将此前占领的克尔巴贾区、拉钦地区、阿格达姆区以及部分加扎赫区等土地归还给阿塞拜疆。亚美尼亚仅可以保留宽约5公里的拉钦走廊以维持本土与"纳卡"地区的联系。

外部战事刚刚平息,国内动荡便再次重来。自协议签署以来,亚美尼亚国内政治局势恶化渐成危机。明显的表现是国内反对派和大批民众指责帕希尼扬政府应为战争的失败负主要责任,他们抨击抗议此次停火协议"丧权辱国"无法接受。

除了政界动荡,帕希尼扬政府与亚美尼亚军界之间的矛盾也因此激化,导火索是其关于质疑俄制导弹"伊斯坎德尔"在冲突中发挥作用的言论。亚军副总参谋长因反驳其言论而遭免职。亚军总参谋部以总理"无法在危急时刻为亚美尼亚人民做出适当决定"为由要求帕希尼扬下台。帕希尼扬则宣布军方此举属于"未遂军事政变",并提出罢免总参谋长,这些举动导致亚国内政治危机进一步恶化,接近爆发。

面对亚美尼亚政治分歧加剧、抗议活动不断的局面,帕希尼扬不得不请求同胞宽恕自己的错误,并呼吁反对派参加提前进行议会选举。但反对派拒不接受帕希尼扬的道歉声明,坚决要求他必须辞职。在首都埃里温市中心,抗议者多次闯入政府部门办公大楼,甚至在议会大楼附近搭建帐篷持续抗议,要求总理帕希尼扬下台。

(二) 阿塞拜疆

停火协议的签署标志着阿塞拜疆在持续将近30年的"纳卡"冲突中取得了一次称得上是一雪前耻的标志性胜利。阿国内一片喜悦激动的场面,首都巴库还在当地时间2020年12月10日举行烟花表演以庆祝军事冲突的胜利结束,这一天正好是协议签署一个月。

阿塞拜疆在冲突中处于优势地位,但其在国际社会尤其是俄罗斯主导的调停下没有乘胜追击,而是选择巩固现有的胜利果实。有分析认为,阿塞拜疆虽然想一口气继续拿下"纳卡"首府斯捷潘纳克特,但亚军抵抗仍然顽强,继续进攻困难重重。更重要的是,阿塞拜疆也担心会触碰到俄罗斯的底线。虽然俄罗斯在整个冲突中始终未进行实质性干预,并谨慎地扮演着呼吁停火的调停者角色,但阿塞拜疆清楚俄亚两国间的军事同盟关系。因此,在俄罗斯"如果战斗扩展到亚美尼亚领土上,俄罗斯将向亚美尼亚提供'必要'援助"的压力下,阿塞拜疆没有选择进一步升级冲突扩大战果。对阿塞拜疆来说,通过签署条约的形式将目前取得的战果固化下来,也是不错的选择。

阿塞拜疆在冲突中收获颇丰。首先,阿塞拜疆获得对"纳卡"地区大部分领土的控制权,也收回了被亚美尼亚占领的周边领土,达成了冲突的军事目标。其次，冲突使得阿国内对新冠疫情的恐惧和经济发展引发的矛盾得到缓解，并且战争的胜利也团结了国内民众、凝聚民心、稳定政局，达成了政治目的。最后，此次冲突的胜利证明阿塞拜疆是高加索地区不可忽视的新兴力量，进一步提高了阿塞拜疆在此地区的影响力，达成了外交战略目的。

（三）俄罗斯

高加索地区是苏联解体以来俄罗斯的固有势力范围，也是西方与俄罗斯争夺激烈的地区之一。此次冲突以俄罗斯为主导的停火协议的签订而结束，无疑是俄罗斯的又一次外交胜利。这一方面显示了俄罗斯对高加索地区危机的掌控能力；另一方面也借维和部队进驻之机，增强俄罗斯在该地区的军事存在，使自身在该地区的争夺中处于优势地位。但此次军事行动也会在国内新冠肺炎疫情压力的基础上进一步增添俄罗斯的负担。

虽然俄罗斯在冲突中始终未进行干预并保持中立调停的立场，但由于冲突升级，其还是表示如果战火烧至亚美尼亚本土，俄罗斯将履行其与亚美尼亚间的安全条约。这一在关键时刻的表态使俄罗斯再次显示了其在该地区的主导作用，并使亚美尼亚对其有所感激，这一举动也有助于延缓亚美尼亚倒向西方的速度。当然，这也会使阿塞拜疆以及一直支持它并与俄罗斯竞争的土耳其明白，俄罗斯在该地区仍具有真正的影响力，并不会由于制裁而变得软弱。

还有一点需要注意到的是，"纳卡"问题关系到俄罗斯南部的安全问题。俄罗斯是阿塞拜疆的邻国，防止危机外溢至本国是核心利益所在。"纳卡"冲突失控可能加剧俄罗斯南部地区的民族宗教矛盾，使困扰俄罗斯多年的恐怖活动卷土重来。俄罗斯境内有超过50万亚美尼亚人，如果阿塞拜疆取得巨大胜利，势必引发俄国内亚美尼亚人的不满，地区动荡可能导致民族分裂主义和极端主义势力滋生，将对周边国家的国家安全和社会稳定造成冲击。

而且如果"纳卡"冲突持续升级，两国之间爆发更大规模的战争以至局势动荡，该地区将产生大量战争难民，对俄罗斯的边界稳定构成巨大威胁。为此，俄罗斯努力维系两国之间的均势与平衡，以防止局势进一步恶化。这也是俄罗斯不愿为亚美尼亚提供过多军事援助的原因之一。

（四）土耳其

此次冲突中，介入明显的大国除俄罗斯之外就是土耳其。冲突一开始，土耳其在国际社会纷纷持中立调停态度时高调宣布支持阿塞拜疆对亚美尼亚的军事行动，并在冲突升级后持续援助阿塞拜疆的行动。因此，冲突既是阿塞拜疆的胜利，也是土耳其的胜利。

从宗教方面说，土耳其成为伊斯兰教与基督教冲突的胜利者，加强了其在伊斯兰国家中的地位，也有利于其树立伊斯兰世界领导者的形象。从民族方面说，土耳其与阿塞拜疆同属突厥血统，这次胜利也有利于巩固土耳其在突厥国家中的领导地位。从地缘政治方面说，土耳其的胜利对俄罗斯在该地区的行动产生了牵制效果，土耳其对阿塞拜疆的支持以及对高加索地区的渗透使俄罗斯和伊朗感到十分不安，这将加剧土耳其与俄伊两国的紧张关系。其通过此次冲突成功介入高加索地区的事务，并增强其在该地区的存在感与影响力，历史上沙俄与奥斯曼帝国的争夺似乎正在重演。但如果土耳其继续加大对阿塞拜疆的支持，土耳其与俄伊两国的矛盾将会扩大。因为俄伊不希望该地区的军事平衡被打破，尤其不愿看到局势朝着有利于土耳其的方向发展。

针对土耳其的外交方面，其试图通过外部冲突转移民众对国内经济问题的注意力,但这也造成其他负面影响,比如近期埃及、沙特阿拉伯、阿联酋等国均直接或间接地对土耳其商品进行了抵制。在外交上,土耳其在利比亚、叙利亚、东地中海和"纳卡"问题上均陷入孤立状态。

(五)伊朗

伊朗也是阿塞拜疆的邻国,因此伊朗也需要防止冲突引发的地区危机给其本土带来损害。据统计,伊朗国内有约 2000 万阿塞拜疆人,这个数量甚至超过了阿塞拜疆国内的人口,而且伊朗的精神领袖哈梅内伊也是阿塞拜疆族。这都可以是伊朗在冲突中支持阿塞拜疆的借口,但伊朗没有这么做,而是与俄罗斯一样采取中立和两面调停的态度。

因为伊朗如果不支持阿塞拜疆,则会引起国内阿塞拜疆人的不满,这将导致伊朗国内产生动荡。但如果其支持阿塞拜疆使阿方在冲突中赢得更大的胜利,那么这也会刺激阿塞拜疆的民族情绪和野心,伊朗国内的阿塞拜疆人也会蠢蠢欲动。因此无论支持亚美尼亚还是支持阿塞拜疆对伊朗来说都不是最好的选择。如果冲突进一步升级,除了难民问题外,也会产生与俄罗斯相同的民族主义和恐怖主义的问题,将对伊朗安全构成威胁。

伊朗只能努力维持阿亚两国间的战略平衡以求尽快实现该地区的稳定。此外,伊朗还对阿塞拜疆与以色列的军事合作表示关切,也对叙利亚的雇佣军进入"纳卡"地区表示担忧。

五、结语

2020年的"纳卡"冲突持续时间是继1992年以来最长的一次，其规模也较之前有所扩大，甚至差点升级为地区局部战争，这都说明"纳卡"问题积蓄已久，矛盾再次达到无法缓解的地步。

根据停火协议要求，在冲突结束后，亚美尼亚军队撤出"纳卡"地区，阿塞拜疆则收复大部分"纳卡"领土及其全部周边领土，剩余部分则交由俄罗斯维和部队控制五年。冲突虽然平息，但争夺仍未结束，这部分维和领土的归宿——并入阿塞拜疆还是并入亚美尼亚或独立建国——将取决于阿亚两国的外交博弈。

如果亚美尼亚认为"纳卡"属于自己的飞地，则阿塞拜疆也极为重视自己的飞地——纳希切万自治共和国。亚美尼亚与"纳卡"的陆上联系需经过阿塞拜疆，而阿塞拜疆与纳希切万的陆上联系要经过亚美尼亚。虽然亚美尼亚已将拉钦地区归还阿塞拜疆，但阿仍为亚美尼亚保留了通往"纳卡"的拉钦走廊。与此相交换的是，亚美尼亚也同意为阿塞拜疆与纳希切万开辟陆上走廊。虽然阿塞拜疆有能力收复"纳卡"地区，但拉钦走廊也会因此失去意义，亚美尼亚也可能会关闭阿塞拜疆与纳希切万的陆上通道。这样对于阿塞拜疆来说无疑是因小失大，因为战乱的"纳卡"而失去与固有领土的联系。阿塞拜疆已经达成其一雪前耻、彰显能力的战略目的。鉴于此，"纳卡"剩余领土问题的解决结果可能会偏向于亚美尼亚的态度，也就是其回归阿塞拜疆的可能性不会很大。但亚美尼亚举国上下为此战感到耻辱，不排除其积蓄力量，再次挑起事端试图收回领土控制权的企图。2021年3月12日，阿亚两国相继宣布进行军事演习也使硝烟味重回"纳卡"上空。

尽管大国介入明显，"纳卡"冲突总体上也是属于阿亚两国间的事务，尚不足以引发大国直接对抗，或者发生代理人战争。从本次冲突的波及范围就可看出，不仅是阿亚两国，连俄、土、伊等周边大国也不希望战事扩大、引火烧身。前面也提到，土耳其借此冲突成功进入高加索博弈的"俱乐部"，并成为不可忽视的一位成员。虽然俄、土、伊三国在高加索地区有利益冲突，但三国可借此次冲突将西方势力排除出该地区，这可能也是三国之间的默契所在。

国际社会深知冲突平息只是暂时的，"纳卡"问题如果得不到彻底解决，战争阴影卷土重来只是时间问题。在此基础上，该问题不应也不会轻易像之前一样再次被"冻结"，只有积极寻求解决方案才能真正实现"纳卡"地区的长久和平。但西方势力不会放弃制造混乱以扩张自身势力范围的机会，有消息称其正企图煽动"纳卡"战事再起。因此，未来五年停火过渡期内冲突各方利益诉求矛盾重重，围绕"纳卡"问题的博弈还会继续，高加索地区局势的不稳定性仍然存在。

第十三章 2020年印巴关系的发展及前景

庞敬然

自印巴分治以来，两国关系一直是南亚地区最重要的一对双边关系，受到周边国家和国际社会的关注。2020年，印巴关系的发展既受到传统的两国边境冲突的影响，也受到自上年度延续下来的印控克什米尔问题的影响，还受到新冠肺炎疫情冲击下的两国国内政治的影响。本文在梳理本年度印巴两国关系发展趋向的基础上，重点剖析当前印巴关系的本质和导致印巴关系现状的原因，并基于此两点展望未来印巴关系的发展前景。

一、印巴关系的发展趋向

2014年印度总理莫迪上台后，印巴关系在经历短暂缓和后，开始冲突不断。2019年，莫迪开启第二任期前后，两国间矛盾开始进一步升级。2020年，两国延续上一年度的紧张关系，在克什米尔问题、边境冲突等方面呈现出新的发展趋向。2020年3月，新冠肺炎疫情开始在南亚地区快速蔓延，在此背景下，两国之间的博弈明显加剧。国际社会普遍认为，在2019年印度改变印控克什米尔现状后，印巴关系开始出现全面倒退，2020年两国关系进一步恶化，被国际社会普遍认为是十多年来的最低点。

（一）两国边境冲突的频度和烈度大幅提升

印巴分治时，两国因克什米尔土邦的归属问题发生冲突，并因此爆发了三次战争。但两国之间的克什米尔领土争端问题一直没有解决，边境冲突问题也一直是影响两国关系的重要因素。2020年，两国边境冲突呈现出新的发展态势。

一方面，两国边境冲突频率大幅提高。印巴紧张关系断断续续持续多年，双方在边境地区的交火也已经形成常态。但是，2020年印巴交火事件的频率要远高于往年。印度宣称，截至10月中旬，巴基斯坦"违反停火协议"3800多次，巴基斯坦指责印度"违反停火协议"2400多次。[①]针对频繁发生的边境交火事件，两国没有积极寻求解决之道，相反却互相指责、大肆渲染对方的过错。巴基斯坦外交部频频发表声明，称印军多次违反停火协议，对印巴控制线附近巴方一侧进行炮击，造成当地民众伤亡。印度则指责巴基斯坦支持"跨界恐怖主义"，抨击巴基斯坦将大批武装分子、游击队送入查谟—克什米尔地区，针对印度开展全面袭击。

另一方面，两国边境冲突烈度大幅提升。与往年的低烈度边境冲突不同，2020年5月，印巴在边境地区爆发高烈度武装冲突。在这次冲突中，印度动用反坦克导弹、迫击炮和重型火炮，对巴基斯坦境内的弹药库、堡垒和武装分子营地实施打击，造成巴基斯坦境内目标设施严重毁坏。同样，巴基斯坦也对印度境内重要目标设施进行了大规模报复行动。印度和巴基斯坦围绕克什米尔问题不时爆发武装冲突，但是，以往两国进行的往往都是小规模的低烈度冲突，

---

① 胡仕胜：《南亚地区：体系间的对抗日渐明显》，《世界知识》2020年第24期，第21页。

像如今投入重型火炮在内的军事装备的情形相当罕见。[1]好在两国在冲突发生后都保持了克制，局势很快得以控制，使冲突未能进一步升级。

（二）印度改变克什米尔现状引发的斗争持续

2019年8月，印度宣布废除宪法第370条款，取消印控克什米尔的自治地位。10月，印度正式宣布将印控克什米尔划分为两个直辖区：查谟和克什米尔直辖区、拉达克直辖区，并举行了两个直辖区首任行政长官宣誓就职仪式。印度在印控克什米尔的做法打破了第三次印巴战争以来印巴关系的平衡。2020年，两国围绕这一问题继续展开斗争。

一方面，两国围绕克什米尔问题展开外交攻讦。在印度做出改变克什米尔现状的举动后，巴基斯坦总理伊姆兰·汗多次在各种场合和社交媒体上谴责印度对印控克什米尔地区的政策，指出印度一方面通过非法手段吞并克什米尔地区并剥夺民众合法权利；另一方面将克什米尔地区民众争取权利的斗争污蔑为在巴基斯坦支持下的恐怖主义，其目的是制造所谓"假旗"行动[2]对抗巴方，转移国际社会对于印度在克什米尔地区"实施恐怖主义"的注意力。6月，印度国防部长拉杰纳特·辛格高度赞扬废除印控克什米尔地区特殊地位的"历史性决定"，并称"未来几年，印控克什米尔地区人民的命运将会改变"；并表示由于印度政府在印控克什米尔地区"带动

---

[1] 《印巴边境再起冲突，重型火炮齐射，美俄英法旁观两不相帮》，网易，2020年11月17日，https://www.163.com/dy/article/FRLK5EQM0515FJ3P.html。（上网时间：2020年11月20日）

[2] "假旗行动"，也称伪旗行动，是指通过使用其他组织的旗帜、制服等手段误导公众，让公众以为该行动是由其他组织所执行的行动。https://baike.so.com/doc/26005537-27175186.html。（上网时间：2020年11月20日）

了巨大发展",巴控克什米尔地区的人民很快就会要求成为印度的一部分。针对印度防长的煽动性言论,巴基斯坦外交部发表声明予以强烈谴责和回应,称有关言论意在转移国际社会对于印度"国家恐怖主义"和在克什米尔地区违反人权行径的关注,敦促印度解除对克什米尔地区限制措施、收回有关法律修改、停止破坏人权、遵守联合国安理会决议,并称巴基斯坦将继续支持克什米尔地区民众争取权利的斗争。[①]

另一方面,巴基斯坦效仿印度做法,加强对巴控克什米尔地区的控制。针对2019年印度通过变更行政区划的方法加强对印控克什米尔地区控制的做法,巴基斯坦对印度的做法进行效仿。11月初,巴基斯坦宣布将在巴控克什米尔北部建省,即将巴控克什米尔地区的吉尔吉特—巴尔蒂斯坦自治区设立为巴基斯坦的一个新省份。对此,巴基斯坦外交部表示:"行政、政治和经济改革是吉尔吉特—巴尔蒂斯坦人民长期以来的诉求……政府设想的(上述)改革反映了当地人民的愿望。"[②]巴基斯坦对巴控克什米尔的这种做法,事实上加强了对巴控区的控制。此种做法引起了印度的不安和强烈反对。印度外交部称,尽管吉尔吉特—巴尔蒂斯坦被巴基斯坦"占领",但该地区领土仍属于印度,因此巴基斯坦无权改变其地位。印度政府坚决反对巴基斯坦在其非法和强行占领下,对"印度领土"的一部分进行实质性改变的企图。[③]

---

① 张任重:《印巴博弈缘何加剧》,《光明日报》2020年6月29日,第12版。
② 《巴基斯坦宣布将在克什米尔巴控地区建省,引发印度抗议》,澎湃新闻网,2020年11月3日,https://baijiahao.baidu.com/s?id=1682319000087490395&wfr=spider&for=pc。(上网时间:2020年11月20日)
③ 《巴基斯坦宣布将在克什米尔巴控地区建省,引发印度抗议》,澎湃新闻网,2020年11月3日,https://baijiahao.baidu.com/s?id=1682319000087490395&wfr=spider&for=pc。(上网时间:2020年11月20日)

(三) 边境冲突矛盾外溢引发两国外交摩擦不断

2020年,随着印巴边境冲突的不断升温,两国之间的边境军事冲突开始向其他领域外溢,尤其在外交领域,两国摩擦不断。5月底,印方宣布两名巴基斯坦驻印度外交官为"不受欢迎的人",要求他们24小时内离境。6月中旬,印度驻巴基斯坦的两名外交官,在巴基斯坦伊斯兰堡驾车执行公务期间涉嫌交通肇事逃逸,并导致一名平民受伤。虽然在巴外交部协调下两名肇事者被释放,但巴警方发现其中一人携带假币。对此,印度外交部向巴基斯坦驻印外交机构提出交涉。7月初,印度以巴方外交官正在与恐怖分子合作,还从事间谍活动等威胁印度的行为,已经严重威胁到印度的权益为由,决定将巴基斯坦驻印度的外交官数量减少50%。对此,巴基斯坦外长库雷希批评印方"不应为掩饰其在国际场合的失败,而对巴采取非法挑衅举措"。[①]随后,巴基斯坦针锋相对,也对印度做出同样抨击,诟病印度外交官在巴基斯坦境内的种种危险举动,指出这些举动威胁了巴基斯坦的安全和权益,要求印度将其驻巴外交官数量减半,并尽快履行。

印度和巴基斯坦除了在边境交火和领土争议方面存在直接矛盾冲突外,两国还围绕恐怖主义问题、地区合作抗疫问题展开激烈交锋和外交博弈。印度一直把巴基斯坦列为"恐怖主义支持国家",采取各种外交手段试图孤立巴基斯坦。一方面,印度拉拢美国等盟国向巴基斯坦施压,将其列入"支持恐怖主义国家"名单;另一方面,印度希望将巴基斯坦列入反对恐怖主义融资的金融行动特别工作组

---

① 张任重:《印巴博弈缘何加剧》,《光明日报》2020年6月29日,第12版。

的"黑名单",对其施加国际金融制裁。① 巴基斯坦也积极利用传统盟友反对印度的指控,支持本国立场。尤其是土耳其和马来西亚等国力挺巴基斯坦。此外,两国在南盟合作抗疫问题上也互相抵制。3月,在印度召集的南盟疫情防控合作会上,巴基斯坦仅派副部级官员参会;4月,在巴基斯坦主持南盟卫生部长视频会议时,印度仅派司局级官员与会。

二、当前印巴关系的本质特征

从1947年印巴分治以来,印巴关系就成为南亚地区最受瞩目的一对双边关系。两国关系经历了起起伏伏,受到众多因素的影响。纵观近期印巴关系的发展,两国关系日益呈现出一些本质特征,成为考察两国关系相关问题的重要前提和基础。

(一)形成印度主导下的印巴关系格局

在国际关系民主化背景下,国家间关系应该是平等和民主的。但是,受权力政治的影响,国家间关系往往受到双方实力对比的影响。在印巴全面实力对比上,两国相差悬殊。这种力量的失衡,直接造成了两国关系的不对等,形成印度主导下的印巴关系格局。这种不对等关系,具体表现在无论是在双边谈判的主题还是进程上,印度都处于强势的主导者地位,巴基斯坦只能无奈地顺从,否则就导致两国关系发展不顺。

一方面,印度主导印巴和谈的主题。在印巴和谈中,涉及的议

---

① 胡仕胜:《南亚地区:体系间的对抗日渐明显》,《世界知识》2020年第24期,第21页。

题很多。莫迪在对巴关系上只考虑印度自身关心的问题，不考虑巴基斯坦一方的关切，将原本属于双边关系的议题推回到传统上仅仅属于巴基斯坦国内的问题。比较典型的是，在两国领导人设置会谈议题时，莫迪排斥对克什米尔问题的讨论，只同意对恐怖主义议题进行商讨。力图在解决恐怖主义问题的先决条件实现后再讨论克什米尔问题，并借此向巴基斯坦施压。[①]而且，印度所谓的恐怖主义议题并非是双方可以合作的普遍问题，而是单纯指所谓"巴基斯坦支持恐怖主义"的问题。这完全是出于印度的立场和利益设定的议题，这一议题中的不对等也是显而易见的：印度是法官的角色，巴基斯坦则处于被告的位置。

另一方面，印度主导印巴关系的进程。在印巴关系中，作为弱势一方的巴基斯坦往往总是主动释放善意，缓解矛盾。2月，巴基斯坦击落两架通过克什米尔印巴实际控制线入侵的印度空军战机，并俘虏一名飞行员。为缓和同印度的紧张关系，巴基斯坦主动释放入侵的印度飞行员。此外，巴基斯坦还加强对武装势力的控制，对国内虔诚军和穆罕默德军实施严厉打击。但是，巴基斯坦缓和关系的做法，并没有换来印度的对等回应。虽然印度有时也采取一些缓和关系的做法，但是，印度的真正目的并非单纯为了改善两国关系，而是为了更大的外交目标，即营造"新邻国外交"的友善形象，最终目的是塑造对己有利的外交格局。印度和巴基斯坦在印巴关系中并未处于同一频道，而是一直由强势的印度一方以服务本国利益为原则进行推进。

[①] 刘红良：《试析莫迪执政以来的印巴关系与"单边解耦"》，《南亚研究》2018年第2期，第96页。

（二）印度国内现实问题干扰双边关系

印度国内疫情控制不力引发民众不满和愈演愈烈的农民抗议活动，使印度政府试图通过强硬双边政策转移民众情绪。2020年1月30日，印度发现首例新冠肺炎确诊病例；3月初，新冠肺炎疫情在印度迅速蔓延，病例数量持续增长。印度作为世界第二人口大国受到疫情的严重冲击，国内外舆论对印度疫情是否失控的讨论不绝于耳。截至12月30日，印度累计确诊人数超过1024万。① 由《今日印度》开展的民调"国民情绪调查"显示，在对"莫迪政府的最大败绩"问题的回答中，有25%的受访者选择了"疫情防控"，占比最高，有70%的民众认为"疫情防控是印度当前面临的最大问题"。②

农民抗议活动愈演愈烈，推动印度政府对外采取强硬政策以转嫁矛盾。自8月以来，印度联邦议会相继通过了《2020基本商品（修正）法案》《2020农产品贸易和商业（促进和便利）法案》和《2020农民（授权和保护）价格保证协议和农业服务法案》三个农业法案。印度政府推行此次农业改革的本意是对农产品的定价、销售和储存方面的种种限制进行松绑，通过市场这只"看不见的手"使农民摆脱中间商的垄断，在市场的助力下使印度农业走向现代化。③ 然而，由于印度各级政府的高度腐败，在民众中的信任度很低，

---

① 来自印度政府官方数据，https://www.mygov.in/covid-19/. （上网时间：2020年12月30日）

② "Mood of the Nation", *India Today*, August 2020, https://www.indiatoday.in/mood-of-the-nation-survey-2020. 转引自楼春豪：《新冠肺炎疫情与印度对外战略新态势》，《外交评论》2020年第5期，第27页。

③ 赵衍：《20万印度农民占据街头，莫迪还坐得住吗？》，《军事文摘》2020年第11期，第52页。

这些法案一出台就遭到民众的抵制和集体讨伐。抗议活动从 8 月开始，11 月法案正式通过后走向高潮。抗议者要求政府进行无条件谈判，在废除新农业法案的要求被官方回绝后，多个农民团体呼吁在全国范围内举行更大规模抗议活动。抗议人群从最初的旁遮普邦的锡克教徒扩大为全国各地的农民。为转移不断升级的国内矛盾，印度政府选择对外采取强硬政策，试图以此转移国内矛盾。

（三）印巴关系与印度其他周边关系交织

印巴边境冲突与印度和尼泊尔、中国的边境冲突交织在一起。5 月，印度国防部宣布要经过卡拉帕尼修建一条长约 80 千米的公路。由于涉及与尼泊尔有争议的地区，印度的做法引起尼泊尔的不满，为此尼泊尔发表声明宣称拥有对该地区的主权。随后，两国在该地区边境发生交火事件，造成印方 1 人死亡、2 人受伤的后果[①]。6 月，尼泊尔通过宪法修正案，将与印度存在争议的地区正式划入尼泊尔的国内领域。此外，尼泊尔还在边境设置了多个哨所，对印度的一举一动进行监视。除了与尼泊尔发生边境流血事件外，印度还与中国发生边界冲突。6 月 15 日，在中印实际控制线附近加勒万河谷地区，两国边防人员发生冲突，造成人员死伤。

近年来，印度不断试图在北部、东北部和西北部边界实控线一带修筑新的道路，以便向这些地区快速调兵。这些地区涉及中国、尼泊尔和巴基斯坦等国。由于印方素有在边境实控线搞"蚕食政策"的"前科"，全面开工之后又"碰瓷"不断，导致和周边邻国间摩擦不断升级。2020 年的印巴冲突就是在这样的背景下发生的。印度

---

① 《和中国、巴基斯坦、尼泊尔同时起冲突，印度究竟想要干什么》，《新京报》，2020 年 6 月 17 日，https://baijiahao.baidu.com/s?id=1669720601189863265&wfr=spider&for.pc。（上网时间：2020 年 11 月 20 日）

同时与周边多个邻国发生边境冲突事件，使印巴关系与中印关系、尼印关系交织在一起。

三、印巴关系的深层原因

造成当前印巴关系现状的原因是多方面的，既有印巴两国实力对比的根本原因，也有两国国内政治掣肘的深层原因，还有域外大国干预的外部原因。

（一）印巴实力失衡愈加严重

当前印度和巴基斯坦的国家整体实力对比失衡加剧，这是造成印巴关系现状的根本原因。冷战后，尤其是近几年，印巴经济实力、军事实力和科技实力的悬殊越来越大，已明显不是一个重量级水平。实力上的巨大差异使巴基斯坦明显处于弱势地位，这决定其在双边关系中的被动地位。

第一，经济实力差距日渐拉大。冷战时期，处于美国阵营的巴基斯坦经济实力发展很快；冷战结束后，印巴两国经济形势开始发生逆转。印度通过经济改革使本国成为世界上经济增长最快的大国之一。巴基斯坦则因为国内的宗教、人口等问题，经济发展受到拖累。最近30年，印度GDP增速几乎每年都高于巴基斯坦，2019年印度GDP为2.97万亿美元，是世界第七、亚洲第三大经济体，是巴基斯坦GDP（2780亿美元）的10倍多。[①]虽然目前印度工业体系依然薄弱，但由于拥有巨大的劳动力资源和市场规模，印度制造业发

---

① 世界银行官网数据，https://data.worldbank.org/。（上网时间：2020年12月30日）

展具有一般国家不具备的先天优势。莫迪上台后启动"印度制造"计划，使印度制造业吸引了大量海外投资，从而获得较快发展。印度的工业发展，尤其是机械、电子等产业部门的发展，为印度提升军事能力奠定了基础。据瑞典斯德哥尔摩国际和平研究所（SIPRI）的数据，2017年印度有3家公司进入全球防务产品销售100强，而巴基斯坦1家也没有。[①]

第二，军事力量失衡加剧。印巴自独立后就相互视为威胁和敌人，为此两国都不断加强军力。但是，随着经济实力差距的拉大，两国军力的失衡加速。在常规军力上，两国的国防预算、军队规模、装备数量和质量都有明显差距。在核力量方面，无论从运载工具还是从核武器的性能方面，印度的优势也非常突出。印度在对外军事合作方面的优势更加明显。2020年2月，印度政府同意继续与土耳其进行23亿美元的交易。根据协议，土耳其公司将在印度维沙卡帕特南的印度斯坦造船厂有限公司生产5艘45000吨的舰队船。同月，特朗普总统访问印度期间，两国签署价值26亿美元的军售协议，武器购买清单包括直升机、通信系统、武器系统、8枚可用于打击舰船的反水面地狱火导弹、MK 54轻型鱼雷、50门大炮和精密火箭系统。3月，印度与亚美尼亚签署了一份价值4000万美元的合同，购买4套SWATHI武器定位雷达。在2020年国防博览会期间，印度和俄罗斯签署了14份谅解备忘录，内容包括开发和生产陆、空、海军系统和高科技民用产品。[②] 12月，印度国防部批准一项巨额军购计划，为印度空军和海军添置军需装备。

第三，科技实力悬殊。2013年印度推出的第四版《科学技术和

---

① 马亚华、周亚兰、黄丹华：《海上丝路背景下南亚地缘格局的解构与再建构——基于印巴均势视角》，《世界地理研究》2020年第3期，第443页。
② 《印度2020年10大军购》，铁血网，2020年10月20日，https://bbs.tiexue.net/post_13565679_1.html.（上网时间：2020年11月20日）

创新政策》强调"以科技主导的创新是发展的关键所在",提出2020年要跻身全球科技五强。世界知识产权组织发布的年度"全球创新指数"报告显示：印度的全球创新指数排名从2015年后开始上升，2020年度排名第48名，比2015年提升了33名，进步明显。印度在知识和技术产出方面表现最好，其中通信技术服务出口排名世界第一。[①]而巴基斯坦2020年创新指数排名为第107名。[②]两国在科技实力方面的巨大差距显而易见。

（二）两国国内政治掣肘

印巴关系在两国国家战略中的定位不同、各自国内对双边关系的政治牵制力不同以及莫迪总理第二任期更趋强硬的对外政策和行事风格等，都是影响当前印巴双边关系的重要原因。

第一，印巴关系在两国国家战略中的战略地位不同。基于巴基斯坦国家的领土、人口、资源等方面的基本情况，其国家战略目标局限在南亚地区层面。而印巴关系事关巴基斯坦的领土完整、国家安全等重大利益，因此在巴基斯坦国家战略定位中被排在优先位置。印度基于本国广阔的领土、众多的人口、辉煌的历史等原因，从建国以来就确定了要做地区大国，进而做世界大国的战略目标。在此定位下，印巴关系仅仅是印度地区层面的一个问题而已，而且这个地区问题要最终服从和服务于"世界大国"的全球目标。在这样两种不同定位下，两国对双边关系的重视程度不同，在处理双边关系时投入的资源也不对等，对双边关系是否改善的期待也不同。巴基

---

① 张秋：《印度科技创新能力分析及对我国的启示》，《科技中国》2020年第8期，第31页。

② 全球创新指数，参见 https://www.globalinnovationindex.org/home。（上网时间：2020年11月20日）

斯坦过分看重印巴双边关系，决定其在双边关系的斗争中处于先天劣势地位。

第二，印巴关系受到各自国内的政治牵制不同。随着莫迪总理赢得2019年大选后连任，其所在的印度人民党的执政根基进一步牢固，在对外政策上受国内政治的牵制和掣肘较少，推行外交政策羁绊较少，这在对巴关系上体现得非常明显。莫迪政府对巴基斯坦的政策原则，从两国关系的外部性转向质疑巴基斯坦政权对克什米尔领土的合法性，在外交推行的方式上也更为激进，逐渐从战略克制转向战略惩戒，使用武力的意愿更为强烈。[①]对巴基斯坦而言，政府与军方的关系对印巴关系的影响至关重要。伊姆兰总统上台后，对印度推行缓和政策，但印巴关系缓和的限度仍要受到巴基斯坦军方的把控。而巴基斯坦军方并不认可政府的解决方案，比如在克什米尔问题上，巴基斯坦军方对解决领土争端的任何方案都毫无兴趣，批评政府对印关系没有成效。对军方而言，需要借助克什米尔、印巴关系等问题对国内政治和社会施加影响。所以，印巴关系问题与其说掌握在印度手中，不如说由巴基斯坦来确定，很难想象巴基斯坦军方会抱有搞好与印度关系的想法，而不只是狭隘的战术。[②]

第三，莫迪强硬的对巴政策和行事作风。印度对巴外交政策受到莫迪行事风格的影响。莫迪外交具有强硬和大胆的个人风格与色彩，其主要核心集中于经济和安全两个维度，而增强印度国家安全和成为经济大国的目标在巴基斯坦不断的"越界滋扰"和"恐怖袭击"背景下是难以实现的。因此，在多次尝试推动巴基斯坦解决恐怖主义问题却未获得有效改进的情况下，莫迪对巴政策的强硬逐渐

[①] 刘红良：《试析莫迪执政以来的印巴关系与"单边解耦"》，《南亚研究》2018年第2期，第102页。

[②] Frederic Grare, "India-Pakistan Relations: Does Modi Matter?" *The Washington Quarterly*, Vol. 37, No. 4, 2014, p. 102. 转引自刘红良：《试析莫迪执政以来的印巴关系与"单边解耦"》，《南亚研究》2018年第2期，第103页。

显露。①莫迪希望通过向巴基斯坦施压，在对巴关系中显露出强硬来凝聚国内共识，获得更多的支持，最终迫使巴方做出改变。

（三）域外国家助推印巴关系

从古至今，世界上任何角落发生的战争都不只是交战双方的事情。当两个国家处于紧张的对峙乃至战争时，第三方国家的态度和立场显得尤为重要。印巴双边关系的发展与域外国家的政策和立场有着密切关系。

第一，美国南亚战略转向。一是抬高印度的战略地位和作用，为印度主导印巴关系提供有利国际环境。当前，印度在美国地缘战略中的地位已经达到了历史最高点。2020年年初特朗普总统访印，实现两国首脑的互访，提升了两国战略关系。2月，特朗普总统对印度进行国事访问，两国发表联合声明——《印美全面全球战略伙伴关系愿景和原则》，标志着两国将双边关系提升为"全面的全球战略伙伴关系"。两国举行第三次外长和防长"2+2"对话，高层战略对话实现机制化。美国与印度在2016年和2018年举行两次外长和防长"2+2"会议，2020年10月，两国举行第三次"2+2"会议。每两年一次的高层战略对话，从机制上加强了两国的战略沟通和融合。现在，美国把印度放到了其更宏大的印太战略中来看待。为了凸显印度在美国战略中的"崇高地位"，美国给印度戴了很多"高帽"："天然盟友""印度洋的净安全提供者""民主的基石""战略级别的离岸制衡手"等。②美国蓄意抬高印度的战略地位并高

---

① 刘红良：《试析莫迪执政以来的印巴关系与"单边解耦"》，《南亚研究》2018年第2期，第95页。
② 胡仕胜：《印度在美国地缘战略中的地位达到了历史最高点》，《世界知识》2018年第24期，第21页。

估其作用,误导世界尤其是西方的民意,从而软化印度政策选择的外部约束,导致印度出于机会主义而采取更具进攻性的对外政策。[①]这是印度对巴基斯坦强硬的重要外部背景。

二是加强与印度的防务合作,使巴基斯坦在印巴战略对峙中处于更为不利的失衡地位。美印防务合作,除了建立"2+2"高层对话协调机制外,还加强军售、军演和提升防务合作级别。在美国总统特朗普访印期间,两国签署价值30多亿美元的军售合同,以增强美印两国的联合防御能力。7月,美军"尼米兹"号航母与印度海军举行联合演习。9月,美印两国开启了网络防御对话。10月,两国举行第三次美印外长和防长"2+2"会议,在会上两国签署《地理空间合作基本交流》协议。该协议的签署将有力推动美印地理信息共享,在民事导航、军事定位和精确打击等方面强化合作。随着新协议的签署,与美国结成军事联盟关系的"三驾马车"[②]已经完成,美印两国成为军事盟国已是基本事实。[③]

三是美国对巴示好,但对印巴关系影响有限。2月,美国与阿富汗塔利班正式签署和解协议。但无论是阿富汗局势的稳定还是美国的撤军等问题还需要巴基斯坦的配合。为此,美国在与印度保持良好关系的同时,对巴基斯坦示好,希望延长与巴基斯坦的反恐同盟关系,协助解决阿富汗问题。1月,美国国务院面向阿富汗和巴基斯坦发布一项"南亚海外难民援助计划",对巴基斯坦的教育援助仅限于阿巴边界的开伯尔—普什图省。2月,特朗普访问印度,在公开演讲中称:"我们与巴基斯坦关系非常好。得益于这些努力,我

---

① 马亚华、周亚兰、黄丹华:《海上丝路背景下南亚地缘格局的解构与再建构——基于印巴均势视角》,《世界地理研究》2020年第3期,第447页。
② "三驾马车"是指美国与盟友或伙伴国防务合作一般要签署三项基础防务合作协议,即《后勤交流备忘录协定》(LEMOA)、《通信兼容和安全协议》(COMCASA)和《基础交换与合作协议》(BECA)。前两个协议已经分别在2016年和2018年的美印"2+2"会议上签署。
③ 吴敏文:《美印是否已结成军事联盟》,《中国青年报》2020年10月29日,第8版。

们开始看到与巴基斯坦取得重大进展的迹象。我们希望缓解紧张局势，实现南亚所有国家更加稳定和未来和谐。"[1] 此外，在印巴克什米尔争端上，特朗普多次表示愿意居中调解，并鼓励两国通过对话与协商解决问题。显然，美国的这种做法更符合巴基斯坦的利益和期待，[2] 但印度坚决反对第三方力量介入印巴争端。所以，美国对巴示好政策对印巴关系的影响有限。

第二，俄罗斯调整印巴政策。一方面，美印安全合作不断升级，冲击俄印传统合作，俄罗斯不断敲打印度。在近一年多时间里，印度和美国走得特别近，支持美国对外战略，购买美国武器等，这令俄罗斯非常不满。2020年，俄罗斯取消了持续20年的一年一度的俄印峰会。该峰会自2000年起每年交替在两国举行，2020年首次出现中断。俄罗斯取消峰会并非仅仅是因为疫情，根本原因在于两国在一系列外交和安全问题上出现分歧，造成两国关系疏远所致。其中一个重要因素是俄罗斯不满印度加入四国联盟。[3] 12月，俄罗斯海军宣布将在2021年2月举行"阿曼2021"军事演习，为各国海军提供一个相互交流的平台，讨论如何打击海上犯罪、共同打击海盗等问题。此次演习地点定于巴基斯坦附近的海域，与印度领海咫尺之遥，参与军演的国家将近10个，却唯独没有印度的影子。[4] 另一方面，俄罗斯在诸多领域需要巴基斯坦的支持，对巴开展全方位合作。俄罗斯在打击"三股势力"、毒品走私、跨国犯罪等方面需要巴基斯坦的

---

[1] 兰江、杨秀琴:《特朗普执政时期美巴关系:困境、动力与前景》,《南亚研究季刊》2020年第3期,第18-19页。

[2] 邓红英:《美国与巴基斯坦关系的改善及其制约因素》,《南亚东南亚研究》2020年第1期,第12页。

[3] 《持续20年的俄印峰会被取消 两国出现"政治摩擦"?》,新浪网,2020年12月29日,https://mil.news.sina.com.cn/2020-12-29/doc-iiznctke9102955.shtml。(上网时间:2020年12月30日)

[4] 《近10国将参加在印巴海域附近的联合军演,唯独没有印度的影子!》,网易,2020年12月26日,https://www.163.com/dy/article/FUQGAS9B0515V5FU.html。(上网时间:2020年12月30日)

协助。因此，俄罗斯对南亚政策进行了适度调整，在克什米尔问题上不再一直扮演"偏袒印度"的角色，而是逐步发展为"印巴并重"政策。① 2020年7月，俄巴双方共同商定建设一条长1100千米的油气管道，建成后，俄罗斯将向巴基斯坦输送油气资源，确保巴基斯坦的能源安全。11月，巴基斯坦和俄罗斯在巴基斯坦境内的塔贝拉特种作战训练场举行了"友谊—2020"联合军事演习。②

第三，土耳其高调站队支持巴基斯坦。巴基斯坦和土耳其都是穆斯林国家，并且同为伊斯兰教逊尼派。多年以来，两国关系密切，一直保持坚定的盟友关系。在印巴冲突中，土耳其是巴基斯坦坚定的支持者。2020年印巴冲突频繁，土耳其高调站队巴基斯坦，在装备和兵力上给巴基斯坦以支持。在装备方面，土耳其出售给巴基斯坦大批无人机，用于部署在印巴边境，并同意把无人机生产线引入巴基斯坦国内。在兵力方面，土耳其在其控制的叙利亚招募雇佣兵，将其派往巴基斯坦，参与印巴冲突中对印作战。当然，土耳其站队巴基斯坦有其自身的考虑。土耳其想通过介入印巴冲突，一方面可以加深与巴基斯坦的关系；另一方面可以扩大本国的影响力，从而为其向中亚扩张势力奠定基础。

四、印巴关系的前景展望

可以预见，印巴关系依然逃脱不了时好时坏的历史怪圈。只是在两国关系的发展中，巴基斯坦越来越身不由己，主导权牢牢控制

---

① 武琼：《大国战略与地区秩序：双重视角下的俄罗斯南亚外交评析》，《印度洋经济体研究》2020年第6期，第99页。
② 《印度两线对峙之际，俄罗斯：我们和巴基斯坦发展关系，你们不要慌》，腾讯网，2020年12月26日，https：//new.qq.com/rain/a/20201226A04XFF00。（上网时间：2020年12月30日）

在印度手中。做出这种判断主要出于对影响印巴关系的内外两个因素的分析。

从印巴关系的内部制约因素来看,两国政府对国内政治的控制力大相径庭。印度莫迪政府和执政的印度人民党,已经在印度牢牢占据政治主导地位,其他政治力量无力撼动。再加上莫迪本人表现出对巴强硬政策风格。而巴基斯坦国内存在政府和军方两类势均力敌的力量,在对印政策上往往不能保持一致。即便巴基斯坦政府采取改善与印度关系的政策,但由于没有军方的支持,其政策效果也往往并不理想。所以,从目前看,两国关系近期没有明显改善的趋势。

从印巴关系的外部影响因素来看,对印巴关系影响最大的是美俄两大国,但两国的影响有限。首先,美国当前正拉拢印度来助力其实施"印太"战略,为此给予印度很高的战略地位,所以,在印巴关系上,美国不会得罪印度去支持巴基斯坦。美国虽然在反恐问题上也需要巴基斯坦的支持,但是,随着美国后撤军时代的逐渐结束,这种需要在减弱。所以,美国支持巴基斯坦对抗印度的动力不足。其次,俄罗斯虽然对印度靠近美国不满,印美安全合作尤其是军购合作冲击俄印合作,但是,短期内,俄印传统安全关系不会出现重大变化。所以,俄罗斯虽然增加了与巴基斯坦的合作,但是与印度的合作还是首要的,敲打印度是策略调整不是战略变化,俄罗斯并不会向印度施压,以改变印巴关系现状。此外,印度一直把印巴克什米尔问题界定为两国间的双边问题,是不同意任何外部势力干涉的。所以,美国和俄罗斯等国家的任何建议和做法都会被强势的印度所拒绝,而处于弱势的巴基斯坦的声音就往往会被忽略掉了。

第十四章　2020年泰国反政府示威探析

龚大明

2020年2月以来，泰国持续爆发了反政府的示威运动，对泰国政治经济造成消极影响。这一系列示威运动跳出了泰国街头政治中黄衫军与红衫军的传统对立，开始出现大量青年学生参与的新情况。示威者提出巴育政府下台、重修宪法等多项诉求，自8月后示威群体将矛头开始直接指向君主立宪制，开始提出限制王权，改革君主立宪制等要求。

一、示威运动概况

2020年2月，泰国宪法法院以"接受超过法律规定额度的捐款"等为由，判决解散新未来党后，泰国国内开始出现反政府示威运动。在接下来的十个月时间里，泰国国内各种反巴育政府以及要求限制王权的各方力量，持续举行了反政府示威游行。

泰国自1932年建立君主立宪制以来，"街头政治"就成为泰国政治生活的常态，最为人熟知的莫过于支持前总理他信的"红衫军"与反他信势力组成的"黄衫军"之间的街头对立。1932年泰国资产阶级革命的不彻底，泰国在名义上确立起了民主政治和宪政制度，但军事政变与城乡差距长期成为泰国政坛的不稳定因素。据统计，1932年至1992年，泰国发生了19次军事政变。通过政变上台的新政府为维持自身的政治优势，往往频繁地制定和修改宪法，而反对派为争夺权力又多次以"街头政治"的形式对政府频频施压，造成国内持续动荡。此外，泰国城乡差距巨大，农民和城市利益集团仍然是泰国两大政治力量。城市利益集团主要包括军方、官僚、中产阶级、企业家等，他们虽然在经济上占有优势地位，但农民则在人数上占有绝对优势，双方形成一种动态平衡关系。在选举政治下，其中一方的候选人胜出，失势的一方就走上街头高喊"民主"，获胜方则走上街头"捍卫民主"，"街头政治"频频上演。

从2014年泰国军人政变到2019年年底，泰国国内政局基本平稳，示威运动较少。2014年巴育等军方将领发动军事政变推翻了他信阵营的英拉政府，并利用当时的临时宪法压制他信阵营政党及其他反对力量，成立了全国维持和平秩序委员会，担任总理并执政至2019年3月。2019年3月，泰国举行了2014年政变以来的首次大选，其中亲巴育政府的人民国家力量党得票数第一，获得843万张选票，反对派政党为泰党、新未来党得票数位列第二和第三，各获792万和626万张选票。由于没有任何一个政党获得足够选票可以独立组阁，以人民国家力量党为主、联合19个政党组成的巴育执政联盟应运而生。[①] 到2019年年底，泰国很少发生示威活动，国内局势总体平稳。

2020年2月至6月，示威运动有所起伏。2020年2月21日，泰国宪法法院判定新未来党党魁塔纳通向该党放贷1.91亿泰铢是违法行为，宣布解散新未来党，规定该党16名执行成员在10年内不得

---

① 《泰国大选非官方计票结果公布 人民国家力量党得票数领先》，中国新闻网，2019年3月29日，https://www.chinanews.com/gj/2019/03-29/8793833.shtml.（上网时间：2021年2月28日）

从政。此举在泰国引发了反政府抗议活动,尤其是校园内爆发了大规模的抗议活动。3~6月,由于新冠肺炎疫情的冲击,泰国国内对人员流动与聚集进行了严格限制,示威运动暂时陷入低潮。

7月至年底,示威运动日益增多,示威力量不断整合,诉求开始进一步明确,甚至开始要求改革君主立宪制。7月18日,学生团体自由青年(Free Youth)与泰国学生联盟(Student Union of Thailand)在泰国发起首场示威行动。进入8月以后,泰国国内示威运动日益增多,年轻人成为主力军。8月16日,"自由人民""自由青年"和泰国学生联盟等团体组织一万多人在曼谷民主纪念碑附近举行示威运动,他们要求解散国会、重新起草宪法、政府当局停止恐吓人民。这是自2014年泰国发生政变以来规模最大的反政府示威运动。[1] 9月19日,曼谷爆发更大规模的示威游行,发起示威的组织称,有5万人参与,警方认为实际人数应该是2万人。示威者再次要求巴育政府下台,更进一步开始要求改革王室,限制王权。[2] 10月,示威运动团体进行了力量整合,将原来的"解放人民团""法政大学民主联合阵线""坏学生"等主要反政府团体统称为"人民团"。"人民团"提出巴育下台、修改宪法、改革君主立宪制等多项诉求,并呼吁对王室以"三指礼"代替跪拜礼。[3] 10月14日,1973年泰国学生运动致军政府垮台事件的周年纪念日,以大学生为主体的两万名青年在曼谷民主纪念碑附近举行抗议集会,并游行至总理府前示威,他们提出"巴育下台、修改宪法、限制王权"三大诉求。巴育政府随即在15日凌晨宣布实施国家紧急状态,禁止在曼谷举行

[1]《泰国爆发近年来最大规模抗议活动》,大象网,2020年8月17日,https://www.hntv.tv/yc/article/1/1295243174125637632。(上网时间:2021年2月28日)
[2]《泰国爆发6年来最大规模反政府示威,要求总理下台、王室改革》,中华网,2020年9月20日,https://news.china.com/international/1000/20200920/38765946.html。(上网时间:2021年3月2日)
[3] 宋清润:《泰国这波示威闹得有点大》,《世界知识》,2020年第18期,第24页。

五人以上集会，禁止发布可能危害国家安全的新闻或信息。① 此后，青年学生持续举行示威运动，部分反政府、对君主立宪制不满的力量也参与其中。同时，政府的支持者与王室的拥护者也时常走上街头，使示威运动更加复杂。

二、示威运动的深层次动因

2020年泰国国内示威运动持续升温，既有泰国既有的政治斗争原因，也有新冠肺炎疫情等偶然事件的影响，还有对王室与君主立宪制的不满等因素的推动。

（一）泰国国内部分势力对巴育政府积怨已久

巴育政府所代表的主要是传统精英和部分中产阶级的利益，在国内的政治对手主要包括两部分，一是代表草根阶级利益，支持前总理他信、英拉的为泰党；二是近年来在青年中大受追捧的新未来党，加之执政联盟内部派系林立也不利于政权稳定。

2014年巴育通过军事政变上台，推翻了为泰党执政的英拉政府，多次修改宪法，获得了5年的"过渡期"执政权，并创造了有利于自己的选举规则。2017年，巴育政府颁布了第20部宪法，将由国会上下两院联席会议共同选举总理，而根据2017年宪法过渡条款的明确规定，泰国上议院的250个席位是由政变军官团遴选任命的。这意味着巴育在下议院选举中获得125票即可当选总理。2019年，

---

① 《泰国爆发的新一轮反政府示威为何愈演愈烈？》，中国网，2020年10月24日，http://www.china.com.cn/opinion2020/2020-10/24/content_76838889.shtml。（上网时间：2021年3月2日）

泰国大选按照新宪法选举。各党竞逐500个下议院席位，由350席分区议员和150席不分区议员组成。最终巴育所在的人民国家力量党获得118席，为泰党137席，新未来党88席，为泰党在下议院直接选举中获得最多席位。其中尤为值得注意的是，为泰党未能在非分区议员中获得任何席位。最终，为泰党比2011年大选时的265个席位大减，失去夺回执政权的机会。[①] 而巴育政府为维护执政权，多次修改选举规定，也引发多方势力的不满，特别是遭致青年学生的反感。本轮示威运动的主力是受民粹主义思潮和西方自由化思想影响的青年学生，而在示威运动过程中也不乏其他反政府力量为其推波助澜，而为泰党等其他力量则一定程度上乐于见到巴育政府难堪。

（二）新未来党被解散与异议人士失踪等事件的推波助澜

2020年2月，新未来党被强行解散可以视为示威运动的开端，而6月一名对政府不满的异议人士突然失踪又推动了示威运动。泰国新未来党是由泰国企业家塔纳通·宗龙伦吉于2018年在曼谷创建的。塔纳通·宗龙伦吉在进入政坛之前，就已经在商界颇有名气，他行动能力强，善于演讲与沟通，对于政局不稳多次提出批评意见，认为必须确保政局稳定，为国家创造良好的发展环境，改善人民生活。新未来党给泰国政坛带来了一定的新气象，在年轻人群中得到了广泛的支持，支持率节节攀升，并在2019年的大选中成为国会第三大党，成为"政坛黑马"。在总理竞逐中，为泰党、新未来党等反对党联合推举塔纳通为总理候选人，与巴育竞逐总理职位，但最终

---

① 《泰国大选正式结果出炉 为泰党获得最多席位》，环球网，2019年5月8日，https://world.huanqiu.com/article/9CaKrnKklSf。（上网时间：2021年3月2日）

失败。2020年2月,新未来党被强令解散,党魁塔纳通被禁止在10年内参政,理由是塔纳通向该党捐款1.91亿泰铢,超过法律规定的1000万泰铢上限。塔纳通和新未来党辩称,这笔巨款是给新未来党的贷款而非捐款,但此说法未被法院采信。泰国舆论普遍认为,泰国选举委员会和宪法法院都是亲巴育政府的,新未来党在程序上或许有瑕疵,但更重要的原因还是新未来党对巴育政府的抨击过于强烈,才导致自己被打击。[①] 新未来党被解散后,其支持者开始组织反政府示威,很多青年学生也逐步参与其中。此外,2020年6月,一名叫wanchalerm的异议人士在柬埔寨遭到绑架后下落不明。7月初,有民众在脸书上上传身穿"我对君主立宪制失去信心"的照片后被强制送往精神病院等事件也进一步加剧了示威群体的对立情绪,并在要求巴育下台等要求的基础上,进一步提出改革君主立宪制、停止恐吓人民等诉求。

(三)新冠肺炎疫情与外部干预进一步激化了矛盾

2020年新冠肺炎疫情肆虐,泰国也深受冲击。新冠肺炎疫情在泰国暴发初期,随着政府采取人员管制措施,示威运动一度大幅减少,但随着疫情的持续,泰国经济遭受重创,原有的矛盾反而进一步激化。2020年新冠肺炎疫情冲击下,泰国旅游业等支柱产业遭到巨大打击,泰国经济同比下降6.1%,为1998年亚洲金融危机以来最严重的经济萎缩,在东盟国家中泰国的经济增长率也排在最后一位。新冠肺炎疫情使泰国旅游业被迫停摆,近400万相关从业人员失业,许多临近毕业的青年学生则直接加入失业大军,他们频繁地在互联网上发泄不满。

---

① 宋清润:《泰国解散新未来党对政局影响几何》,《世界知识》,2020年第7期,第32页。

此外，尽管示威运动主办方每次都宣称是学生或群众自发组织，但其中也能看到一些外国官员和媒体与泰国示威者互动，这在相当程度上助长了示威人群的底气。部分学生领袖先后被披露与美国有不寻常的关系，如23岁的法政大学学生、代号"企鹅"的毕亚拉多次出入美国驻泰大使馆，甚至直接与美国大使戴维斯会面。而青年学生抗议示威的战术也与2019年香港修例风波中乱港分子用的颇为相似。在曼谷的每次示威中，随处可见西方记者的身影，他们与示威人群密切互动，充分发挥社交媒体的组织与宣传作用，令警方疲于奔命、备受掣肘。[①] 泰国超级民调中心公布的一项民调结果显示，82.4%的受访者认为，示威运动是受到外国势力和泰国一些政客的支持和推动的。[②]

（四）君主立宪制成为示威的新对象

本轮示威运动与之前泰国"街头政治"相比，一个明显的变化就是矛头首次直指泰王和君主立宪制。

泰国国王与泰国王室在泰国国内拥有崇高的地位，长期是军队与文官政府之间的平衡器。1932年，泰国建立了君主立宪制，泰国形成国王、军队、民选政府三股政治势力共治的局面。1946年，现任泰国国王玛哈·哇集拉隆功的父亲普密蓬成为新一任泰国国王，直到2016年去世，在位70年。普密蓬国王被泰国民众普遍认为是一位有作为、爱民如子的国王，在民众心中拥有极为崇高的地位。同时，泰国全民信佛，泰国王室通过崇佛、礼佛，进一步巩固了自身的权威。在泰国，国王既是世俗世界的领袖，又拥有佛陀的善行

---

① 余海秋：《纠缠不清的游行示威使泰国政局风波再起》，《世界知识》，2021年第7期，第29页。

② 宋清润：《泰国这波示威闹得有点大》，《世界知识》，2020年第18期，第25页。

功德，是宗教世界的权威，王权和宗教权威的结合成就了国王的权威。泰国宪法规定，国王是佛的信徒和最高维护者，国王处于至高无上和倍受尊敬的地位，任何人不得对国王做任何指控；国王是泰国的最高统帅和国家元首。① 泰国任何人见到泰国王室成员都需要行跪拜礼，包括政府首脑等都不能例外。此外，泰国王室还掌握着巨量的社会财富，具体数额难以计算，据估计拥有近430亿美元的资产。② 与王室的富裕形成鲜明对比的是泰国存在大量的贫困人口和巨大的贫富差距，泰国官方数据显示，2016年泰国贫困人口数量［或月收入不超过2667泰铢（约合563.9元人民币）的人口数量］共计580万，约占泰国总人口的8.6%，贫富差距高达11倍。③ 由于泰国王室拥有的政治经济能力，特别是普密蓬国王的个人威望，使王室与国王常常扮演泰国政治中平衡器的作用。

2016年，现任国王玛哈·哇集拉隆功即位泰国国王，其个人声望与其父相距甚远，年轻人对现有君主立宪制的认同感低。哇集拉隆功作为王储期间，拈花惹草无数，泰国民众对其私生活方面颇有微词。即位泰国国王之后，哇集拉隆功又多次传出绯闻，多次出现各种不得体的言行，如把心爱的狗带到国宴上，让狗与外宾一起用餐等。2020年，新冠肺炎疫情期间，哇集拉隆功上半年没有留在国内与泰国民众"同甘共苦"，而是带着二十个女侍卫跑到慕尼黑潇洒度假惹了众怒，之后国王还将这些女侍卫们封为"对国王最忠诚的人"，更是让人大跌眼镜。在新冠肺炎疫情冲击之下，民众生活更加困苦，对国王不满的声音不断增加，部分示威者呼吁"取消国王军事力量""废除冒犯君主罪""不为军事政变正名"等改革诉求。10

---

① 陈晖：《泰国概论》，世界图书出版公司2012年版，第278页。
② 苏瑞壮：《泰国王室又届历史转折时刻》，《看世界》，2020年第22期，第52页。
③ 《位居2018世界贫富差距榜首的泰国，能否在20年内消灭贫穷现象？》，搜狐网，2018年12月27日，https：//www.sohu.com/a/284914142_402008。（上网时间：2021年3月2日）

月 14 日下午，国王车队途经民主纪念碑，部分示威者不惜"惊扰圣驾"，向其行象征反独裁的"三指礼"，引发泰国社会轩然大波。[①]泰国资深媒体人、《民族报》前总编辑素帕拉克则分析指出，"年轻人对君主立宪制的想法跟父母辈很不同。他们要一个更透明、更贴近真正意义上的君主立宪制。"[②]

三、结语

尽管 2020 年泰国国内持续发生示威运动，但其规模与之前的红衫军与黄衫军之间的对立相比要小得多。同时泰国国王与巴育政府在后期也开始做出了一些积极调整。国王哇集拉隆功在下半年返回泰国后，逐步收敛了自己的言行，希望能够在一定程度上挽回形象。10 月 23 日是被尊为"大帝"的泰国先王拉玛五世朱拉隆功逝世纪念日，国王当天罕见地携素提达王后和两位公主走近人民，接受效忠王室的民众觐见朝拜。其间，哇集拉隆功宣称，"兼爱万民，泰国乃妥协之地"，呼吁政府与示威者对话。巴育政府在示威运动过程中总体上较为克制。在国王"妥协精神"的指引下，巴育政府呼吁和平进行集会，并在议会框架下成立了"国家和解委员会"，试图通过和平谈判方式解决政治危机。[③]目前，持续的示威运动已经对泰国的政治经济造成较大的消极影响，打击了国

[①] 《泰国爆发的新一轮反政府示威为何愈演愈烈？》，中国网，2020 年 10 月 24 日，http://www.china.com.cn/opinion2020/2020-10/24/content_76838889.shtml。（上网时间：2021 年 3 月 2 日）

[②] 《抗议浪潮不断 泰国示威学生挑战王权底线》，腾讯网，https://xw.qq.com/cmsid/20200821A0F8VT00。

[③] 《国王说泰国是"妥协之地"》，搜狐网，2020 年 11 月 11 日，https://www.sohu.com/a/431024282_260616。（上网时间：2021 年 3 月 3 日）

内外投资者的信心。但另一方面，很多民众认为示威运动加重了国家的动乱，不利于民众的福祉。对于君主立宪制与王室地位问题，目前大多数泰国民众依旧持信任态度，保持着较高的敬畏心理。总的来看，泰国局势还远未到失控的地步，君主立宪制短期也不用面临被推翻的风险，但需要回应民众部分诉求，进行一些改革，以维护王室在民众心中的崇高形象。

第十五章　后疫情时期全球经济形势及关键问题

马静曦

一、2020 年世界经济表现及其特征

2020 年的经济发展可谓是跌宕起伏。新年伊始，百年一遇的新冠肺炎疫情突袭，并迅速在全球扩散，不仅威胁人类生命健康，也为世界经济按下了暂停键。各国接连出台封锁政策，民众被迫居家，严格的社交隔离严重影响贸易投资活动，制造业、服务业停滞，金融市场遭遇重创。联合国秘书长古特雷斯称这次疫情是"自第二次世界大战以来最严重的全球性危机"，对世界上每个人都构成威胁，随之带来了一场前所未有的经济衰退。

大规模疫情的暴发暴露了世界经济的系统脆弱性，全球经济深度衰退，国际贸易大幅萎缩，金融市场震动剧烈。如何提高世界经济的包容性，促进公平、减少不平等以及提高环境的可持续性，促进世界经济的可持续发展，提高抵御未来危机的能力，成为当前全球关注的问题。

新冠肺炎疫情对世界经济带来巨大的冲击，主要表现在以下五个方面。

（一）世界经济深度衰退①

2020-2021年度，在新冠肺炎全球流行的大背景下，世界经济遭遇重创，根据联合国发布的相关数据，2020年，全球经济下降4.3%，是自20世纪30年代经济大萧条以来最为严重的萎缩。2009年全球金融危机，全球经济仅下降1.7%，相比之下，新冠肺炎疫情对世界经济的冲击更为明显。

鉴于美国与欧盟各国在疫情早期就开始实施封锁措施，相比之下，疫情显然对发达国家经济的打击更大。2020年，发达国家经济萎缩5.6%，预计2021年增长将恢复至4.0%。然而，在第三季度，新一轮疫情再次席卷欧洲，许多国家重新采取限制措施。据欧盟统计局数据，欧元区19个国家第三季度的GDP较上季度飙升12.7%，第二季度较上季度萎缩11.8%。② 新的封锁措施使得经济二次萎缩不可避免，截至目前为止，快速复苏的可能性较小。相比之下，新兴国家与发展中国家经济萎缩相对小，但地区差异明显。其中，发展中国家经济整体萎缩2.5%，最不发达国家整体萎缩1.3%。预计2021年将恢复增长至5.7%和4.9%。东亚经济体整体表现较好，中国经济实现快速强劲复苏，成为唯一取得正增长的主要经济体，为世界经济的恢复与增长带来了信心和强大的动力。

---

① 如无特别说明，相关数据出自国际货币基金组织，数据发布截止日期为2021年3月31日。https://www.inf.org//external/datamapper/datasets/WEO。（上网时间：2021年3月31日）。
② 《外媒：欧洲复苏因第二波疫情夭折 可能陷入长期低迷》，《参考消息》，2020年11月2日，http://www.cankaoxiaoxi.com/finance/20201102/2423827.shtml。（上网时间：2021年3月2日）

（二）失业人数大幅上涨①

新冠肺炎疫情暴发，不仅对人类健康产生极大危害，还对全球劳动力市场造成严重破坏。受防疫封锁措施的影响，全球近27亿工人处于失业或半失业状态，约占全球劳动力的81%。2020年前三季度，全球有8.4亿个全职工作岗位被迫取消。疫情的持续发展、对未来预期的不确定和社交隔离等防疫措施的实施，一方面使很多人开始由通勤转向居家办公；另一方面则推进了数字化和自动化的发展，进一步抑制了全球劳动力需求，致使劳动力参与率降低。

危机给各个群体造成的影响是不一样的：教育程度较低的工人、女性、年轻人、工作与人群有密切接触的人员以及非正式部门的务工人员受到的损失更为严重。女性，尤其是在非正规部门工作的女性受疫情和社交隔离措施的损失更大。据国际劳工组织估计，所有女性非正式员工中，在受疫情严重影响的经济部门工作的占42%，而在男性非正式员工中，这一数据仅为32%。随着全球经济活动的重启，就业与劳动力指标自5月以来有所改善。不同行业受疫情冲击的程度也不一致，那些在工作中需要与人群有密切接触的人员遭受冲击更明显，例如，住宿餐饮服务、交通运输、零售与批发行业等从业人员。此外，未签订正式劳务合同的人员相比有正式劳务合同的人员承担的失业风险更高。这些问题无疑会造成贫富分化不断扩大，加之当前由于疫情造成的医疗卫生与经济发展的不确定性，必然对于社会稳定造成消极影响。居民信心受损、消费能力减弱也使得经济复苏之路步履蹒跚。

各国劳动力市场处境不同，未来劳动力供给潜力受到的损害不同，对经济造成影响的程度也不一样。对于严重依赖人员密切接触

---

① Onited Nations, "World Economic Situation and Prospects 2021", Jan. 25th, 2021, https://www.un.org/development/desa/dpad/wp-content/uploads/sited/45/WESP 2021_Full Report.pdf. （上网时间：2021年3月3日）

行业的经济体、大宗商品出口国以及学校停课严重阻碍人力资本积累的国家而言，其供给潜力受到的持久损害会更为严重，对经济也会产生更为持久的影响。

失业率的上升导致数百万人在疫情期间陷入贫困。根据2021年1月联合国发布的《世界经济形势与展望》(World Economic Situation and Prospects 2021)，疫情可能使各国过去20年的减贫成果付之东流。低收入群体受到严重冲击，约有1亿人口因疫情陷入极端贫困，全球减贫进程20年来首次出现倒退。预计到2030年，仍将有7.97亿人陷于极端贫困，贫困人口比例将超过9%。贫困人口的绝对数量增加，无疑对各国，尤其是低收入发展中国家的经济恢复与可持续发展造成严重阻碍。

（三）国际贸易与国际投资大幅萎缩

新冠肺炎疫情给国际贸易带来巨大冲击，扰乱了国际生产网络，抑制了全球需求。各国采取管制措施，限制人员货物流动，让原本自2008年全球金融危机以来持续低迷的国际贸易更显颓势。疫情暴发初期，出于对电子元件、芯片、电子设备、药品以及个人防护设备的巨大需求，以及中国及其他东亚经济体的经济复苏，国际贸易在2020年中期随着疫情状况转好逐步恢复。但受第二轮疫情影响，以及全球供应链和旅游业大规模中断的背景下，全球贸易收缩7.6%。各国持续实行出入境限制措施，2020年，全球游客人数预计下降70%，国际旅游收入损失预计达1.1万亿美元①。旅游业收入的大幅下降对于很多发展中国家，特别是地处岛屿的发展中国家的经

---

① United Ntions, "World Economic Situation and Prospects 2021", Jan. 25th, 2021, https://www.un.org/devolopment/desa/dpad/wp-content/uploads/sites/45/WESP 2021_FullReport.pdf. （上网时间：2021年3月31日）。

济造成严重冲击。此外，主要经济体之间持续的贸易紧张关系和多边贸易谈判的僵局，导致全球贸易在疫情之前就已经陷入困境。未来，国际贸易由于新一轮疫情来袭以及全球主要贸易伙伴国之间持续存在的贸易紧张局势等问题而充满不确定性，但随着新冠疫苗获准上市，让人们对2021年疫情出现改善抱有更大希望，给全球经济复苏注入更多信心。

疫情的持续发展导致企业营收遭受冲击，重挫投资者信心和跨国投资发展。据联合国《全球投资趋势监测报告》，2020年上半年全球外国直接投资下降49%，其中流入发达经济体的下降75%，流入发展中经济体的下降16%，全年预期为负数，达到近20年来的最低水平。2021年，全球国际直接投资预计进一步减少5%–10%[①]。由于全球范围内的大规模刺激支出，金融市场充满了流动性，但过剩的流动性大部分用于收购金融资产，固定投资几乎没有增长，进而无法对创造就业和经济增长起到推动作用。

疫情不仅对当前的国际直接投资造成重大的短期负面影响，从长远来说，也有着不容忽视的消极影响。一些国家和地区为防止疫情期间抗疫物资短缺，纷纷出台和实施了投资限制措施。以欧盟为例，2020年，各国酝酿出台新医药战略，在减少医药防护产品对外依赖的同时，也将外资并购限制扩大到这一领域。并且，种种迹象表明，未来欧盟以安全、环保、西方价值观为由去全球化的投资、贸易保护措施将会进一步强化。西班牙、法国、德国、捷克、意大利、波兰出台或者修订了本国的外资审查法律，从扩大审查行业范围、降低触发审查的股比门槛、强化审查机构权限等方面加强外资审查。

[①] 《联合国：今年上半年全球外国直接投资下降49% 全国预期仍为负数》，联合国，2020年10月27日，https://news.un.org/zh/story/2020/10/1070252。（上网时间：2021年4月2日）。

（四）金融市场震荡剧烈

随着新冠肺炎疫情的迅速蔓延，2020年年初，国际金融市场流动性加速收缩，各类资产遭遇全面抛售，美国、加拿大、巴西等国际主要经济体股市触发熔断或停牌交易。金融市场波动幅度之大、发展速度之快历史罕见。

2020年3月，美股在8个交易日内4次熔断，两周之内，美股道琼斯工业指数、标普500指数和纳斯达克指数分别下跌25%、22%和20%。恐慌情绪传导至其他多个国家，引发多国股市发生熔断或遭遇重挫。2020年6月，金融市场逐步走出流动性危机。美国股票市场在经济深度衰退的背景下屡创新高，金融市场与实体经济严重背离之势愈演愈烈。过剩的流动性和低通胀的经济环境，使得金融市场风险被低估，形成巨大的泡沫，进一步加剧金融市场的不稳定。

受美股暴跌和国际金融市场动荡影响，2020年3月9日–19日，美元指数暴涨8%，此后，由于美国成为疫情最严重的国家，经济实体遭受严重的负面冲击，美元开始了较长时间的贬值过程。2020年12月17日，美元指数跌破90大关，为2018年以来再次触及低位。相对于3月19日下跌12.4%，相对于年初下降7.1%。与此同时，世界各主要货币相对美元纷纷升值。从2020年年初至12月17日，人民币对美元升值约6.5%，欧元对美元升值约9.3%，日元对美元升值约5.3%。

全球金融市场动荡和美元贬值，导致黄金价格大涨。伦敦黄金现货价格从2020年年初的每盎司1500美元左右，上涨至年末的每盎司1890美元左右，较年初上涨约26.0%，8月黄金价格更是一度飙升至每盎司2063美元。

（五）政府债务水平迅速上涨

受大规模经济刺激计划推出以及政府收入下降的影响，2020年全球政府公共财政紧张，政府债务水平大幅度攀升。在新兴市场和发展中经济体中，有1/5的经济体政府债务占GDP比重达到了两位数。经济增长放缓进一步加剧了政府债务危机。2020年，全球政府债务总额预计增加9.9万亿美元，是二战以来公共债务增长最大的一次。其中，日本政府债务状况最差，政府债务占GDP比重高达266.2%。此外，欧元区所有国家政府债务水平平均值显著上升，希腊、意大利、葡萄牙和西班牙等重债国家的政府债务水平上升幅度更大。其中，希腊的政府债务占GDP比重高达205.2%，成为继日本之后第二个政府债务占GDP比重超过200%的高收入国家。其他几个国家的债务比重也均在100%以上。

新兴市场和发展中经济体的政府债务水平总体上升幅度虽然比发达经济体要小，但这些经济体出现主权债务违约的风险较大。其中，政府债务占GDP比重超过60%的国际警戒线且继续上升的国家数量高达33个，其中7个国家超过100%，分别是安哥拉（120.3%）、巴西（101.4%）、委内瑞拉（232.8%）、刚果（104.5%）、莫桑比克（121.3%）、苏丹（259.4%）和赞比亚（120.0%）。这些国家隐藏的债务违约风险会比较大。有限的财政空间和高水平的政府债务限制了许多发展中国家推出足够大规模刺激方案的能力，进一步加剧其经济复苏的困难。

二、2021 年世界经济发展面临的主要风险

(一) 全球新冠肺炎疫情的不确定性

当前,全球疫情蔓延扩散态势尚未得到有效遏制,境外新增确诊病例屡创新高。截至 2020 年 12 月 31 日,全球累计确诊新冠肺炎病例 82981032 例,累计死亡病例 1809633 例。全球单日新增确诊病例 744601 例,创最大增幅,新增死亡病例 15601 例。这相当于每分钟约 517 人确诊,约 11 人死于新冠病毒。美国、印度累计确诊病例超过千万。2020 年 12 月,美国每日新增确诊病例超过 20 万例,印度每日新增确诊病例也超过 3 万例。此外,巴西、俄罗斯等国的确诊人数也在快速增加[①]。印度和英国的新冠变异毒株,传染性较原有病毒有了大幅提高,对疫情控制造成了极大困难。能否在变异病毒扩散以前迅速投放普及疫苗、遏制疫情扩散成为当前疫情控制得以取得突破性进展的重点。同时,充分发挥世界卫生组织的领导作用,推动国际抗疫合作,加强全球公共卫生治理,也是国际社会当前需要共同努力的方向。

总体来看,2021 年疫情仍将继续,特别是 2021 年还存在第三波疫情暴发的可能。但是,2021 年疫情能够得以控制的可能性也非常大,但是否能完全控制甚至消失,仍然是个未知数。疫情虽然对世界经济发展会有长远影响,但早一步得到有效控制,世界经济在短期内就会得到很大程度的恢复;若无法有效控制,甚至进一步恶化,

---

① 《数读 12 月 30 日全球疫情:全球日增确诊超 74 万创新高,美国新增超 24 万例》,经济网,2020 年 12 月 31 日,http://www.ceweekly.cn/2020/1231/326935.shtml。(上网时间:2021 年 1 月 15 日)

则对世界经济的发展造成损害；且疫情持续时间越长，经济受到的长期损害就越大，越难以在短期内恢复。所以，未来一段时期内，世界经济发展走势将在很大程度上取决于疫情的发展趋势。

(二) 金融领域风险有所暴露

疫情造成的经济衰退和大规模财政货币资金投放极大地增加了金融体系的脆弱性。一方面，股票市场与实体经济严重背离之势愈演愈烈，股市下行风险较大。受全球范围内大规模刺激性支出影响，大量的流动性流入股市。金融泡沫积聚，造成股市指数创纪录地上涨。例如，2020年，标普500指数上涨了近40%，而过去5年的年平均涨幅为10%。没有实体经济支撑的股市繁荣是存在较大风险的。从总体上看，2021年伴随疫情的有效控制，实体经济会有所好转，这无疑对股市的稳定是有利的。但企业债务风险加大，政府财政支持力度可能降低，这些不稳定因素也有可能造成股市动荡。

另一方面，政府债务水平增长过快，主权债务违约风险上升。特别是那些没有主权货币的重债欧元区国家和债务水平本来就高且再次快速上升的发展中国家，主权债务违约风险尤其大。2021年，各国会继续使用财政手段刺激经济恢复，这将导致政府债务水平进一步上升。一旦某个国家出现主权债务违约事件，或者是主权债务融资难问题，都会冲击金融市场对主权债务的信心。这既会造成金融市场动荡，也会制约各国刺激经济发展的能力。

(三) 美国对外经济政策变化

美国经济社会发展面临着疫情失控、大选洗牌、贸易摩擦等因素影响，其对外经济政策必然会产生一定变化。此前，特朗普政府

"美国优先"的对外经济政策破坏了稳定的多边经贸关系和多个领域的双边经贸关系,对国际贸易和国际投资均造成了较大的负面影响。未来,拜登政府若调整美国对外经济政策,必然会对国际贸易投资和世界经济带来新的影响。

出于长期战略遏制和短期转移国内矛盾等因素考量,未来美国与中国的战略竞争仍可能继续存在。但相比于特朗普政府时期,未来关税战升级风险将有所下降。在经历了多领域角力、中美两国贸易谈判达成第一阶段协议后,未来后续谈判是否进行、如何进行等问题不确定性较大。若中美能较快取消所有加征关税,则中美之间的贸易投资以及全球贸易均会受到积极影响,世界经济亦有望加速恢复。反之,则不仅中美贸易投资将继续受到遏制,全球贸易投资和世界经济恢复也将需要更长时间。

在区域贸易协定与多边贸易体制协调上,若拜登政府回归多边体系,并通过区域协定来调整贸易投资政策,将会对稳定全球贸易体系有一定帮助。但若拜登政府在区域贸易投资协定中采取一些排他性安排,或是在国际经济规则调整中设置不利于发展中国家发挥优势的条款,则会抑制国际贸易投资活动,削弱世界经济增长。

此外,在应对全球气候变暖问题上,如果拜登政府能成功回归《巴黎协定》,将推动全球绿色经济发展,对能源效率提高和可再生资源发展也将具有促进作用,进而提升经济、社会和环境抵御未来危机的能力。

(四) 全球价值链调整

全球价值链的调整将深刻影响国际贸易、国际投资、国际生产与分工格局,也将对世界经济造成影响。疫情使各国政府认识到外部供应链中断带来的安全风险,供应链安全成为各国政府考虑全球供应链布局的重要因素。安全因素将引起供应链朝三个方向发展：一是更加自给自足的供应。各国政府均可能将更多的供应链集中在一个国家或地区。二是更加多元化的供应。对于无法自给自足的供应，各国政府可能有意识地寻求可替代的多个供应来源地，以防范单个供应来源中断带来的风险。三是更加伙伴化的供应。部分国家之间可能组成相对稳定的政治经济合作伙伴，建立相对稳定的经济关系，为国际化的供应链提供更好的政治安全保障。考虑到安全因素后，全球供应链中一部分将会向国家内部集中，但不会所有的全球供应链均成为国内供应链。全球供应链会因多元化和伙伴化供应关系的建立，继续在国际上扩张。越是紧张的国际环境，全球价值链越可能朝着自给自足的方向发展；越是宽松和缓和的国际环境，全球价值链越可能朝着多元化和伙伴化的方向发展。

三、2021年世界经济发展的有利因素

（一）新冠肺炎疫苗大规模接种

近期，全球多款有效的新冠疫苗问世并投放市场，世界主要经济体已陆续接种疫苗或公布相关采购和接种计划。中国、美国和欧洲等国家和地区研发的疫苗在2021年年初就陆续推广接种，并有望在2021年实现全球范围内普及，达到70%－75%疫苗接种率，建立起人群免疫屏障，从而有效降低新冠病毒区域性传播，尤其是可降低重症发病率和病死率，以防止医疗资源挤兑。通过有序的疫苗接种，可以让人群的免疫屏障建立起来，以达到降低病毒传播强度，最终实现阻断流行、阻断传播的目的。在这种情况下，即使有新冠病毒传染源的输入，也不会引起暴发流行。这将使疫情很可能在2021年内较快得到有效控制，逐步减弱疫情对经济的负面影响，加

速经济秩序常态化恢复。目前来看，很多发展中国家的疫情依形势然严峻，疫情输入风险有所上升，全民接种疫苗，可以防止变异毒株传播，为经济恢复创造良好环境。

（二）全球宏观政策整体良好

疫情造成的人员流动和经济活动受限导致大量居民和企业出现短期收入骤降甚至中断，各国政府积极且迅速地出台了各种扩张性财政政策、货币政策和金融部门政策，有效避免了危机的出现；降低利率，注入流动性并为企业和家庭提供紧急资金，以保持社会稳定，刺激经济发展。全球主要央行在2020年共降息200多次，主要发达经济体的央行持续维持超低利率政策，宽松政策的刺激效应仍将持续显现。全球主要央行除迅速降息或者保持负利率和采取收益率曲线控制外，还实施了大规模的量化宽松，美联储甚至采取无限量宽松政策，约20个新兴市场经济体首次使用量化宽松[1]。

鉴于疫情的严重性和货币政策有限的有效性，许多政府，特别是东亚国家和发达国家宣布了大规模刺激计划，通过积极的财政手段应对疫情对医疗、经济和社会的影响。随着北美和欧洲第二波疫情的到来，各国经济体都在进一步加大救助措施的力度。美联储等全球主要央行表示不会很快收紧货币政策，主要发达经济体的决策者都表示将延续财政救助措施和超级宽松的货币政策等。一些新兴经济体表示维持宽松政策。

---

[1] IMF, "Global Financial Stability Report", Oct. 13th, 2020, https://www.imf.org/-/media/Files/Publications/GFSR/2020/October/English/text.ashx. （上网时间：2021年1月10日）

（三）全球多边合作加强

在抗击新冠肺炎疫情上，共同的抗疫经验显示了各国携手应对挑战的重要性。秉持多边主义，加强团结合作，共同应对疫情、经济衰退等全球性挑战，已经成为越来越多国家的共识。疫情作为一场全球性危机，在暴露全球治理体系不足的同时，客观上也为全球治理创新提供了契机。携手抗疫的经验为当前各国对话协调创造了良好条件，除解决疫情直接带来的问题外，各国在其他问题，特别是在应对气候变化问题上，也是密切合作。

疫情过后，面对各种尚未解决的挑战各国更需要加强多边合作，创新全球治理机制和体系，通过制度改革推动世界经济恢复。特别是在解决贸易和技术摩擦背后的经济问题上需要加强多边合作，弥合以规则为基础的多边贸易体系的缺陷。二十国集团（G20）等多边机制具有多边合作精神和对各国的协调能力，能够推动世界经济从疫情阴霾中走出。随着疫情发展及变化，可以通过多边机制，把握引导全球抗疫和恢复世界经济的工作方向，推动世界经济实现绿色复苏。

在此次新冠肺炎疫情的应对上，联合国体系的作用有限，推动联合国体系改革，加强联合国应对紧急事件的能力，成为各国的共同需求。面对疫情困境和复苏难题，联合国有着不可替代的作用。实现更好的复苏、打造更具韧性的经济，就需要强有力的多边机制保驾护航。所以，捍卫以联合国为核心的国际体系和以国际法为基础的国际秩序，给予更多国家发言权，越来越成为当下全球新共识①。

四、结语

2020年世界经济受新冠肺炎疫情冲击，大部分国家GDP呈负增长、失业率上升、通货膨胀率下降。同时，国际贸易和国际投资大幅萎缩，金融市场震动剧烈，各国政府债务水平迅速上涨。世界经济受到严重冲击，虽然在第二季度，疫情状况好转使得经济在一定程度上有所复苏，但是伴随第二轮疫情来袭，加之变异毒株的出现，都给经济前景蒙上阴影。对于2021年的经济发展，新冠肺炎疫情的不确定性、逐渐暴露的金融问题、美国对外经济政策的调整以及全球价值链的变化，都可能对逐步复苏的世界经济带来不同程度的影响。

与此同时，新冠疫苗的问世和普及给世界经济复苏带来了一丝曙光，虽然受各国医疗干预和疫苗种植的普及程度、政策支持措施的有效性等因素的影响，未来经济发展仍然有一定的不确定性存在，但总体上来说还是为世界经济复苏增添了极大的信心。全球宏观政策支持、多边合作加强，这些举措都为提振经济动力，推动经济从疫情衰退中复苏给予了极大帮助。

据国际货币基金组织预测，全球经济增长将在2021年下半年提速。2020年，全球经济估计萎缩3.5%；2021年，全球经济预计增长5.5%。全球贸易预计在2021年达到8%左右，其中服务贸易增速可能低于货物增速，这是因为在全球疫情得到有效控制之前，跨

---

① 《加强多边合作 推动绿色复苏》，人民网，2021年3月31日，http://world.people.com.cn/n1/2021/0331/c1002-32066150.html，2021-3-31。

境旅游和商务出行将持续走低。① 但是，即便全球经济预计在 2021 年复苏，通胀将会持续低迷。各国的预期复苏势头各不相同，主要取决于国内医疗危机的严重程度、国内经济活动受到冲击的程度以及相关政策支持在减小持续损害方面的有效性等。

---

① 《世界经济展望》，IMF，2021 年 1 月 26 日，https://www.imf.org/-/media/Files/Publications/WEO/2021/Opdate/January/Chinese/textc.ashx

后　记

本书以2020年国际形势为研究对象，对年度大国政治、外交政策和重大国际关系事件进行系统研究，旨在为广大国际关系研究者和爱好者提供有益参考。本书内容分为新冠肺炎疫情下的大国政策选择和国际关系与地区局势上下两编：上编主要对美国、俄罗斯、日本、印度、英国的相关政策进行剖析；下编主要对国际关系热点和地区安全态势进行研判。本书由战略支援部队信息工程大学国际关系与安全战略教研室编撰，主体内容为全体作者根据自身研究方向，对相关国家和地区2020年形势发展情况进行总结分析而成。全体编撰人员具体分工如下：徐光辉负责全书的体例设计和框架结构，主要撰写第三章、第十二章；胡伟负责全书的体例设计和出版策划，主要撰写第二章；刘青梅负责全书的汇总整理和文字校对，主要撰写第四章、第五章；龚大明主要撰写第一章、第十四章；庞敬然主要撰写第六章、第十三章；张快快主要撰写第七章、第九章；温良谦主要撰写第八章；马静曦主要撰写第十章、第十五章；赵阳主要撰写第十一章。

受作者水平和能力等一些因素限制，本书的研究内容存在诸多不足之处，学术水平有待进一步提升，望国际关系领域诸位专家教授不吝赐教、加强交流，共同推动中国国际关系研究的繁荣和进步。